365 REFLEXIO
TU AVANCE HA
LO QUE DIOS

INDETENIBLES

YESENIA THEN

INDETENIBLES

Tel. 829.731.4205 - 809.508.7788
Email: soplodevidaministerios@gmail.com

Website: www.yeseniathen.com
ISBN: 979-8-9879144-6-5
Publicación y Distribución: Editorial Renacer
Portada y diagramación: Pablo Montenegro
Corrección: Mercedes Merlo

Impreso en Estados Unidos

Diciembre de 2023

INTRODUCCIÓN

Ya sea que estés pasando por uno de los mejores o de los peores momentos de tu vida, tu historia aún no termina. Todavía te faltan caminos por recorrer, metas por cumplir, logros por alcanzar, y una misión de vida, dada por el Creador, que sólo tú eres capaz de completar; la evidencia de esto es que todavía te encuentras vivo, que tus pulmones aún respiran y que Dios hizo que para este tiempo te encuentres leyendo esto. Por lo que no es coincidencia sino propósito del Señor, el hecho de que este libro haya llegado a tus manos.

En INDETENIBLES encontrarás 365 REFLEXIÓNES orientadas a servirte de inspiración y guía, mientras avanzas hacia la conquista de lo que Dios ha trazado para ti, y que, para poder alcanzar, tendrás que tener la firme convicción de Quién eres, Hacia dónde vas y Quién te envía ahí.

Porque cuando sabes Quién eres, entiendes que no eres víctima de tus circunstancias sino un sobreviviente. Cuando sabes Hacia dónde vas, no permites que ningún obstáculo te detenga ni dejas que otras rutas (por más atractivas que parezcan) te desvíen del destino que te ha sido trazado. Y cuando verdaderamente reconoces Quién te envía , es cuando realmente entiendes que no hay oposición (por más fuerte que sea) capaz de impedir que llegues donde el Dios que te envió, ha determinado llevarte, a menos que tú lo permitas. Y precisamente para animarte a que no lo permitas, hemos escrito este libro, del cual estamos convencidos que será de edificación a tu vida y te llevará al convencimiento de que tu esencia, tu diseño y el depósito que llevas dentro, en el nombre del Dios invencible que te creó, es INDETENIBLE.

DÍA 1

SI HACES LO MISMO, NADA SERÁ DIFERENTE

Cada inicio de año suele ser visto por la mayoría de nosotros como una oportunidad para conquistar nuevos niveles, alcanzar nuevas metas, superar obstáculos, dejar malos hábitos, entre muchas otras cosas; y esto, no sólo es el deseo nuestro, sino también es el deseo de Dios, quien en cada comienzo de año, espera que crezcamos y que nos parezcamos más a Él. Sin embargo, un nuevo año no hará que tengas una nueva vida, a menos que decidas ser diferente.

Porque tener una nueva casa, no implica tener un nuevo hogar; tener una nueva ropa, no es tener un nuevo cuerpo, y un nuevo carro con el mismo conductor, hará que el vehículo nuevo, termine en las mismas condiciones que el anterior, a menos que la mentalidad del chofer cambie antes de hacer uso del nuevo vehículo.

De igual manera, si al inicio de un nuevo año no cambias de mentalidad ni mejoras tus malas acciones, solo tendrás un nuevo calendario para repetir los mismos errores que has cometido en años anteriores. Por eso, es de vital importancia, que entiendas que solo un cambio de siembra, hará que tu cosecha sea diferente, porque jamás tendrás resultados distintos, mientras sigas haciendo lo mismo.

Así que, la mejor manera de dar inicio a un nuevo año, es tomando decisiones firmes de cambio, transformando nuestra mente y sanando nuestras acciones, porque solo así, podremos tener acceso a todo lo que Dios desea entregarnos en cada uno de los años que nos permita vivir en la tierra.

> *"...Enséñanos a contar bien nuestros días, para que nuestro corazón adquiera sabiduría".*

SALMOS 90:12 (NVI).

DÍA 2

ASÍ SON LOS INDETENIBLES

Indetenibles son aquellos que no se detienen ante nada, que poseen un carácter especial respecto a su forma de actuar, que los hace diferentes a los demás y, debido a esto, tienen más y mejores resultados que el promedio de la gente.

La norma de vida de los indetenibles es no darse por vencidos en alcanzar lo que se han propuesto, su nivel de disciplina es ejemplar y hace que ellos se impongan ante el desaliento. Las falsas declaraciones no tienen efecto sobre ellos, los obstáculos no los deprimen y las oposiciones no los amedrentan.

Muchas personas se disponen a hacer grandes esfuerzos con el fin de conquistar algo durante un tiempo determinado, pero se rinden fácilmente cuando no ven los resultados esperados. Sin embargo, los indetenibles, nunca dejan a medias lo que inician, su fecha de terminación es cuando culminan lo que han comenzado, algo que para ellos, siempre representa el inicio de un proyecto mucho mayor.

"La vida de los hombres buenos, brilla como la luz de la mañana y va siendo más y más brillante, hasta que alcanza todo su esplendor".

PROVERBIOS 4:18 (TLA).

DÍA 3

EL ACCIONAR DE LOS INDETENIBLES

Muchas son las características que definen a aquellos que han decidido ser indetenibles, entre las cuales están las siguientes:

- No hacen nada sin sentido, todas sus acciones apuntan hacia la conquista de un fin determinado.
- No necesitan aplausos ni escenarios especiales para dar lo mejor de sí.
- La falta de aprobación de otros, jamás representa un obstaculo para ellos.
- No analizan lo grande de un desafío para justificar su falta de acción al enfrentarlo, sino que adoptan la debida actitud para poder conquistarlo.
- Son valientes, esforzados, firmes y determinados. Para ellos no hay circunstancia con el poder suficiente para detenerlos.

"Al Señor he puesto continuamente delante de mí; porque está a mi diestra, permaneceré firme".

SALMOS 16:8 (LBLA).

DÍA 4

NO LOS DAÑA, LOS MEJORA

Ningún ladrón tiene interés de entrar a robar a una casa vacía. De igual manera, Satanás no atacará a alguien cuya asignación en la Tierra, no represente una amenaza para él. Es por esto, que solo el hecho de considerar lo que puede suceder, si firmemente decides convertirte en todo lo que Dios quiere que seas, hace que el adversario busque todos los medios posibles, para tratar de impedir que lo logres. El enemigo usará diferentes tipos de armas para atacarte, entre las cuales está el hecho de hacer que te sientas inseguro, utilizando aún tus más mínimas equivocaciones para lanzar dardos a tu mente, como los siguientes:

- No serás capaz de dar cumplimiento al reto que te ha sido puesto delante.
- No tienes lo que se requiere para hacerlo, mira qué bajo es tu desempeño.
- Nunca serás lo suficientemente bueno como para hacerlo.

Ignorando nuestro adversario, que expresiones como estas, en vez de dañar a aquellos que han decidido no detenerse, son tomadas como un reto y un marcado desafío, que los lleva a emprender un serio y firme plan de mejora.

DÍA 5

¿QUÉ TIEMPO DEMORA REALMENTE?

En cierta ocasión, un hombre se sentía desanimado al ver que, a pesar de realizar diversos esfuerzos para mejorar, luego de cierto tiempo su vida no había avanzado tanto como esperaba. Así que, revisó las resoluciones que había hecho en el pasado y, según sus apreciaciones, no había logrado ningún cambio significativo. Él consideraba que era la misma persona, con los mismos defectos y los mismos problemas.

Así que, sintiéndose desesperanzado, fue a hablar con alguien que consideraba ser un maestro, y el maestro, luego de haber escuchado detenidamente las quejas de su amigo, le dijo: *"Querido amigo ¿sabes cuánto demora el gigantesco bambú chino para crecer y alcanzar el impresionante nivel de altura que lleva dentro?"* El hombre procedió a responder: "No, no lo sé". Entonces el maestro decidió explicarle:

> *"Luego de que es sembrada la semilla, durante el primer año es regada y fertilizada, pero no ocurre nada. Luego de su primer año, vuelve a ser regada y fertilizada por otro año, y nada sucede; al tercer año, se le da las mismas atenciones, pero nada acontece y así sucede año tras año.*
>
> *Sin embargo, aunque los resultados de la semilla no sean apreciables durante todo ese tiempo, quien la plantó debe continuamente regarla y fertilizarla sin dejar de hacerlo bajo ningún concepto, porque es solo dando continuidad a esto, que en el séptimo año, la semilla que estaba oculta a la vista de todos pareciendo ser inexistente, se dispara hasta el cielo y en solo seis semanas, luego de haber brotado de la tierra, crece y llega a alcanzar hasta 40 metros de altura. Entonces, partiendo de esto ¿cuánto tiempo demora realmente el bambú chino en alcanzar su asombroso nivel de altura?"*

"Seis semanas", respondió el hombre. A lo que el maestro objetó: *"No, ese es tu error. Su tiempo real de desarrollo demora 7 años, porque si el que sembró la semilla la hubiese dejado de regar en el transcurso de ese tiempo, lo que habría sucedido con el bambú internamente mientras no era visible, sería la paralización de su crecimiento y a, consecuencia de eso, hubiera muerto. O sea que, aunque no se podía apreciar, desde que fue plantado y hasta el séptimo año bajo tierra, el bambú estaba desarrollando una enorme red de raíces que lo harían capaz de sostener el impresionante nivel de altura que habría de revelar más adelante".*

De igual modo, el crecimiento en nuestras vidas requiere de paciencia y perseverancia porque, aunque no parezca, cada paso de avance que damos, produce un efecto que no vemos inmediatamente, pero es parte importante de la red de raíces que nos sirven de soporte para los altos niveles de crecimiento a los que seremos llevados más adelante.

> *"Miren cómo el labrador espera el fruto precioso de la tierra,* ***siendo paciente en ello*** *hasta que recibe la lluvia temprana y la tardía. Así mismo sean también ustedes pacientes".*
>
> SANTIAGO 5:7-8 (NBLH).

DÍA 6

LLÉVALOS CAUTIVOS

Dios te dio la habilidad para hacer lo que debes hacer, y Él no lo hará por ti. El Señor te da la materia prima para que con ella elabores el producto final. Haz un uso correcto de la creatividad que te ha sido dada, remueve las distracciones, rechaza las confusiones y cuida tu pensamiento porque tu creatividad, se alberga en él.

La mente es la parte del ser humano responsable del entendimiento, de crear pensamientos, de manifestar el raciocinio, la percepción, la emoción, la imaginación y la voluntad. Es por esto que la palabra del Señor declara que:

> ***Debemos derribar argumentos y toda altivez que se levanta contra el conocimiento de Dios,*** *y llevando cautivo todo pensamiento a la obediencia a Cristo".*
>
> 2 CORINTIOS 10:5

> *"Piensen en todo lo que es verdadero, en todo lo que merece respeto, en todo lo que es justo y bueno; piensen en todo lo que se reconoce como una virtud, y en todo lo que es agradable y merece ser alabado".*
>
> FILIPENSES 4:8 (TLA).

DÍA 7

AVANZA HACIA TU DESTINO

Parte importante de tu avance y desarrollo integral, toma lugar solo cuando identificas lo que llevas dentro, cuando inviertes en ello y le das la debida importancia.

Decide maximizar lo que por designio de Dios te fue entregado, desde el momento en que fuiste creado. Trabaja en pulir el don que te fue asignado, porque el Señor te hizo para que realices algo maravilloso y te ha dado los recursos internos que necesitas para llevarlo a cabo. De hecho, muchas de las cosas que hay en tu corazón, no son simples deseos o fantasías, sino la revelación de lo que Dios espera que manifiestes.

El Señor nunca te ordenará hacer algo que Él no está dispuesto a respaldar.

En cuanto a la tarea que Dios te ha encomendado, Él ya te dio todas las habilidades para que la lleves a cabo, y aunque algunas personas a tu alrededor no lo disciernan, nunca debes permitir que sea otro quien determine o juzgue aquello para lo cual fuiste creado, porque ellos desconocen la magnitud de los depósitos que Dios puso dentro de ti al momento de crearte y, en ocaciones, solo les será revelado, una vez hayas conquistado lo que el Señor te ha encomendado.

Dios te formó, te separó y te ungió para revelarse a través de ti. Por tanto, no te limites, no te conformes ni dejes que tus circunstancias actuales te impidan llegar al nivel que Dios te quiere llevar.

"Porque el anhelo profundo de la creación es aguardar ansiosamente la revelación de los hijos de Dios".

ROMANOS 8:19 (LBLA).

DÍA 8

EL VALOR DE LA OPORTUNIDAD

Tiene dos alas en los pies, es alta, fuerte y no tiene cabellos, sino un mechón que se encuentra en la parte de su frente... Estas son las principales características con las que se describe la estatua que está en el museo de Grecia, la cual lleva por nombre: "La Oportunidad".

La composición de esta estatua, busca expresar ciertas cualidades alusivas al valor que tiene una oportunidad, entre las cuales están las siguientes comparaciones: vuelan, no caminan; su altura y fortaleza hacen referencia a su importancia, y el mechón en la frente indica que, cuando la dejamos pasar, no hay forma de volver a tomarla porque no tiene cabellos para poder agarrarla, sino un mechón en su frente, al que solo podemos echarle mano cuando la tenemos delante.

Muchos hoy lamentan el hecho de no haber aprovechado algo que, en un momento determinado, debieron echarle mano. De hecho, todos en algún momento por diferentes causas, hemos dejado escapar buenas oportunidades y para que esto no siga aconteciendo, debemos hacer frente a las actitudes siguientes:

La negligencia: Omitir de forma intencionada la realización de un acto, debido a la falta de iniciativa.

"La mano negligente empobrece; más la de los diligentes enriquece".

PROVERBIOS 10:4 (RVR 1960).

La rebeldía: Rechazar la dirección de Dios y el consejo sabio de las personas que Él ha puesto para que nos sirvan de guía.

"Los que desprecian el consejo buscan problemas; los que respetan un mandato, tendrán éxito".

PROVERBIOS 13:13 (RVR 1960).

El miedo: porque nos paraliza y hace que nos apeguemos a nuestra condición actual, por temor a lo desconocido. Aludiendo a esto, el Señor habló a Josué, diciendo:

> *"Ya te lo he ordenado: ¡Sé fuerte y valiente! ¡No tengas miedo ni te desanimes! Porque el Señor tu Dios te acompañará dondequiera que vayas".*
>
> JOSUÉ 1:9 (NVI).

Por tanto, no dejes que la negligencia, la rebeldía o el miedo te impidan echar mano a las diversas oportunidades que el Señor, para este tiempo, ha dispuesto para ti.

DÍA 9

SOLO UNA OPORTUNIDAD

Tenemos solo una vida y con ella solo una oportunidad para:

- Servir al Señor con toda el alma, entrega y dedicación.
- Cumplir con el propósito para el cual fuimos diseñados por nuestro creador.
- Desarrollar todo el potencial que Dios ha depositado en nosotros.
- Ser el cónyugue ideal para la pareja que el Señor nos ha dado.
- Ser los padres que Dios espera que seamos.
- Ser los hijos que el Señor nos ha encomendado ser.
- Ser los mejores amigos, que nuestros amigos puedan llegar a tener.

No te conformes con solo ser y hacer, enfócate en ser todo lo que puedes ser, y en hacer lo que haces, del mejor modo posible.

> *"**Todo lo que te viniere a la mano para hacer, hazlo según tus fuerzas;** porque en el Seol, adonde vas, no hay obra, ni trabajo, ni ciencia, ni sabiduría"*. Eclesiastés 9:10 (RVR 1960).

DÍA 10

SOMOS LA RESPUESTA

Desde el génesis de los tiempos, podemos observar que Dios siempre tiene la forma de responder a las diferentes necesidades de la humanidad. De hecho, Él tiene la provisión antes que se presente la necesidad. Ejemplo de esto tenemos en Apocalipsis 13:8, donde dice que el Cordero fue inmolado desde el principio del mundo. Es decir, que antes que el veneno del pecado se manifestara, ya la respuesta de Dios, a modo de antídoto, había sido preparada.

De igual manera, en todos los tiempos el Señor ha tenido diferentes "respuestas" que se han hecho manifiestas a través del género humano, por ejemplo:

- Cuando quiso hacer un arca, usó a Noé como respuesta.
- Para fundar una nación, Abraham fue su respuesta.
- Para sacar a Israel de la esclavitud, usó a Moisés como respuesta.
- Para llevar al pueblo a la conquista de la tierra que le había prometido, Josué fue la respuesta.
- Para hacer que descendiera fuego del cielo, Elías fue su respuesta.

Y para deshacer las obras de las tinieblas, llevar a cabo sus planes en la Tierra y ensanchar su reino en esta generación, Dios ha puesto dentro de cada uno de nosotros, todo lo que se requiere para que, en el tiempo y el lugar donde nos encontramos, podamos ser sus respuestas.

> *"Porque somos hechura suya, creados en Cristo Jesús para buenas obras, las cuales Dios preparó de antemano para que anduviésemos en ellas".* Efesios 2:10 (RVR1960).

DÍA II

TU TIEMPO KAIROS

En el Nuevo Testamento, escrito originalmente en el idioma Griego, hay dos palabras que se utilizan para hacer referencia al término tiempo, una es "cronos" y la otra es "kairos".

Cuando leemos la Biblia en la traducción a nuestro idioma, siempre vemos escrita la palabra tiempo pero si la leyéramos en el idioma original, encontraríamos que en algunos pasajes se usa la palabra cronos y en otros, la palabra kairos, según sea el caso.

La diferencia entre estas dos palabras, es que el término cronos, hace referencia a cantidad de tiempo (días, meses, años) es decir tiempo cronológico, mientras que el término kairos, hace referencia a la calidad del tiempo, al tiempo apropiado para hacer una cosa. Ejemplo de esto, tenemos en el libro de los Hechos 13:8-12 donde dice:

> *"Pero, a Pablo y a los que con el andaban, les resistía Elimas, el mago (pues así se traduce su nombre), procurando apartar de la fe al procónsul. Entonces Saulo, que también es Pablo, lleno del Espíritu Santo, fijando en él los ojos, dijo: ¡Oh, lleno de todo engaño y de toda maldad, hijo del diablo, enemigo de toda justicia! ¿No cesarás de trastornar los caminos rectos del Señor? Ahora, pues, he aquí la mano del Señor está contra ti, y serás ciego, y no verás el sol por algún tiempo (en el original, kairos). E inmediatamente cayeron sobre él oscuridad y tinieblas; y andando alrededor, buscaba quién le condujese de la mano. Entonces el procónsul, viendo lo que había sucedido, creyó, maravillado de la doctrina del Señor".*

Según vemos en este pasaje, Pablo entendía que esa era la oportunidad de él y de los que con él andaban, para lograr la asignación que el Señor les había encomendado y no estaba dispuesto a dejar que Elimas el mago ni nadie les arruinara lo que el Señor había dispuesto hacer con ellos en ese determinado tiempo. Así que, parafraseando lo dicho por Pablo a Elimas, tenemos lo siguiente:

> *"Hijo del diablo, te aclaro que este es el momento específico que a nosotros se nos ha dado para ganarnos esta gente. Así que por el poder que tengo de parte del que me envió, yo ordeno que tu quedes ciego durante nuestro kairos y cuando lo hayamos aprovechado, dando cumplimiento cabal a nuestra misión, entonces volverás a ver".*

Los tiempos que Dios marca para que alcances cosas específicas, siempre estarán acompañados por diversos desafíos e intentos del adversario para buscar intimidarte. Pero recuerda que tienes el poder y la autoridad de Dios para establecer su orden absoluto y declarar que, en su nombre, ninguna artimaña del enemigo que se levante en tu contra, resistirá ni será capaz de detener lo que el Señor te ha encomendao hacer en este kairos.

> *"Todo tiene su momento oportuno; hay un tiempo para todo lo que se hace bajo el cielo".*
>
> ECLESIASTÉS 3:1 (NVI).

DÍA 12

EL PROYECTO, YA ESTÁ TERMINADO

La fase inicial, es la más importante de cualquier edificación porque cuando ésta se lleva a cabo, significa que, en los planos de la misma, ya tuvo lugar la fase final. Partiendo de esto, el proyecto realmente no inicia cuando comienzan las excavaciones del fundamento sino cuando en la mente del constructor, se concibió la idea de construir tal proyecto.

El hecho de cavar para hacer el fundamento, es sencillamente la evidencia de que algo ya está terminado en la mente del que inició a las excavaciones, y éste ha decidido hacerlo visible a los ojos de los demás.

De igual modo, Dios no hubiera permitido que tu vida inicie sino le hubiera dado el término que Él planeó para ti, desde la eternidad. Sin embargo, a pesar de que en la mente de Dios ya fuiste terminado, necesitarás hacer uso de tu mayor nivel de dedicación, trabajo y esfuerzo para que lo que Él ya diseñó de ti, sea revelado.

"Porque a quienes Dios conoció de antemano, los destinó también desde el principio a reproducir la imagen de su Hijo".

ROMANOS 8:29 (BLP).

DÍA 13

DISEÑOS DE ÉL

El propósito, es la intención por la que fue creado algo, es la razón que explica el por qué de su existencia. Cada producto es hijo de un propósito. Dicho de otro modo, antes de fabricar cualquier objeto, existe un motivo establecido en la mente del fabricante que da a luz la idea, la cual se convierte en sustancia para el diseño y la producción del producto.

De este modo, el propósito precede a la producción y sólo puede ser exitoso cuando cumple con el objetivo para el cual fue creado. Es por esto que, hasta que no ejerce su función existencial, la vida de tal producto carece de sentido. Por tanto, todas las cosas comienzan con un propósito y finalizan al dar cumplimiento al mismo. Así también sucede con nuestras vidas, por eso el Señor ha dicho:

> *"Trae a todo el que sea llamado por mi nombre, al que yo he creado para mi gloria, al que yo formé, al que yo hice".*

ISAÍAS 43:7 (NBD).

DÍA 14

EL DISEÑO, LO DETERMINA EL PROPÓSITO

Partiendo de lo antes dicho, siempre que se crea algo, se realiza de tal manera que cuente con las habilidades para poder cumplir con el propósito deseado y esto es lo que determina la naturaleza de lo elaborado.

Según el diccionario, la palabra naturaleza significa: esencia, propiedad y característica de un ser o de una cosa. Dicho de otro modo, la naturaleza de alguien o de algo, refleja las características que este alguien o este algo, posee. De igual modo, cuando Dios nos creó puso en nosotros la habilidad para ejercer la función para la que fuimos creados.

Veamos este ejemplo:

> *"Habló Jehová a Moisés, diciendo: Mira, yo he llamado por nombre a Bezaleel hijo de Uri, hijo de Hur, de la tribu de Judá y lo he llenado del Espíritu de Dios, en sabiduría y en inteligencia, en ciencia y en todo arte, para inventar diseños, para trabajar en oro, en plata y en bronce y en artificio de piedras para engastarlas y en artificio de madera; para trabajar en toda clase de labor".*
>
> ÉXODO 31:1-5 (RVR 1960).

DÍA 15

IDENTIFICA TUS RECURSOS

La dirección precisa para tu vida sólo la puedes recibir por medio de aquel que te creó. Dios te hizo como un diseño exclusivo para que des cumplimiento a una asignación específica, como ya vimos en las reflexiones anteriores. Así que, en vez de compararte con otros, has uso de la enorme fuente de recursos que el Señor ha decidido darte a ti.

Identifica y libera lo que tienes, porque es en la medida que usas lo que tienes, que lo que posees te será aumentado. Dios no te confiará más recursos, hasta que no hayas usado sabiamente los que ya Él te dio.

> *"Llegando también el de los dos talentos, dijo: 'Señor, usted me entregó dos talentos; mire, he ganado otros dos talentos.' Su señor le dijo: 'Bien, siervo bueno y fiel; en lo poco fuiste fiel, sobre mucho te pondré; entra en el gozo de tu señor".*

MATEO 25:22-23 (NBLH).

DÍA 16

SAL DEL ROLLO

En una conferencia a la que tuve la oportunidad de asistir, el orador ilustró el concepto de desarrollo, usando un rollo de cinta. Llamó a una de las personas que estaban en el auditorio y le pidió que halara hasta no quedar más cinta en él y, al quedar completamente desenrollada la cinta, (refiriéndose a los presentes) el orador dijo:

"Cuando la cinta estaba pegada al rollo, llevaba dentro todo lo que vemos revelado de ella ahora, pero no podíamos apreciarlo ni teníamos idea de cuál podía ser su nivel de alcance, hasta que decidimos hacer que saliera del rollo".

Tal ilustración, llamó mucho mi atención, sobre todo porque el orador pedía insistentemente a la persona seleccionada para halar la cinta, que la extendiera hasta alcanzar su máximo nivel de expansión. Es decir, hasta que no quedara ni la más mínima parte de esta, sin haber salido del rollo.

Tomando esto como referencia, considera solo por un momento: ¿Cuánto pudiera ser revelado de ti, si decides llevar lo que portas, a la máxima expresión? ¿Cuáles cosas de las que aún no has identificado, podrían estar en tu "rollo"? **Procura con diligencia, responder a tu llamado y no sigas estancado.**

"Y oí la voz del Señor que decía: — ¿A quién enviaré? ¿Quién irá por nosotros? Entonces yo dije: —Aquí me tienes, envíame a mí".

ISAÍAS 6:8 (PDT).

DÍA 17

NO LE DIGAS QUE NO PUEDES

Dios nunca te pedirá que des más de lo que Él depositó en ti, pero tampoco se conformará con que des menos. El Señor nunca nos pregunta si podemos hacer lo que Él nos manda, simplemente nos ordena hacerlo porque las demandas que nos hace, están basadas directamente en lo que Él ya puso dentro de nosotros. En otras palabras, nunca le digas a Dios que no puedes hacer lo que Él te está mandando a hacer, porque si te está pidiendo que lo hagas, es porque Él sabe que puedes hacerlo.

Un creador, nunca pedirá a su creación que revele algo que él no haya puesto en ella. Por tanto, no te rehúses a hacer lo que Dios te manda, cumple con tu encomienda y has uso correcto de lo que el Creador ha puesto dentro de ti.

"...Ve, porque yo he elegido a ese hombre para que me sirva. Él hablará de mí ante reyes y gente que no me conoce".

HECHOS 9:15 (TLA).

DÍA 18

LO LLEVAS DENTRO

Louis Armstrong, fue una de las figuras más carismáticas e innovadoras de la historia del jazz y, gracias a sus habilidades musicales y a su brillante personalidad, probablemente el músico más popular (hasta el momento) que se haya destacado en este género. Sin embargo, al observar el inicio de su historia, muy pocos hubieran sospechado el modo como esta terminaría. Nació en el seno de una familia muy pobre en uno de los barrios más marginados de Nueva Orleans y la miseria se agudizó cuando su padre William Armstrong, decidió abandonar la familia.

La mayor parte de su educación infantil, Armstrong la obtuvo andando errante por las calles y trabajando como chatarrero. A los 9 años, fue detenido por verse involucrado en asuntos delictivos y como parte de un programa de reforma impuesto por causa de su mala conducta, trabajó para una familia de inmigrantes judíos, quienes lo aceptaron y lo trataron como a un miembro más de la familia.

Louis, no tenía antecedentes musicales en su familia de sangre por lo que, su interés por este arte, surgió a partir de escuchar las célebres bandas de Nueva Orleans, que desfilaban habitualmente por las avenidas de la ciudad.

Así fue como la familia judía para la que trabajaba, lo motivó a dedicarse a la música y a no ser más un joven problemático de las calles de Nueva Orleans. En 1914, tras su salida del reformatorio, trabajó como vendedor de carbón, repartidor de leche, estibador de barcos bananeros y otros empleos semejantes. Fue entonces cuando conoció al cornetista Joe King Oliver, quien llegó a ser como una figura paternal para él y lo motivó a poner en práctica su habilidad de trompetista, mientras le servía de mentor. Esto ayudó a Armstrong a salir de la miseria en la que se hallaba, con solo hacer uso del talento que portaba.

Esta historia deja en claro, que lo que se necesita para salir de la miseria y el estancamiento (contrario a lo que muchos creen), no viene de afuera, sino de dentro, y se manifiesta cuando, con toda firmeza decidimos activarlo.

> *"El don del hombre le abre camino y lo lleva ante la presencia de los grandes".*
>
> PROVERBIOS 18:16 (NBLH).

DÍA 19

Y A T, ¿DE QUÉ TE VISTIERON?

En una ocasión, mientras llevaba a mis hijos a su práctica de Baseball, observé que mientras llegaba el entrenador, algunos de sus compañeros hacían uso de la cancha de Basquetbol que estaba próxima al Play donde jugaban, aunque su área fuerte era el Baseball.

Pero lo que más llamó mi atención fue ver cómo la ropa que llevaban puesta, es decir sus uniformes, delataban la razón de su falta de habilidad al hacer los lanzamientos en el canasto. Esto de inmediato me hizo pensar en la importancia de fluir en aquello para lo que fuimos diseñados. En otras palabras, entendí la importancia de "jugar" aquello para lo cual fuimos "vestidos" por el Señor.

"Cada uno según el don que ha recibido, minístrelo a los otros, como buenos administradores de la multiforme gracia de Dios".

1 PEDRO 4:10-11 (RVR 1960).

DÍA 20

IDENTIFICA TU FORMA

Semejante al hecho de tratar de hacer encajar por la fuerza un cuadrado dentro de un espacio que tiene forma de círculo, es el hecho de intentar hacer bien las cosas para las que no fuimos diseñados. Lo que por supuesto, además de frustrante, resulta ser un desperdicio de tiempo, talento y energía. Por tanto, procura no solo vivir, vive productivamente procurando que lo que haces, esté en armonía con el diseño que te ha sido dado.

"Porque somos hechura suya, creados en Cristo Jesús para buenas obras, las cuales Dios preparó de antemano para que anduviésemos en ellas".

EFESIOS 2:10 (RVR 1960).

DÍA 21

TU DESTINO NO ES TARSIS

"Vino palabra de Jehová a Jonás hijo de Amitai, diciendo: Levántate y ve a Nínive, aquella gran ciudad, y pregona contra ella; porque ha subido su maldad delante de mí.

Y Jonás se levantó para huir de la presencia de Jehová a Tarsis y descendió a Jope y halló una nave que partía para Tarsis; y pagando su pasaje, entró en ella para irse con ellos a Tarsis, lejos de la presencia de Jehová. Pero Jehová hizo levantar un gran viento en el mar, y hubo en el mar una tempestad tan grande que se pensó que se partiría la nave… Y aquellos hombres temieron sobremanera, y le dijeron: ¿Por qué has hecho esto? Porque ellos sabían que huía de la presencia de Jehová, porque él se lo había declarado. Y le dijeron: ¿Qué haremos contigo para que el mar se nos aquiete? porque el mar se iba embraveciendo más y más. Él les respondió: tomadme y echadme al mar y se os aquietará; porque yo sé que por mi causa ha venido esta gran tempestad sobre vosotros".

JONÁS 1:1-5, 10-12 (RVR 1960).

Al observar detenidamente este pasaje, podemos notar que ninguno de los pasajeros que iban rumbo a Tarsis, tuvo problemas mientras emprendían su viaje hacia allá, excepto Jonás a quien Dios, como el Dueño de su vida, con todos los derechos reservados, le había marcado otro destino y, aunque viajar a Tarsis no representaba un problema para los demás viajeros, el solo hecho de intentar llegar allí, fue caótico para Jonás. Por tanto, el avance en tu vida no depende de caminar por donde otros caminan ni de ir donde otros van; sino, de conocer y avanzar hacia el destino que Dios quiere dirigirte a ti específicamente. En otras palabras, no pagues pasaje para "Tarsis" cuando te fue dada la orden de llegar a "Nínive".

"El Señor dirige los pasos del hombre; nadie conoce su propio destino".

PROVERBIOS 20:24 (DHH).

DÍA 22

LAS DOS PALABRAS MÁS IMPORTANTES

Las dos palabras más importantes de todas las que a diario pronunciamos, son: SI y NO. Muchos de los problemas que enfrentamos hoy, se deben a que, en algún momento, nos faltó el coraje y la valentía para decir "NO" a lo que de alguna manera nos hizo caer en ellos. Así como también muchas oportunidades y puertas abiertas por Dios, se desaprovechan cada día por el temor de muchos a decir "SI" al llamado a la acción que el Señor les está haciendo.

Procura tener cada día discernimiento y sabiduría para rechazar todo lo que no proviene de Dios y para no desaprovechar, por causa del miedo o por falta de disposición, aquello que el Señor te está poniendo delante.

"Y si a alguno de ustedes le falta sabiduría, que se la pida a Dios, quien da a todos abundantemente y sin reproche, y le será dada".

SANTIAGO 1:5 (NBLH).

DÍA 23

NO ADMITAS SABOTAJES

Aunque el terreno donde te encuentras, esté llenó de víboras, serpientes y escorpiones, no permitas que estos saboteen tu crecimiento, porque cuando hayas aprendido la lección que el Señor espera que aprendas de esa situación determinada, el mismo Dios que te permitió pasarla, se encargará de sacarte de ella, una vez hayas superado la prueba por la cual tal situación fue permitida.

No te muevas por tu propia cuenta, espera en el Señor. No hagas marchitar tu crecimiento tomando decisiones contrarias a lo que ha sido establecido de parte del Cielo para ti.

Fortaleza, tenacidad y enfoque sean sobre tu vida en este día y siempre para resistir y no abandonar, para superar y no reprobar, para vencer y no dejar de luchar en medio de las circunstancias que enfrentas.

"Porque Tú has sido mi ayuda... A ti oh Dios se aferra mi alma; Tu diestra es la que me sostiene".

SALMOS 63:7-9 (NBLH).

DÍA 24

SALDRÁS VENCEDOR OTRA VEZ

A todos nos llegan momentos en los que sentimos como si todo el infierno se hubiese desatado en nuestra contra, pero muchos desconocen que es precisamente en esos momentos, donde la artillería del Cielo también es reforzada a nuestro favor, y es que, cuando te llega la hora de ser promovido a un nuevo nivel, Dios permite que se levanten en tu contra nuevos "gigantes" los que, al vencer, se convierten en el puente de conexión que te lleva a la próxima dimensión que el Señor ha determinado llevarte.

Con referencia a esto, observemos lo siguiente:

> *"Dijo Saúl a David: No podrás tú ir contra aquel filisteo, para pelear con él porque tú eres muchacho, y él un hombre de guerra desde su juventud. David respondió a Saúl: Tu siervo era pastor de las ovejas de su padre y cuando venía un león, o un oso y tomaba algún cordero de la manada, salía yo tras él, y lo hería y lo libraba de su boca y si se levantaba contra mí, yo le echaba mano de la quijada y lo hería y lo mataba. Y añadió David: Jehová, que me ha librado de las garras del león y de las garras del oso, él también me librará de la mano de este filisteo. Y dijo Saúl a David: Ve, y Jehová esté contigo".*
>
> 1 SAMUEL 17:33-35,37 (1960 RVR).

Según la declaración hecha por David, observamos que él tenía toda la certeza de que el mismo Dios, que antes lo había librado del león y del oso, también le había de dar la victoria al enfrentarse a este filisteo.

De hecho, David nunca llamó a Goliat, como lo llamaba el resto del pueblo, ya que mientras todos lo llamaban "gigante", David simplemente lo llamaba "incircunciso". Tu confianza en la gracia, el favor y la misericordia de Dios te harán siempre ver las cosas diferentes a como las ven las demás personas.

Por lo que, sin importar el rango ni la procedencia del ataque que puedas estar recibiendo ahora, no dejes que este te abrume hasta el punto de que olvides las veces que el Señor te ha sanado, te ha provisto, ha hecho defensa por ti, te ha librado y ha abierto puertas para ti.

En otras palabras, ya has dejado muchos "osos y leones" muertos en el camino, por lo que de igual manera en el nombre del Dios que te llamó, también desmenuzarás a todos los "incircuncisos" que ahora tienes delante.

> *"Porque he aquí, no se ha acortado la mano del Señor para salvar; ni se ha endurecido su oído para oír".*
>
> ISAÍAS 59:1 (LBA).

DÍA 25

NO HAY NINGUNA COMO ELLA

Dios tiene diferentes maneras de hacernos recordar nuestras victorias anteriores en medio de las persecuciones presentes.

Continuando con el ejemplo de David, podemos ver cómo cuando este huía de Saúl, teniendo que hacer frente a diversos enemigos en el camino, llegó al sacerdote Ahimelec y le dijo:

"¿No tienes aquí a mano lanza o espada? Porque no tomé en mi mano mi espada ni mis armas.".. A lo que el sacerdote respondió: "La espada de Goliat el filisteo, al que tú venciste en el valle de Ela, está aquí envuelta en un velo detrás del efod; si quieres tomarla, tómala; porque aquí no hay otra sino esa". Y David respondió diciendo: ***"Dámela, porque no hay ninguna como ella".***

(VER 1 SAMUEL 21).

La espada de Goliat en este contexto, no sólo simbolizaba un arma cualquiera, sino también un recordatorio de la enorme victoria que el Señor había dado a David anteriormente. Y esa es la actitud que precisamente el Señor espera que tengamos nosotros; que siempre tengamos pendiente en nuestras circunstancias presentes, lo que Él ha hecho a favor nuestro, en nuestras circunstancias pasadas.

"¿Por qué voy a desanimarme? ¿Por qué voy a estar preocupado? Mi esperanza he puesto en Dios, a quien todavía seguiré alabando

¡Él es mi Dios y Salvador!".

SALMOS 42:5 (DHH).

DÍA 26

¡LA MUESTRA ES LA CAMA!

Como parte de su recuento al pueblo acerca de cómo Dios había estado con ellos dándoles diferentes victorias en el trayecto del camino, Moisés pronunció lo siguiente:

"Nos salió al encuentro Og rey de Basán para pelear, él y todo su pueblo, en Edrei. Y me dijo Jehová: No tengas temor de él, porque en tu mano he entregado a él y todo su pueblo, con su tierra; y harás con él como hiciste con Sehón rey amorreo, que habitaba en Hesbón. Y Jehová nuestro Dios entregó también en nuestra mano a Og rey de Basán, y a todo su pueblo, al cual derrotamos hasta acabar con todos".

Además de esto, como evidencia de esta victoria, Moisés añade a su relato:

"Porque únicamente Og rey de Basán había quedado del resto de los gigantes. Su cama, una cama de hierro, ¿no está en Rabá de los hijos de Amón? La longitud de ella es de nueve codos, y su anchura de cuatro codos, según el codo de un hombre".

DEUTERONOMIO 3:1-3, 11 (RVR 1960).

En este día te invito a creer firmemente que la victoria que Dios dará a tu vida será completa, pero, si entras en duda mientras esperas verla manifiesta, la duda te llega, recuerda la magnitud y la altura de "la cama de los gigantes" que ya venciste antes.

"Cuando salgas a pelear contra tus enemigos y veas un ejército superior al tuyo, con muchos caballos y carros de guerra, no les temas, porque el Señor tu Dios, que te sacó de Egipto, estará contigo para librarte".

DEUTERONOMIO 20:1 (NBD).

DÍA 27

DECIDE VOLVER AL RING

El ex boxeador estadounidense Michael Gerard, mejor conocido como "Mike Tyson", ganó dos veces el título mundial de los pesos pesados en la década de los 80 y es (sin haber roto el record hasta el momento), el boxeador más joven de la historia en conseguir un título mundial en dicho deporte.

Le llamaban el invencible, "the iron man", o como es su traducción al español, "el hombre de hierro" por ser invicto con 37 victorias, 32 de ellas por "knock out" y 17, durante el primer asalto.

Sin embargo, este ilustre campeón fue vencido en Tokio en el año 1990, por James Douglas y tras su derrota expresó lo siguiente:

"Mi vida ha sido un fracaso; tengo vergüenza de mí".

Algo que deja en claro que, cuando ganar es la costumbre, las caídas son más amargas. Mientras que, cuando perder es lo habitual, las victorias resultan ser alarmantes.

No dejes que los "knock outs" de la vida te lleven a creer que eres un perdedor. **Tu historia no termina con una derrota. Decide volver al "ring"**, porque no hay nada más peligroso para el enemigo que alguien que luego de haber caído, decide levantarse y que, después que todos lo pensaron muerto, decide hacer su aparición otra vez, en el mismo lugar donde fue vencido antes.

Echa a un lado todo sentimiento de derrota y decide volver a levantarte. Porque, aunque el golpe haya sido fuerte, no te destruyó, sobreviviste y cuando sobrevives a lo que temías, te das cuenta de que no eres tan débil como creías.

"Entonces vinieron unos judíos de Antioquía y de Iconio, que persuadieron a la multitud, y habiendo apedreado a Pablo, le arrastraron fuera de la ciudad, pensando que estaba muerto. Pero rodeándole los discípulos, ***se levantó y entró en la ciudad;*** *y al día siguiente salió con Bernabé para Derbe. Y después de anunciar el evangelio a aquella ciudad y de hacer muchos discípulos, volvieron a Listra, a Iconio y a Antioquía, confirmando los ánimos de los discípulos, exhortándoles a que permaneciesen en la fe, y diciéndoles: es necesario que a través de muchas tribulaciones entremos en el reino de Dios".*

HECHOS 14:19-22 (RVR 1960).

DÍA 28

AQUÍ NO SE TIRA LA TOALLA

La expresión "tirar la toalla" se aplica usualmente al hecho de rendirnos y dejar de luchar por algo que hemos estado tratando de conquistar. Tiene su base en el boxeo y se refiere a la acción tomada por el entrenador al ver al boxeador llegar al límite de su resistencia.

Esta acción consiste en tirar la toalla como símbolo de finalización del combate para evitar daños mayores o irreparables en el boxeador. En este sentido, cabe destacar que no es el que pelea quien decide tirar la toalla, sino el entrenador de este.

En nuestro caso, aludiendo a las diversas luchas y batallas que tenemos que enfrentar, debemos resaltar dos puntos interesantes:

1. Nuestro "Entrenador Especial" es Dios, quien nos conoce mejor de lo que nos conocemos a nosotros mismos y jamás nos dejará luchar con algo mayor a nuestra capacidad de soporte.

2. El Señor nunca ha tirado, ni tirará la toalla por ninguno de los que Él ha convocado, porque Él es nuestro Guerrero, el Fuerte en batalla, Jehová de los Ejércitos y el que lucha por nosotros. Entonces, si el que te llamó a la pelea no se rinde, tampoco lo hagas tú.

> *"Ustedes no han pasado por ninguna prueba que no sea humanamente soportable. Y pueden ustedes confiar en Dios, que no los dejará sufrir pruebas más duras de lo que pueden soportar. Por el contrario, cuando llegue la prueba, Dios les dará también la manera de salir de ella, para que puedan soportarla".*

1 CORINTIOS 10:13 (DHH).

DÍA 29

DE PROCESOS, NO DE EVENTOS

El término proceso, se define como: secuencia de pasos dispuesta y enfocada en lograr un resultado específico. Mientras que el término evento se define como: cosa que sucede.

Las personas enfocadas, persistentes y que no desisten hasta haber logrado sus metas, son admiradas por la mayoría, debido a los resultados que obtienen, pero la clave de esos resultados, es que ellos han tomado la firme decisión de vivir una vida basada en procesos. Mientras que otros procuran tener todo fácil, rápido y sin mayores esfuerzos porque son movidos sólo por la emoción de los eventos. Pero ¿cómo podemos establecer la diferencia entre unos y otros? He aquí algunas de las señales:

Las personas de eventos, con entusiasmo inician diversos programas de estudios, pero no llegan a terminar ninguno. Se regocijan en las actividades especiales, pero no colaboran en la realización del trabajo que hay que hacer antes de tal celebración.

Se esmeran para el día de la boda, pero descuidan la vida del matrimonio.

Procura que tus acciones no solo estén siendo movidas por la euforia de un determinado momento; **enfócate en ser una persona de procesos, y no solo un festejador de eventos.**

"Mejor es la buena fama que el buen ungüento; y mejor el día de la muerte que el día del nacimiento".

ECLESIASTÉS 7:1-2 (RVR 1960).

DÍA 30

A LA MANERA DE DIOS

Trabaja continuamente para agregar valor y significado a tu vida y a la vida de otros. Procura ser ejemplo para los demás, conviértete en un instrumento de transformación. Ama incondicionalmente como Dios lo hace, aunque no recibas lo mismo de parte de otros; toma la determinación de no hacerlo para que ellos te lo agradezcan, sino por el amor y el deseo que sientes de agradar al Señor. No vivas la vida a tu manera, vívela a la manera de Dios.

"Esposas, sométanse a sus esposos, como conviene en el Señor. esposos, amen a sus esposas y no sean duros con ellas. Hijos, obedezcan a sus padres en todo, porque esto agrada al Señor. Padres, no exasperen a sus hijos, no sea que se desanimen. Esclavos, obedezcan en todo a sus amos terrenales, no sólo cuando ellos los estén mirando, como si ustedes quisieran ganarse el favor humano, sino con integridad de corazón y por respeto al Señor. Hagan lo que hagan, trabajen de buena gana, como para el Señor y no como para nadie en este mundo, conscientes de que el Señor los recompensará con la herencia. Ustedes sirven a Cristo el Señor. El que hace el mal pagará por su propia maldad, y en esto no hay favoritismos".

COLOSENSES 3:18-25 (NVI).

DÍA 31

DESECHA LA ANSIEDAD

En cada espacio que nos movemos, resulta común hallar personas cargadas de ansiedad, afanadas por conseguir cosas, por alcanzar posiciones y verse de una manera determinada; algo que, en la mayoría de los casos, si lo llegan a lograr, no hace que ellos estén conformes. Y es esta inconformidad que hace que muchos cometan errores, mal gasten dinero y vivan una vida continuamente cargada de ansiedad.

Los altos quieren ser bajos y los bajos quieren ser altos; los gordos quieren ser flacos y los flacos quieren ser gordos; las que llevan pelo largo quieren llevar pelo corto y las de pelo corto quieren llevar pelo largo; los solteros buscan casarse y los casados quieren divorciarse; los que viven solos quieren estar acompañados y los acompañados quieren vivir solos; y estas son solo algunas de las diversas formas como a diario vemos expresado el insaciable espíritu que ataca a muchos, llamado "el afán y la ansiedad". Es por esto que la Biblia dice:

"Depositen en él toda ansiedad, porque él (Dios) es el que cuida de ustedes".

1 PEDRO 5:7 (NVI).

"Más buscad primeramente el reino de Dios y su justicia, y todas estas cosas os serán añadidas".

MATEO 6:33(RVR1960).

DÍA 32

¿SOBRE QUÉ CONSTRUYES?

"Por tanto, todo el que me oye estas palabras y las pone en práctica es como un hombre prudente que construyó su casa sobre la roca. Vino la lluvia, crecieron los ríos y soplaron los vientos contra la casa; pero no cayó, porque tenía su base sobre la roca" .

Mateo 7:24-25 (NBD).

Jesucristo fue carpintero de oficio y conocía muy bien los fundamentos de la construcción. Así que, al hacer la declaración citada en este texto, vemos que hace referencia a varios aspectos intrínsecos de la misma, como los siguientes:

1. **La importancia de escuchar las instrucciones:** al igual que en otros aspectos de la vida, escuchar las instrucciones acerca de cómo se ha de llevar a cabo la construcción, es crucial. Porque, dependiendo de qué tan bien se capten esas instrucciones, será finalmente construida la casa.

2. **Hacer una buena selección del fundamento y los materiales para la construcción:** La etapa de selección del fundamento y los materiales de construcción, es también una parte vital de la misma, ya que esta determina la calidad, y por ende, el futuro de la edificación. Por lo que, según estas premisas, en el texto inicial Jesús hace referencia a lo siguiente:

Toda persona tiene una vida que construir, la cual simboliza su casa.

La base sobre la que construyes tu vida, determina tu destino no solo en esta tierra, sino también en la eternidad.

Sólo existe un fundamento seguro para edificar nuestras vidas y ese fundamento es Jesucristo. Él es la Roca sobre la que deben construir todos los que procuran tener un fundamento firme.

Según lo expresado por Jesús, todo el que no construye sobre la roca, construye sobre la arena. Pero, ciertamente todos construimos, y es la base sobre la que decidimos construir la que determina si nos caemos o permanecemos de pie ante los diferentes acontecimientos que tendremos que enfrentar indefectiblemente, en el transcurso de la vida.

> *"Pero el que me oye y no hace lo que yo digo, es como un tonto que construyó su casa sobre la arena. Vino la lluvia, crecieron los ríos, soplaron los vientos y la casa se vino abajo. ¡Y fue un gran desastre!".*
>
> MATEO 7:26-27 (DHH).

DÍA 33

TRES COSAS QUE LOS VIENTOS HACEN

Los diferentes vientos que llegan a nuestras vidas, siempre hacen una o más de estas tres cosas:

1. Ponen a prueba nuestras raíces
2. Se llevan lo que está seco
3. Dan lugar a lo nuevo

"Bienaventurado el varón que no anduvo en consejo de malos, ni estuvo en camino de pecadores, ni en silla de escarnecedores se ha sentado; sino que en la ley de Jehová está su delicia y en su ley medita de día y de noche. ***Será como árbol plantado junto a corrientes de aguas, que da su fruto en su tiempo y su hoja no cae y todo lo que hace, prosperará.*** *No así los malos, que son como el tamo que arrebata el viento. Por tanto, no se levantarán los malos en el juicio, ni los pecadores en la congregación de los justos. Porque Jehová conoce el camino de los justos; más la senda de los malos perecerá".*

SALMOS 1 (RVR 1960).

DÍA 34

EL PROCESO DE TRANSICIÓN

Entre un nivel y otro siempre hay un puente conector llamado "transición" que, cuando estás en medio de él, pareciera como si en vez de avanzar, retrocedieras. Algo que si no tienes un sentido claro de lo que verdaderamente está aconteciendo, podría hacerte dudar acerca de lo que ya el Señor te dijo que hará.

Pero Dios nos llama a recordar que Él no deja las cosas a medias, por lo que puedes estar confiado de que la obra que Él comenzó a hacer contigo, se encargará de perfeccionarla. Así que, aunque no estés donde quieres estar, reconoce que tampoco estás en la posición que te encontrabas antes.

Estas en transición y la obra que en tu vida parecía estar paralizada, en el glorioso nombre de Jesús, pronto será terminada. Porque no en vano dijo el apóstol Pablo:

> *"... Estoy seguro de que Dios, quien comenzó la buena obra en ustedes, la continuará hasta que quede completamente terminada"* .
>
> Filipenses 1:6 (NTV).

DÍA 35

TENDRÁS QUE DEJAR ALGO

Cuando Dios nos va a hacer entrega de algo, siempre nos quitará algo. De igual modo, entender las áreas de las que Dios nos dice que salgamos, es tan importante como la comprensión de aquellas a las que nos dice que vayamos.

"Y el Señor dijo a Abram: Vete de tu tierra, de entre tus parientes y de la casa de tu padre, a la tierra que yo te mostraré".

GÉNESIS 12:1 (LBLA).

"Y andando junto al mar de Galilea, vio a dos hermanos, Simón, llamado Pedro, y Andrés su hermano, echando una red al mar, porque eran pescadores. Y les dijo: Seguidme, y yo os haré pescadores de hombres. entonces ellos, dejando al instante las redes, le siguieron".

MATEO 4:18-20 (LBLA).

"Si alguno viene a mí, y no aborrece a su padre, y madre, y mujer, e hijos, y hermanos, y hermanas, y aun también su propia vida, no puede ser mi discípulo. Y el que no lleva su cruz y viene en pos de mí, no puede ser mi discípulo".

LUCAS 14:26-27 (RVR 1960).

DÍA 36

PRIMERO EDÚCALA, LUEGO ESCÚCHALA

Es muy común escuchar a las personas decir: "Actúa según lo que te diga la conciencia", o "Déjate guiar por lo que te diga el corazón". Estas frases suelen ser acogidas por la mayoría de las personas. Sin embargo, la conciencia debe contar con una base de valores, principios y conocimientos que le permitan ser buena consejera. En otras palabras, actuamos según lo que sabemos y de acuerdo a lo que creemos.

Por lo que, para ser buena consejera, tu conciencia necesita estar fundamentada en el manual por excelencia de los valores, que es la palabra de Dios, ya que solo así, ésta podrá tener un marco de referencia correcto para brindarte la dirección adecuada siempre que la necesites.

"Porque la palabra de Dios es viva y eficaz y más cortante que toda espada de dos filos; y penetra hasta partir el alma y el espíritu, las coyunturas y los tuétanos, y discierne los pensamientos y las intenciones del corazón".

HEBREOS 4:12 (RVR 1960).

"Tu palabra es una lámpara que guía mis pies y una luz para mi camino".

SALMOS 119:105 (NTV).

DÍA 37

EL VALOR DE LA HONESTIDAD I

El término honestidad significa: veraz, libre de duplicidad, recto, honorable, respetable y digno de estima. Dios espera que, como sus hijos, seamos personas honestas.

"He aquí, tú amas la verdad en lo íntimo, y en lo secreto me has hecho comprender sabiduría".

SALMOS 51:6 (RVR 1960).

El ser deshonesto con alguien, es tan dañino como el daño que producen las heridas físicas.

"Martillo, cuchillo y saeta aguda es el hombre que habla contra su prójimo falso testimonio".

PROVERBIOS 25:18 (RVR 1960).

El Señor no aprueba la deshonestidad en los negocios.

"Abominación son a Jehová las pesas falsas y la balanza falsa no es buena".

PROVERBIOS 20:23 (RVR 1960).

No negocies tu honestidad, sé honesto, sé veraz y sé franco.

"Por lo cual, desechando la mentira, hablad verdad cada uno con su prójimo; porque somos miembros los unos de los otros".

EFESIOS 4:25 (RVR 1960).

"Porque nuestra exhortación no procedió de error ni de impureza, ni fue por engaño".

1 TESALONICENSES 2:3 (RVR 1960).

DÍA 38

EL VALOR DE LA HONESTIDAD II

La honestidad está directamente involucrada en dos de los mandamientos, que son los siguientes:

"No hurtarás, no hablarás contra tu prójimo falso testimonio".

ÉXODO 20:15-16 (RVR 1960).

Decir la verdad, es de más valor que el hablar con adulación.

"El que reprende al hombre, hallará después mayor gracia que el que lisonjea con la lengua".

PROVERBIOS 28:23 (RVR 1960).

Los hijos de padres honestos, son dichosos.

"Camina en su integridad el justo; sus hijos son dichosos después de él".

PROVERBIOS 20:7 (RVR 1960)..

Las ganancias fraudulentas son agradables sólo por poco tiempo.

"Sabroso es al hombre el pan de mentira; pero después su boca será llena de cascajo".

PROVERBIOS 20:17 (RVR 1960).

Las riquezas obtenidas deshonestamente, no duran mucho tiempo.

"Amontonar tesoros con lengua mentirosa es aliento fugaz de aquellos que buscan la muerte".

PROVERBIOS 21:6 (RVR 1960).

DÍA 39

LLAMADOS A SER ÍNTEGROS I

La integridad es el cimiento de nuestro carácter y de todas las demás virtudes. Vivir una vida basada en integridad, nos hace ser semejantes a Cristo.

Cuando tenemos fisuras en nuestro carácter no contamos con el debido fundamento para poner en práctica otros valiosos atributos que, como hijos de Dios, estamos llamados a manifestar.

Valores como la humildad, bondad, transparencia, honradez y lealtad, indefectiblemente deben estar ligados a la integridad. Ya que ésta es la base que nos permite manifestar todas las demás virtudes. Pero no hacemos referencia a una integridad basada en criterios humanos, sino a la verdadera integridad, la cual se basa no solo en hacer lo que es lícito, sino en lo que es moralmente correcto y en lo que está de acuerdo con las directrices que nos ha dado el Señor. O sea que, aunque en algunas culturas sea lícito tener relaciones sexuales antes del matrimonio, para los íntegros esto siempre será ilícito y aunque otros consideren que no es nada el hecho de mentir, tomar lo ajeno o hablar mal de los demás, para los íntegros, esto siempre será ilícito.

Por lo tanto, no es suficiente ser justos solo según los términos establecidos por la justicia humana.

"Porque los ojos de Jehová contemplan toda la tierra, para mostrar su poder a favor de los que tienen corazón perfecto para con Él".

2 CRÓNICAS 16:9 (RVR 1960).

DÍA 40

LLAMADOS A SER ÍNTEGROS II

La palabra integridad, deriva del latín "integritatis" y significa completo y total. Este concepto tiene diversas implicaciones entre las cuales están las siguientes:

- Tomar decisiones basadas en lo que es eterno y no en beneficios temporales.
- Hablar toda la verdad y no solo dando a conocer parte de ella.
- Guardar los pactos, respetar los acuerdos y honrar los compromisos.
- Ser en privado, la misma persona que manifiestas ser cuando estás en público.

Cuando vivimos una vida basada en integridad, servimos de ejemplo en la Tierra y somos aplaudidos en el reino de los cielos.

"Un día en que debían presentarse ante el Señor sus servidores celestiales, se presentó también el ángel acusador entre ellos. El Señor le preguntó: ¿De dónde vienes? Y el acusador contestó: He andado recorriendo la tierra de un lado a otro. Entonces le dijo el Señor: ¿Te has fijado en mi siervo Job? No hay nadie en la tierra como él, que me sirva tan fielmente y viva una vida tan recta y sin tacha, cuidando de no hacer mal a nadie".

JOB 1:6-8 (RVR 1960).

DÍA 41

EL MEJOR DE TUS MENSAJES

Procura que tus actitudes siempre sean coherentes con lo que haces, porque ¿de qué sirven las muchas palabras que emitimos sino pueden ser sustentadas con nuestros hechos?

Más importante que predicar buenos mensajes, es hacer que nuestra vida misma sea un buen mensaje. Ya que no en vano dijo el apóstol Pablo:

> *"Nuestras letras sois vosotros mismos, escritas en nuestros corazones, las cuales son sabidas y leídas por todos los hombres".*

2 CORINTIOS 3:2 (RVR 1960).

DÍA 42

A VER QUIÉN SERÁ EL DUEÑO

En una ocasión, me encontraba predicando en un pequeño pueblo llamado Jaumave, en Tamaulipas México, y como parte de mi visita en aquel lugar, me fue ofertado un paseo para conocer el pueblo y con mucho gusto accedí. Aquel día tuve la oportunidad de conocer gente maravillosa y visitar lugares hermosos.

Durante el recorrido, pasamos por una zona donde pastaban varias yeguas, entre ellas una que realmente captó mi atención porque estaba muy bien cuidada, recortada, hermosa e incluso hasta brillaba, así que, señalándola, dije: "¡Vaya! qué bien cuidada está esa yegua". Cuando las personas que me acompañaban la vieron, estuvieron de acuerdo conmigo y todos consideramos que esa era la más hermosa de todas las yeguas que se encontraban en aquel lugar. Acto seguido, escuché al conductor del vehículo que nos transportaba, decir: ***"A ver quién será el dueño"***. Considerando esta experiencia y sobre todo la expresión hecha por el conductor, podemos apreciar lo siguiente:

Nuestra vida debe expresar la mentalidad de nuestro Dueño: Como propiedad de Dios que somos, debemos vivir diferente a como vive el resto del mundo, para que todos al vernos, glorifiquen a nuestro Señor, Salvador y Dueño.

Debemos ser buenos mayordomos de los recursos que nos ha dado nuestro Señor: Debemos dar valor a lo que tenemos, porque muchos, con sólo la mitad de lo que poseemos nosotros, estarían haciendo mucho más de lo que a veces, nos disponemos hacer nosotros. Así que, no te enfoques en "yeguas ajenas", procura mejorar la tuya continuamente.

DÍA 43

CON LA COMPAÑIA DE DIOS

Según algunos hallazgos hechos por la ciencia, está comprobado que la presencia de una mascota en la casa, mejora el estado de ánimo, disminuye las tensiones, ayuda a evitar los problemas cardíacos y alarga las expectativas de vida a sus poseedores. Entonces considerando esto, podemos deducir que, si realmente la compañía de un perro, gato o cualquier otra mascota, puede hacer todo esto ¿cuánto más podría hacer en nuestras vidas la presencia activa del único Absoluto, Soberano, Altísimo y Todopoderoso Dios?

¿Qué no sería capaz de hacer por ti aquel ante cuya presencia la tierra tiembla, los mares obedecen y los demonios huyen?

¿Qué efecto se produciría en tu vida si dependieras continuamente de la compañía de aquel que extiende como cortina los cielos y que hace de los vientos sus mensajeros? Si te hicieras acompañar del Dios que midió las aguas con el hueco de su mano, los cielos con su palmo y con tres dedos juntó todo el polvo de la tierra ¿qué crees que podría pasar en tu vida?

Y es que, al considerar sólo algunas de las características de este gran Compañero Fiel, puedes estar plenamente convencido de que cuando lo invitas a ser el Centro de tu vida, su compañía, su gracia y su favor, excederán infinitamente los recientes hallazgos que ha hecho la ciencia, acerca del acompañamiento que brindan las mascotas a la vida de sus dueños.

"Bendeciré a Jehová que me aconseja; aun en las noches me enseña mi conciencia. A Jehová he puesto siempre delante de mí; porque está a mi diestra, no seré conmovido".

SALMOS 16: 7-8 (RVR 1960).

DÍA 44

LOS FUNDAMENTOS PRECEDEN

Si queremos que nos vaya bien en lo que hacemos, uno de los principios fundamentales de nuestra vida, debe ser la práctica de la obediencia a Dios y también a las personas que Él ha puesto sobre nosotros para guiarnos. Porque no podemos decir que obedecemos al Señor cuando irrespetamos y manifestamos una conducta rebelde hacia la autoridad que Él ha puesto para dirigirnos. Por lo que, aun si no tenemos el sentir de hacerlo, debemos obedecer a nuestras autoridades.

Las personas que te sirven de guía, generalmente son escogidas por Dios y, aunque no parezca, algo tienen ellos que a ti te hace falta recibir. Por eso, aunque no te agraden ni estés totalmente de acuerdo con ellos (a menos que el obedecerles no atente contra lo que Dios ha establecido en su palabra) procura dejarte guiar por tus autoridades.

Si consideras que están actuando mal y tienes la posibilidad de acercarte a ellos para hacerles alguna sugerencia o señalamiento, hazlo con el debido respeto y, si persisten, no te preocupes porque Dios buscará la forma de confrontar su mal proceder en su debido momento.

"...Porque sobre el alto vigila otro más alto y uno más alto está sobre ellos".

ECLESIASTÉS 5:8 (RVR 1960).

DÍA 45

PROCURA SER HALLADO APTO

No somos aptos para ser autoridad de otros, cuando nos revelamos en contra de aquellos que Dios ha puesto para ser autoridad nuestra.

Nuestra obediencia a Dios, siempre quedará demostrada a través de nuestro sometimiento a las personas que Él ha puesto sobre nosotros.

> *"Sólo Dios puede darle autoridad a una persona, y es él quien les ha dado poder a los gobernantes que tenemos. Por lo tanto, debemos obedecer a las autoridades del gobierno. Quien no obedece a los gobernantes, se está oponiendo a lo que Dios ordena. Y quien se oponga será castigado".*
>
> ROMANOS 13:1-2 (TLA).

DÍA 46

SI PRIMERO NO RECIBES, NO TENDRÁS NADA QUE DAR

Dando continuidad a lo antes señalado, también debemos destacar lo siguiente: si tú eres alguien a quien Dios le ha placido dar autoridad para dirigir a otros, hazlo con amor, consideración y respeto. Porque la autoridad que tienes te ha sido dada por Dios y no debe estar fundamentada en ti mismo.

La fuente de toda autoridad es el Señor. Por lo que, para ejercer autoridad del modo que Dios espera que lo hagas, deberás estar basado en sus preceptos y no en los tuyos propios.

Lo que dices y haces como persona que está en autoridad, debe provenir de la dirección que previamente recibes al pasar tiempo con el que te dio tal autoridad. Porque, cuando no recibes de Dios, no tienes nada que dar a los hombres. El Señor nos llama a representar su autoridad, no a sustituirla.

> *"Por eso Jesús, respondiendo, les decía: en verdad, en verdad os digo que el Hijo no puede hacer nada por su cuenta, sino lo que ve hacer al Padre; porque todo lo que hace el Padre, eso también hace el Hijo de igual manera".*
>
> JUAN 5:19 (LBA).

DÍA 47

¿CÓMO EXPLICAR EL AMOR?

En una de las salas de un colegio había varios niños y uno de ellos preguntó: "Maestra ¿qué es el amor?"

La maestra sintió que el niño merecía una respuesta que estuviese a la altura de la pregunta inteligente que había formulado, así que, como ya estaban para salir al recreo, pidió a sus alumnos que dieran una vuelta por el patio de la escuela y trajeran algo que despertara en ellos el sentimiento del amor. Los chicos salieron apresurados y cuando regresaron, la educadora les dijo: *"Quiero que cada uno muestre lo que trajo"*.

El primer alumno respondió: *"Yo traje esta flor, porque es linda y llamó mi atención"*.

Al llegar el turno al segundo alumno, este dijo: *"Yo traje esta mariposa. Vean el colorido de sus alas; me parece tan bonita que la voy a colocar en mi colección"*.

El tercer alumno, al presentar lo que había llevado dijo: *"Yo traje este pichón de pajarito que se cayó del nido, y al verlo lo hallé gracioso"*.

En fin, cada uno de los niños mostraron lo que habían recogido en el patio, para ilustrar lo que, según su percepción, era el amor.

Pero al culminar la exposición, la maestra notó que una de las niñas no había traído nada y había permanecido quieta todo el tiempo porque se sentía avergonzada. Así que, le preguntó: *¿Y tú no encontraste nada?*

> *La niña, tímidamente respondió: "Disculpe maestra, pero vi la flor, sentí su perfume y pensé arrancarla, pero preferí que exhalara su aroma por más tiempo. También miré la mariposa suave y colorida, pero parecía tan feliz que no tuve el coraje de aprisionarla. Luego observé el pichoncito caído entre las hojas, pero al subir la mirada al árbol, noté la tristeza de su madre y*

decidí devolverlo al nido. Así que maestra, solo traigo conmigo el perfume de la flor, la sensación de libertad de la mariposa y la gratitud que observé en los ojos de la madre del pajarito, al ponerlo de regreso en el lugar que pertenecía, pero la verdad es que no sé cómo puedo mostrar todo esto.

Al escuchar lo que había dicho la niña, la maestra lo tomó como ejemplo para que toda la clase entendiera el real concepto de lo que es el amor.

"El amor es sufrido, es benigno; el amor no tiene envidia, el amor no es jactancioso, no se envanece; no hace nada indebido, no busca lo suyo..."

1 CORINTIOS 13:4-5 (RVR 1960).

DÍA 48

PERO YO SÉ QUIÉN ES ELLA

Un hombre de cierta edad, luego de haber sufrido una herida en la mano, fue a ver a su médico para que le curara y luego del procedimiento (a diferencia de otras veces) evadió toda conversación con el doctor explicándole que llevaba mucha prisa. Cuando el médico le preguntó cuál era la causa de su premura, el hombre le explicó que tenía que ir a una residencia de ancianos para desayunar con su mujer que vivía allí.

Le contó que ella llevaba algún tiempo en ese lugar y que tenía el mal de Alzheimer muy avanzado, pero que cada día iba sin fallar y desayunaba con ella. Al escuchar eso, el médico le preguntó si ella se enojaría en caso de que él llegara tarde, a lo que el esposo respondió: "No, porque ella no sabe quién soy yo. Hace casi cinco años que no me reconoce".

Entonces, muy extrañado el doctor le preguntó:

"Pero ¿si ya no sabe quién es usted, porqué esa necesidad de estar con ella todas las mañanas?"

Entonces el hombre sonriendo y dándole una palmadita en el hombro, le contestó:

"Porque, aunque ella no sabe quién yo soy, yo sé muy bien, quién es ella".

AUN EN MEDIO DE LAS PEORES CRISIS,
NO OLVIDES LO QUE ALGUNAS PERSONAS EN ALGÚN MOMENTO DE LA VIDA, FUERON PARA TI...

DÍA 49

¿POR QUÉ GRITAN?

Un día un sabio preguntó a sus discípulos lo siguiente: ¿Por qué la gente se grita cuando están enojadas? Al escuchar la pregunta, sus discípulos pensaron por unos momentos y luego se dispusieron a responder:

Porque perdemos la calma – dijo uno. Pero ¿por qué gritar cuando la otra persona está a tu lado? ¿No es posible hablarle en voz baja?

¿Por qué gritas a una persona cuando estás enojado? Una vez más, preguntó el sabio maestro.

Los hombres dieron algunas otras respuestas, pero ninguna de ellas satisfacía al maestro, quien finalmente, les explicó:

– Cuando dos personas están enojadas, sus corazones se alejan mucho y para cubrir esa distancia piensan que deben gritar para poder escucharse. Mientras más enojados están, más fuerte entienden que deben gritar para escucharse.

Luego, prosiguió a preguntarles: *¿Qué sucede cuando dos personas se enamoran? Ellos no se gritan, sino que se hablan suavemente. ¿Por qué? Porque sienten que sus corazones están muy cerca el uno del otro y que la distancia entre ellos es muy pequeña.*

¿Cuando se enamoran aún más, qué sucede? - Continuó indagando el maestro, *-No hablan, sólo susurran y se vuelven aún más cerca en su amor. Finalmente, no necesitan siquiera susurrar, sólo se miran y eso es todo.*

Luego de esto, el maestro concluyó diciendo: *Cuando discutan no dejen que sus corazones se alejen, no digan palabras que los distancien más, porque llegará un día en que la distancia será tanta, que no encontrarán más el camino de regreso.*

"El que ama tiene paciencia en todo, y siempre es amable... no es grosero ni egoísta, ni se enoja por cualquier cosa".

1 CORINTIOS 13:4-5 (TLA).

DÍA 50

SE LES LLAMA CONFIDENTES

No todos los que se acercan a ti lo hacen con las mismas intenciones. Pero entre los que se acercan, hay algunos que no solo llegan a tu vida a ocupar un espacio más, sino que trascienden por sus peculiares características, entre las cuales están las siguientes:

- Te valoran no por lo que tienes, sino por lo que eres.
- Son leales a ti.
- Consideran tus asuntos como parte de ellos mismos.
- Están presentes en las buenas y en las malas.
- Son los primeros que te ayudan a levantarte cuando caes y a fortalecerte cuando te debilitas.
- Te dicen cuando actúas bien y te confrontan cuando actúas mal.
- Celebran tus victorias y te sirven de soporte cuando las cosas no salen como esperabas.

Su valor es incalculable, pero ellos no son comunes. De hecho, si llegas a tener dos o tres de estos, en todo el trayecto de tu vida, puedes considerarte como bienaventurado, ya que muchos parecen serlo, pero luego de ser puestos a prueba por las diferentes presiones y crisis que se presentan en el camino, revelan que realmente no lo son.

Así que, te invito hoy a identificar si hay algún confidente actualmente en tu vida y si lo tienes, pídele a Dios que te ayude a valorar, cuidar y ser leal a este valioso regalo, al que comúnmente, se le llama confidente.

"El amigo ama en todo momento; en tiempos de angustia es como un hermano".

PROVERBIOS 17:17 (RVR 1960).

DÍA 51

SENCILLAMENTE NO LO SON

En algunas ocasiones, el hecho de aferrarnos a lo que Dios quiere sacar de nosotros, hace que se produzca un retraso en lo que Él quiere traer a nosotros. Por lo que es de suma importancia entender lo siguiente:

Lo que Dios quiere que se quede en tu vida, no se irá y lo que Él ha decidido sacar de ella, por más que quieras retenerlo, no podrás.

Algunas personas solo llegan a nosotros de pasada; vinieron con una asignación especial y, al darle cumplimiento a esta, así como llegaron, terminan alejándose. Otros fingen ser tus "mejores amigos", pero esto solo dura hasta que se presenta una crisis que pone a prueba los fundamentos de la relación.

Existen, además, los que se acercan a ti no por lo que eres, sino por lo que tienes; porque lo que tú posees es algo que ellos también quisieran llegar a tener. Pero, cuando encuentran a alguien que representa mejor sus intereses, así como dejaron a otros para unirse a ti, también te dejarán a ti, para ir detrás de otros.

Finalmente, tenemos aquellos que entran en nuestras vidas no porque los envía Dios sino porque nosotros, producto de una mala decisión, le dimos entrada. Con estos, lo más sabio que podemos hacer es cortar los lazos que nos unen a ellos lo antes posible. Ya que si no lo hacemos, las consecuencias al final, serán mucho peor que el dolor temporal que sentimos en el momento que decidimos dejarlos ir.

Como parte de su perfecta provisión para contigo, Dios quiere que te conectes con la gente correcta para que des cumplimiento a tu destino, y obrará para apartarte de aquellos que, por más que aparenten ser las personas correctas para ti… **¡Sencillamente no lo son!**

"Hay amigos que conducen a la ruina y hay amigos más fieles que un hermano".

PROVERBIOS 18:24 (NVI).

DÍA 52

LA LEY DEL 25%

El reconocido autor de libros John C. Maxwell, en uno de sus escritos, plantea lo que él da a conocer como: "La ley del 25%", la cual se basa en la impresión que tiene la gente acerca de nosotros. En este planteamiento Maxwell, establece lo siguiente:

Un 25% de las personas a tu alrededor, te amará y estará dispuesto a actuar en bien tuyo, aunque nunca llegues a hacer nada por ellos.

Un 25%, te aborrecerá y procurará dañarte, no importa qué tanto hagas por ellos. Otro 25%, te amará hasta que tenga la oportunidad de conocerte y darse cuenta de tus debilidades. Y el otro 25% restante, te aborrecerá hasta que te conozca y se dé cuenta de que no eres quien ellos pensaban que eras. Sino que, sin conocerte, ellos cometieron el error de juzgarte mal.

"Viniendo Jesús a la región de Cesarea de filipo, preguntó a sus discípulos, diciendo: ¿Quién dicen los hombres que es el Hijo del Hombre? ellos dijeron: Unos, Juan el Bautista; otros, Elías; y otros, Jeremías, o alguno de los profetas. Él les dijo: Y vosotros, ¿quién decís que soy yo? Respondiendo Simón Pedro, dijo: Tú eres el Cristo, el Hijo del Dios viviente".

MATEO 16:13-16 (RVR 1960).

DÍA 53

CONEXIONES DIVINAS

Cuando el Señor quiere bendecirte, envía personas para que lo hagan y cuando el enemigo quiere destruirte también procura hacer lo mismo. Por otro lado, si el adversario no logra ligarte a personas dañinas, tratará de destruir las conexiones divinas que Dios ha dispuesto para tu vida.

Satanás siempre se empeñará en alejarte de gente que te sirva de guía en la ruta hacia el propósito que Dios te ha trazado, pero por más que lo intente, no se lo permitas. Muchas son las conexiones divinas que vemos a través de todo el texto sagrado, por ejemplo: las de David y Jonathan, Rut y Noemí, Elías y Eliseo, entre muchos otros.

Las personas que llegan a tu vida a modo de conexiones divinas, vienen con una encomienda de parte de Dios de ayudarte a que alcances el destino que te fue marcado, por eso te apoyan, te confrontan, se preocupan por enseñarte, te dicen cuando actúas mal y te resaltan las mejoras. Por lo que si ya has identificado a alguien con estas cualidades, ámale, respétale y valórale porque no por coincidencia, sino por designio del Señor han llegado hasta ti.

"Algunas amistades se rompen fácilmente, pero hay amigos más fieles que un hermano".

PROVERBIOS 18:24 (DHH).

DÍA 54

¿QUIÉNES SON TUS COMPAÑIAS?

A los conquistadores les gusta estar acompañados de aquellos que conquistan y los soñadores prefieren la compañía de aquellos que sueñan. De igual manera el chismoso disfruta la compañía de otros chismosos y los quejosos siempre se atraen entre sí.

Es fácil notar cómo en todas las esferas de la vida, las personas suelen sentirse muy cómodas dentro de su propio grupo.

Has que las personas con las que pasas el tiempo, sirvan de edificación a tu vida. No te dejes arrastrar por las influencias de aquellos que no avanzan y sólo se dedican a mirar las fallas y defectos de los demás. Busca siempre marcar la diferencia y trabaja para mejorar aquello que realmente puedes mejorar. El zapato no le dice al pie cuánto crecer, sino que la medida del pie determina el tamaño del zapato. Porque tal como dijo George Stewart:

"Los hombres débiles son esclavos de lo que ocurre, mientras que los fuertes son amos de ello".

"No te entremetas con el iracundo, ni te acompañes con el hombre de enojos, no sea que aprendas sus maneras y tomes lazo para tu alma".

PROVERBIOS 22: 24-25 (RVR 1960).

DÍA 55

LOS EFECTOS DE LAS COMPAÑÍAS

Las personas que forman parte de tu vida, siempre harán una de estas cuatro cosas: sumar, restar, dividir o multiplicar. Cada relación alimenta una fuerza o una debilidad dentro de ti; los que no te ayudan a aumentar, inevitablemente te harán disminuir.

Si quieres saber qué tan buena es una relación para ti, identifica qué tan mejor estás luego de haberla iniciado, comparando tu condición actual con la condición en la que te encontrabas antes.

Procura diligentemente no hacerte acompañar de aquellos que dividen y restan; haz que tus compañías sean siempre de las que solo suman y multiplican a la vida de los demás.

"El que anda con sabios, sabio será; pero el que se junta con necios, será quebrantado".

PROVERBIOS 13:20 (RVR 1960)

DÍA 56

LO QUE PRUEBA UNA RELACIÓN

Así como el crisol prueba la plata y la hornaza prueba el oro, el fundamento de una relación es probado a través de los momentos de presión.

Si la relación que tenías con alguien se deshizo por uno de esos momentos, no te lamentes, porque tarde o temprano, en algún trayecto del camino, esto iba a acontecer. Así que, en vez de una pérdida, podríamos decir que la "podadora de Dios" entró en acción, para reemplazar las relaciones infructuosas de tu vida por relaciones que te sirvan de edificación y provecho.

¡Mantente expectante, Dios te asombrará con lo que próximamente a tu vida llegará!

DÍA 57

LA IMPORTANCIA DE LA PREPARACIÓN

Las personas que han decidido ser buenas en lo que hacen, nunca andan de prisa. La cantidad de preparación para algo, determina la calidad de desempeño que tendrás en ese algo.

Los grandes concertistas de piano, invierten cientos de horas de práctica antes de un concierto, porque saben que la cantidad y la calidad de las horas agotadas en la práctica, los prepara para una mejor ejecución al momento de su presentación.

Los campeones mundiales de peso completo, saben que no pueden entrar al ring con su oponente, si primero no han tenido una preparación previa, porque ellos saben que no se convierten en campeones cuando están en el ring, sino que allí solo se revelan.

Los capítulos de preparación en tu vida no son demoras para tu éxito futuro, por el contrario, representan una de las mayores inversiones que puedas llegar a hacer en el mismo.

Hace varios años, una amiga había empezado un negocio y estaba muy emocionada por el extraordinario potencial que este tenía. Sin embargo, no quiso ocupar tiempo en aprender cómo presentar su plan a otros, y siempre que tenía la oportunidad de escucharla hablar acerca de sus productos, notaba que era vacilante. Así que, en uno de nuestros encuentros, le dije:

"Dedica tiempo a estudiar tu negocio y aprende cada detalle de los productos que ofreces. De este modo, serás más efectiva al presentarlo a los demás y los resultados serán mucho mejores que los que has tenido hasta ahora. Esto te tomará tiempo y no aprenderás todo, de la noche a la mañana. Pero prográmate para dedicar al menos una hora diaria para aprender los detalles acerca de lo que promueves, y la gente tendrá credibilidad en lo que ofreces".

Partiendo de esto, te invito a considerar lo siguiente: ¿Cómo podrías prepararte a partir de este día para ser más efectivo en lo que haces?

Piensa en alguna ocasión en la que, por falta de preparación, no pudiste tener el desenvolvimiento indicado. ¿Qué estás dispuesto a hacer para que tal situación no vuelva a repetirse otra vez?.

DÍA 58

NO DESPERDICIES EL TIEMPO

El tiempo es uno de los regalos más valiosos que hemos recibido de parte de Dios y Él espera que hagamos buen uso de este recurso, procurando llevar una vida productiva.

El tiempo de nuestra estadía en la tierra, comienza el día que nacemos y termina el día que morimos. La longitud de nuestra vida física concuerda con los días que se requieren para cumplir con nuestro propósito, porque Dios planeó la madurez de nuestra vida en el total de los días que nos repartió. Por tanto, el tiempo que Dios ha determinado darnos, es el que exactamente necesitamos para llevar a cabo nuestra misión en esta Tierra.

No desperdicies tu tiempo, valóralo. Y si quieres saber si estás dando buen uso al mismo, te invito a considerar seriamente lo siguiente:

¿En cuáles cosas estás invirtiendo tu tiempo? ¿Estás aplicando disciplina en el manejo del mismo o simplemente te estás dejando envolver en actividades infructuosas que no aportan a tu vida ningún resultado bueno?

Revélate contra todo lo que quiera hacerte malgastar los días que el Creador te ha asignado. **¡Decide vivir productivamente!**

"Ensénanos de tal modo a contar nuestros días, que traigamos al corazón sabiduría".

SALMOS 90:12 (RVR 1960).

DÍA 59

COMO BUENOS MAYORDOMOS I

"De Jehová es la tierra y su plenitud; el mundo, y los que en él habitan".

SALMOS 24:1 (RVR 1960).

Todo lo que tenemos le pertenece al Señor, nosotros sólo somos mayordomos de lo que Él nos ha otorgado y para ser buenos mayordomos debemos tener una clara comprensión de ciertas cosas, entre estas, la diferencia que existe entre una necesidad y un deseo. Veamos las definiciones que nos ofrece el diccionario para cada uno de estos términos.

Necesidad: aquello que resulta indispensable para vivir en un estado de salud plena.

Deseo: anhelo de saciar un gusto.

Por lo que, la necesidad se diferencia de un deseo porque, al no ser satisfecha, se producen resultados negativos evidentes en la vida de la persona que la padece. Mientras que, el no satisfacer un deseo, no traerá consigo ninguna implicación mayor, sino que, por el contrario, nos ayudará a ejercer dominio propio y a practicar la auto disciplina.

Tener la plena comprensión de esto, nos ayuda a entender que (a diferencia de lo que creen muchos) realmente no "necesitamos" tener el último modelo de una marca determinada de vehículo, la última tecnología en aparatos electrónicos, la ropa de última temporada, o la casa más lujosa del vecindario. Sino que el querer tener todas estas cosas, corresponde a nuestros deseos y no a nuestras necesidades y si Dios en algún momento quiere dárnoslo, Él se encargará de hacerlo, sin que nosotros tengamos que ser controlados por esos deseos.

"... Tu Padre sabe exactamente lo que necesitas, incluso antes de que se lo pidas".

MATEO 6:8 (NTV).

DÍA 60

COMO BUENOS MAYORDOMOS II

Dios conoce nuestras necesidades y puede darnos mucho más de lo que necesitamos. (Ver Filipenses 4:19). Sin embargo, Él espera que sepamos administrar bien lo poco, para entonces hacernos entrega de más.

De hecho, el Señor espera que hagamos uso de nuestra creatividad para poder sacar lo mejor de aquello que ya tenemos, antes de incurrir en endeudamientos innecesarios para adquirir lo que necesitamos.

A veces, incluso, podemos renovar las cosas que llevamos tiempo usando, como algunas prendas de vestir, cambiándoles, quitándoles o poniéndoles detalles que no tienen. Así como también podemos remodelar los muebles que ya hemos usado, el vehículo y muchos de los enseres que poseemos, haciendo que parezcan nuevos sin haberlos cambiado.

No seas un esclavo de las deudas por satisfacer tus deseos. Lo que es última tecnología hoy, no lo será mañana. Así que, luego de comprar lo que quieres ahora, dentro de poco, querrás también lo nuevo que saldrá más adelante y si no sabes manejar esas emociones, serás toda la vida un prisionero de tus seguidos caprichos y tus continuos deseos.

Por tanto, revélate contra el consumismo y la opresión a la que puedes ser sometido teniendo que pagar por años altos intereses de préstamos y tarjetas de crédito, para que en vez de eso, uses lo que Dios ha puesto en tus manos para algún otro fin.

"No deban nada a nadie, excepto el deber de amarse unos a otros".

ROMANOS 13:8

DÍA 61

QUE NO TE DESPOJEN

"Vinieron las hijas de Zelofehad hijo de Hefer, hijo de Galaad, hijo de Maquir, hijo de Manasés, de las familias de Manasés hijo de José, los nombres de las cuales eran Maala, Noa, Hogla, Milca y Tirsa; y se presentaron delante de Moisés y delante del sacerdote Eleazar, y delante de los príncipes y de toda la congregación, a la puerta del tabernáculo de reunión, y dijeron: nuestro padre murió en el desierto; y él no estuvo en la compañía de los que se juntaron contra Jehová en el grupo de Core, sino que en su propio pecado murió, y no tuvo hijos. ¿Por qué será quitado el nombre de nuestro padre de entre su familia, por no haber tenido hijo? Danos heredad entre los hermanos de nuestro padre. Y Moisés llevó su causa delante de Jehová... Y Jehová respondió a Moisés, diciendo: Bien dicen las hijas de Zelofehad; les darás la posesión de una heredad entre los hermanos de su padre, y traspasarás la heredad de su padre a ellas".

NÚMEROS 27:1-7 (RVR 1960).

Las cinco hijas de Zelofehad se rehusaron a aceptar lo establecido por el sistema, como parte de su destino, y no permitieron que les fueran quitado los bienes que habían pertenecido a su padre. Y, aunque la ley del momento establecía que las mujeres no tenían parte en la heredad, ellas no se resignaron, sino que en vez de eso, se atrevieron a abogar el caso llevándolo a las autoridades competentes de aquel momento, y, al hacerlo, fueron reconocidas por el Señor hasta el punto de que, por la demanda de ellas, a partir de ese tiempo las mujeres fueron consideradas con los mismos derechos que tenían los hombres en cuanto a la distribución de herencia en el pueblo. Sin embargo, a diferencia de las hijas de Zelofehad, vemos cómo muchas personas continuamente se adaptan a vivir por debajo del nivel que deberían, debido a su pasividad y falta de pasión para alcanzar aquello que les fue asignado.

No te conformes con menos de lo que Dios ha trazado para ti, porque si lo haces, estarás destinado a escuchar tu voz interior continuamente decir: "Este no es mi nivel, fui llamado para algo mucho más grande que esto". ¡Por tanto, ármate de valor y lánzate a la conquista de lo que el Padre te ha dado por herencia!

> *"Desde los días de Juan el Bautista hasta ahora, el reino de los cielos ha venido avanzando contra viento y marea, y los que se esfuerzan logran aferrarse a él".*
>
> MATEO 11:12 (NVI).

DÍA 62

SIGUE AVANZANDO

No permitas que ningún ataque espiritual, físico o emocional te saque de circulación. Por nada del mundo dejes de hacer lo que Dios te ha llamado a hacer. Tu final lo determina Dios, no tus problemas, ni tus adversidades, ni ninguna fuerza contraria que esté operando en tu contra.

No te dejes abrumar por las tinieblas porque, por más que lo desee, Satanás no tiene poder (a menos que tú se lo cedas) para detener la obra que Dios está haciendo en ti, y a través de ti.

Por eso, cuando Herodes mandó buscar a Jesús para arrestarlo, Él con toda firmeza le respondió diciendo:

"Vayan y díganle a esa zorra que expulsaré a los demonios de la gente, la sanaré hoy y mañana, y al tercer día terminaré lo que debo hacer".

LUCAS 13:32 (PDT).

En otras palabras, Jesús expresó lo siguiente: "El deseo de Herodes de eliminarme no me intimida ni me detiene, conozco mi misión y daré cumplimiento a mi asignación".

"... Porque lo que está escrito de mí, tiene cumplimiento".

LUCAS 22: 37. (RVR 1960).

DÍA 63

ES SOLO UN ENTRENAMIENTO

Dios no está preparando tus bendiciones, te está preparando a ti para que, cuando las recibas, las puedas manejar del modo correcto.

Cada una de las adversidades y circunstancias a las que eres expuesto, son permitidas por el Señor, con el fin de capacitarte y hacer que estés listo para manejar el nuevo nivel de altura al que serás llevado, luego de haber sido procesado.

Por tanto, por más oscura que tu situación parezca, ten paz. Las cosas no permanecerán asi; se trata solo de un entrenamiento.

"Pues nuestras dificultades actuales son pequeñas y no durarán mucho tiempo. Sin embargo, ¡nos producen una gloria que durará para siempre y que es de mucho más peso que las dificultades!".

2 CORINTIOS 4:17 (NTV).

DÍA 64

LA FRASE IDEAL

En cierta ocasión, un poderoso rey convocó a sus principales sabios y eruditos a una asamblea, para expresarles lo siguiente:

"Acabo de traer un gran anillo de mi última conquista. Es muy valioso y además me ofrece la posibilidad de poder guardar algo aún más valioso en su interior. Así que necesito que, al final del día, ustedes me entreguen una frase que sea la más sabia que algún mortal haya escuchado jamás. Quiero que juntos, arriben a una conclusión haciendo uso de toda su sabiduría y luego la escriban en un papel diminuto que guardaré en el anillo. Y si algún día llego a encontrarme en medio de una crisis muy profunda, lo abriré esperando que esa frase me sirva de apoyo, sustento y aliento".

Luego de escuchar la solicitud del rey, los sabios pasaron el resto del día debatiendo acerca de cuál sería la frase que resumiría toda la sabiduría que ningún humano había oído jamás y fue, al caer la noche, luego de largas horas de debate entre todos los sabios, que al rey le fue entregada la frase escrita en el pequeño papel, tal como lo había solicitado.

"Aquí está la frase, su majestad. Guárdela en su anillo y léala si alguna vez llega a estar en medio de una gran crisis que golpee su vida o su reino", le dijo el sabio que había sido electo como la voz representativa del resto.

El monarca tomó la frase, la guardó en su anillo y se olvidó del asunto, hasta algunos años más tarde cuando, debido al saqueo y la ruina que sufrió su reino por parte de una de las naciones enemigas, sintiéndose devastado y con deseos de quitarse la vida, recordó que aún conservaba el anillo que llevaba dentro la sabia frase elaborada por el equipo de sabios, que en su tiempo de bonanza le servían, y decidió abrirlo. Cuando lo abrió, tomó el papel y vio que en él estaba grabada la siguiente frase: **"Esto también pasará".**

Al leer esto se llenó de aliento, y la esperanza retornó a la vida del rey quien cobró ánimo y luego de tan devastador ataque, años más tarde, se dispuso a recuperar todo el esplendor que había perdido su reinado, a través de nuevas conquistas.

Así mismo, cualquier devastación que puedas estar atravesando en tu vida ahora, puedes tener la certeza de que esto **también pasará.**

"Puse en el Señor toda mi esperanza; él se inclinó hacia mí y escuchó mi clamor. Me sacó de la fosa de la muerte, del lodo y del pantano; puso mis pies sobre una roca, y me plantó en terreno firme".

SALMOS 40:1-2 (NVI).

DÍA 65

EL ORDEN, QUE SALE DEL DESORDEN

En nuestra casa, tenemos por costumbre tomar los días sábados, para hacer una limpieza mucho más profunda que la que hacemos el resto de los días de la semana. El programa de trabajo de ese día, consiste en mover todos los muebles y demás enseres, para limpiar detrás y debajo de cada cosa.

Debido a esto, el orden que usualmente tiene la casa, se descompone y, mientras el trabajo se lleva a cabo, se nos hace incómodo, incluso, movernos por ciertos espacios con plena libertad. Sin embargo, al caer la tarde, luego de haber limpiado todo, la casa luce tan impecable y reluciente que compensa el desorden que tuvimos en las primeras horas del día.

De igual manera, siempre que Dios "descompone" algo en nosotros (como casa de Él que somos) es para que quedemos en un estado mucho mejor al que nos encontrábamos antes. Así que el desorden y la incomodidad que puedas estar atravesando en un momento determinado, sólo te hará apreciar más la limpieza y el nuevo orden que Dios hará llegar a tu vida, luego de vivir lo que en un tiempo, solo parecía ser un desorden.

Cuando el Señor decide limpiarnos, nos alinea, nos hace mansos, sabios y humildes; trabaja nuestro carácter y hace que salgan a la luz cosas que, de mantenerse ocultas, hubiesen traído un nivel devastador de destrucción a nuestras vidas y a la vida de aquellos que nos rodean, porque el orden de Dios siempre será mejor que el orden nuestro. Por tanto, no te resistas a recibir la disciplina del Señor.

"Ciertamente, ningún castigo es agradable en el momento de recibirlo, sino que duele; pero si uno aprende la lección, el resultado es una vida de paz y rectitud".

HEBREOS 12:11 (DHH).

DÍA 66

TODO LO QUE QUIERE, LO HACE

"Porque yo sé que Jehová es grande y el Señor nuestro, mayor que todos los dioses. Todo lo que Jehová quiere, lo hace, en los cielos y en la tierra, en los mares y en todos los abismos. Hace subir las nubes de los extremos de la tierra; hace los relámpagos para la lluvia; saca de sus depósitos los vientos".

SALMOS 135: 5-7 (RVR 1960).

"El que se cubre de luz como de vestidura, que extiende los cielos como una cortina, que establece sus aposentos entre las aguas, el que pone las nubes por su carroza, el que anda sobre las alas del viento. El que hace a los vientos sus mensajeros y a las flamas de fuego sus ministros. Él fundó la tierra sobre sus cimientos; no será jamás removida".

SALMOS 104: 2-5 (RVR 1960).

"Jehová de los ejércitos juró diciendo: Ciertamente se hará de la manera que lo he pensado, y será confirmado como lo he determinado... Porque Jehová de los ejércitos lo ha determinado, ¿Y quién lo impedirá? Y su mano extendida, ¿quién la hará retroceder?".

ISAÍAS 14: 24, 27 (RVR 1960).

DÍA 67

COSAS QUE SUCEDEN ANTES

Antes de ser gobernador, José tuvo que ser esclavo y antes de tener el manto de príncipe, fue despojado de la túnica que le había hecho su padre Jacob.

Por lo que aquello de lo que más careces ahora, será el área de tu mayor abundancia, luego de haber sido procesado por el Señor.

"Pues los sufrimientos ligeros y efímeros que ahora padecemos producen una gloria eterna que vale mucho más que todo sufrimiento".

2 CORINTIOS 4:17 (NVI).

DÍA 68

ESPERA SER REVELADO

"Cuando yo era niño, hablaba como niño, pensaba como niño, juzgaba como niño; más cuando ya fui hombre, dejé lo que era de niño".

1 Corintios 13:11 (RVR 1960).

En este pasaje hay tres importantes elementos que nos ayudan a identificar el nivel en que estamos:

- La forma en que hablamos
- La forma en que pensamos
- La forma en que juzgamos

Y es que el modo de responder ante los estímulos (modo en que hablamos), la forma cómo entendemos las cosas (modo en que pensamos), y la manera cómo establecemos un juicio (modo en que juzgamos), revela si somos "adultos" en términos espirituales o si independientemente del tiempo que tengamos sirviendo al Señor, seguimos siendo "niños".

Nuestro nivel de madurez siempre será un importante indicador para identificar si estamos listos para ser posicionados en un nivel mayor del que nos encontramos ahora, ya que manejar ciertas cosas sin la debida madurez, podría hacer que aquello que nos fue entregado como bendición, llegue a ser causa de destrucción.

La madurez se adquiere a través de crecer continuamente y aprender de los errores para no volver a repetir lo mismo. "Lo que quiero decir es esto: Mientras el heredero es menor de edad, en nada se diferencia de un esclavo de la familia, aunque sea en realidad el dueño de todo".

GÁLATAS 4:1 (DHH).

DÍA 69

NECESITAMOS LA FUENTE I

En una ocasión, hablando a los discípulos, el Señor Jesús dijo: "Yo soy la vid verdadera y mi Padre es el labrador. Toda rama que en mí no da fruto, la corta; pero toda rama que da fruto la poda para que dé más fruto todavía".

JUAN 15:1-2 (NVI).

Las ramas de los árboles no tienen vida en sí mismas. Por esto, aunque las ramas de la vid revelan las uvas, la vida de las uvas, viene directamente de la vid. Si una rama se arranca de la vid para ser sembrada en tierra, sin importar qué tan verde se vea cuando está en la planta, una vez arrancada de la vid, no será capaz de sobrevivir. Porque las ramas no tienen vida en sí mismas.

La relación de la vid y sus ramas, está reflejada a través de toda la creación. Es por esto, que todo ser viviente necesita de su fuente de origen para poder subsistir.

"Permanezcan en mí y yo permaneceré en ustedes. Así como ninguna rama puede dar fruto por sí misma, sino que tiene que permanecer en la vid, así tampoco ustedes pueden dar fruto sino permanecen en mí".

JUAN 15: 4 (NVI).

DÍA 70

NECESITAMOS LA FUENTE II

Así como la vida de la planta cesa al ser desconectada de la tierra de donde salió, así también nosotros nos secamos y no tenemos vida, estando separados de Dios. Sin embargo, al leer esto, puede que pienses: "Pero conozco muchos que no tienen a Dios y están vivos". En este sentido, cabe destacar que una cosa es vivir y otra cosa es existir. Muchos existen, pero la vida verdadera solamente la tienen aquellos que se conectan con su Creador y en Él, hallan el sentido real por el cual existen.

> Jesús dijo: *"Yo soy la vid verdadera", lo que implica que fuera de Él, todas las demás "vides" a las que podamos conectarnos son falsas. Ninguna otra Vid, podrá darte lo que sólo puedes recibir de la "Vid verdadera".*

Es únicamente conectados a esta "Vid" que recibimos la capacidad de producir todo lo que llevamos dentro. Pero, además de esto, al conectarnos con Jesús, quien es nuestra "Vid Verdadera", también somos podados, ya que Él trabaja para sacar de nosotros todo lo que amenaza nuestra producción. Algo que queda revelado en la siguiente expresión:

> *"...toda rama que da fruto la poda para que dé más fruto todavía"*
>
> JUAN 15:2.

Esto hace referencia al hecho de cortar lo seco y las ramas infructuosas, para hacer que se produzca un aumento en los frutos que Él espera que demos. Las ramas secas en nuestras vidas simbolizan los malos hábitos, las malas compañías, algún pecado oculto o cualquier otra cosa que pueda afectar la esencia de lo que Dios ha puesto en nosotros.

> *"Crea en mí, oh Dios, un corazón limpio, y renueva un espíritu recto dentro de mí".*
>
> SALMOS 51:10 (RVR 1960).

DÍA 71

MANTENTE CONECTADO

Cuando un árbol es derribado, puede permanecer vigoroso y mostrando hojas verdes durante varias semanas aunque sus raíces estén arrancadas del suelo, debido a la savia que conservan las raíces, la cual sube al tronco y de ahí llega a las ramas. Pero una vez absuelta la savia conservada, las hojas se secan y el final de la vida del árbol se hace evidente. Sin embargo, este final tuvo lugar cuando sus raíces fueron desconectadas del suelo y no cuando las hojas a través de su sequedad, evidenciaron su muerte.

De igual modo, cuando nos desconectamos de Dios, podemos por cierto tiempo, aparentar que estamos vigorosos y verdes, pero si optamos por permanecer desconectados de Él, nuestra muerte en poco tiempo se hará evidente.

> *"Qué alegría para los que no siguen el consejo de malos, ni andan con pecadores, ni se juntan con burlones; sino que se deleitan en la ley del Señor meditando en ella día y noche. Son como árboles plantados a la orilla de un río, que siempre dan fruto en su tiempo. Sus hojas nunca se marchitan, y prosperan en todo lo que hacen".*

SALMOS 1:1-3 (NTV).

DÍA 72

QUE CRISTO, SEA EL CENTRO

Si realmente vas a dejar de ser quien eres, para convertirte en lo que Dios quiere que seas, debes buscar comprender la naturaleza del diseño original del Creador para tu vida, el cual solo se hará evidente cuando establezcas una verdadera conexión con tu Fuente.

Algo que vemos revelado en la vida de Saulo de Tarso, quien en el camino a Damasco se encontró con quien había establecido para él un destino, Jesús de Nazaret, quien le habló desde una luz brillante que lo dejó ciego durante tres días. Sin embargo, en nuestro caso, cabe destacar que no todos llegamos a experimentar un encuentro tan sublime como el que experimentó Saulo, pero todo el que desee cumplir con el propósito para el que fue creado, deberá (como lo hizo Saulo) dejar de ser egocéntrico y rebelde para dejar que sea Cristo el Centro de todo lo que tome lugar en su vida.

"Ya no soy yo quien vive, sino que es Cristo quien vive en mí. Y la vida que ahora vivo en el cuerpo, la vivo por mi fe en el Hijo de Dios, que me amó y se entregó a la muerte por mí".

GÁLATAS 2:20 (DHH).

DÍA 73

DESDE SU PUNTO DE VISTA

Fuimos diseñados para vivir por fe; la Biblia define la fe como: *"La certeza de lo que se espera, la convicción de lo que no se ve"*. (Ver Hebreos 11:1).

La acción de Dios, no está basada en nuestras circunstancias sino en su determinación en hacernos bien; su poder no es afectado por los obstáculos, que para nosotros son aparentemente imposibles de vencer porque el Señor ve las cosas diferentes a como las vemos nosotros. Por eso pudo ver dentro de un cobarde, a un valiente llamado Gedeón y en un asesino llamado Saulo de Tarso, al apóstol que escribió más del 40 por ciento de todo el Nuevo Testamento, a quien conocemos como Pablo. Por tanto, por más complicado que todo parezca, no le creas a lo que se ve.

Porque Dios tiene un modo distinto de ver las cosas y espera que nosotros también las veamos desde su punto de vista.

"Por fe sabemos que Dios formó los mundos mediante su palabra, de modo que lo que ahora vemos fue hecho de cosas que no podían verse" .

HEBREOS 11:3 (DHH).

DÍA 74

PASANDO TIEMPO CON DIOS

Pasar una hora en la presencia de Dios podría ahorrarte muchas horas de trabajo durante el día, porque al orar, recibes dirección y guía para actuar bajo las directrices de Dios, y no al azar. Cuando pasas tiempo con tu Creador, Él se encarga de decirte lo que debes hacer para ese día determinado y lo que debes dejar para después. La instrucción de Dios te permite percibir lo que es verdaderamente importante y aquello que no lo es.

Las instrucciones que recibes en oración, te dan sabiduría para manejarte en medio de cualquier situación. Al orar, eres investido de capacidad para soportar lo que, de otra manera, sentirías que te agobia.

La oración te da la capacidad de pensar sabiamente y te ayuda a percibir las cosas del modo que Dios quiere que la percibas. Cuando pasamos tiempo en oración, en vez de sentirnos víctimas de las circunstancias, las enfrentamos con confianza, firmeza y valentía.

"No se inquieten por nada; más bien, en toda ocasión, con oración y ruego, presenten sus peticiones a Dios y denle gracias. Y la paz de Dios, que sobrepasa todo entendimiento, cuidará sus corazones y sus pensamientos en Cristo Jesús".

FILIPENSES 4:6-7 (NVI).

DÍA 75

NECESITAS SU DIRECCIÓN

Partiendo de lo antes dicho, podemos deducir entonces que, para alguien que se ha propuesto vivir de forma efectiva, la oración es más importante que todas las otras actividades que puedan hacerse durante el día. Ya que, por medio de ella, recibimos discernimiento para llevar a cabo de forma productiva, el resto de nuestras labores diarias. Por más ocupados que estemos, nunca deberíamos dejar de pasar tiempo en oración.

En otro orden, procura no tomar nunca decisiones importantes sin antes haber recibido dirección de Dios a través de la oración. Si tienes que decidir acerca de un trabajo, si vas a comenzar un negocio o si consideras ir a un centro de estudio específico, si te piensas mudar a un lugar determinado, hacer alguna inversión importante o para cualquier otra cosa que tenga implicaciones serias en tu vida, debes pasar tiempo a solas con Dios y esperar su dirección para llevar a cabo cualquier acción.

Asegúrate de que lo que estás haciendo, no es por simple gusto ni por conveniencia propia, sino porque estás siendo guiado por la orden que has recibido de parte del Señor. La oración te conecta con Dios en propósito, pensamiento, deseo, voluntad, razón, motivo, objetivo y sentimientos. El Señor anda buscando hombres y mujeres en la Tierra que operen bajo la dirección del cielo.

"Nuestro Dios vigila todo el mundo, y siempre está dispuesto a ayudar a quienes lo obedecen y confían en Él" .

2 CRÓNICAS 16:9 (TLA).

DÍA 76

PROCURA LA GARANTÍA

Para que te vaya bien en lo que emprendas, debes contar con la aprobación de Dios en lo que haces, porque su aprobación incluye su garantía y su garantía implica:

- Que lo que recibes te será de provecho, y no de tropiezo y destrucción.
- Que si lo que recibes de parte del Señor sufre algún daño, podrás llevarlo a Él, para que lo repare porque fue Él quien te lo dio.
- Que vas a poder hacer frente a todo lo que se presente en la posición o en el lugar donde Él te ha puesto, porque fue Él quien te posicionó.
- Que podrás resistir a cualquier tempestad o presión que se levante en tu contra, porque el Dios que te llamó, se encargará de respaldarte.

"Aunque otros piensen que no soy apóstol, ciertamente para ustedes lo soy. Ustedes mismos son la prueba de que soy apóstol del Señor" .

1 CORINTIOS 9:2 (NTV).

DÍA 77

DE ÉL, VIENE LA RESPUESTA

El deseo de Dios es que dependamos completa y absolutamente de Él, en todo. Aunque muchas veces tengamos "bajo la manga" un plan auxiliar que generalmente usamos como reserva, por si acaso, el Señor espera que vayamos a Él, con una actitud que exprese: *"Dios, tú eres el único que puede ayudarme, en ti está todo lo que necesito; dependo de tu dirección y estoy dispuesto a hacer lo que me digas Señor".*

Tal como lo vemos en el modelo de oración expuesto por Jesús, al decir: "Padre nuestro", el término "Padre" viene del griego "pater" y se traduce como "fuente". Partiendo de esto, debemos reconocer a Dios como la única "Fuente", capaz de proveernos todo lo que necesitamos y dar respuesta a todos los problemas que enfrentamos.

"… Su Padre sabe lo que ustedes necesitan antes de que se lo pidan" .

MATEO 6:8 (NVI).

DÍA 78

LA FUENTE DE LAS GRANDES IDEAS

Uno de los tantos beneficios que recibes al pasar tiempo en la presencia de Dios, son las ideas que te da Su Espíritu para que puedas resolver o llevar a cabo una determinada acción para tu vida o para la vida de otros.

Las ideas que provienen de otras fuentes, a veces son interesantes, pero no siempre son las convenientes para ti. Mientras que las ideas que te da el Señor, son en realidad, estrategias divinas que provienen del Cielo, con el fin de llevarte a la realización de una determinada acción, que si llevas a cabo, su provecho para ti será seguro.

El reconocido Evangelista Oral Roberts, dijo en una ocasión:

"Cuando Dios te da una idea (por más imposible que parezca) no debes ignorarla. Porque una vez la pongas en acción, su respaldo para ti indefectiblemente llegará".

Por tanto, procura pasar tiempo en la presencia de Dios porque es de ahí que surgen las grandes ideas.

"Adoro al Señor porque él me guía; incluso en la noche, me orienta y guía mis pasos."

SALMOS 16:7 (PDT)

DÍA 79

CUMPLIENDO CON SUS LEYES

Dios ha establecido muchas leyes que influencian nuestras vidas, algunas de ellas gobiernan el mundo físico en el cual vivimos y otras han sido establecidas para regir nuestra relación con Él, y con nuestros semejantes. Por ejemplo, el Señor estableció el matrimonio como la estructura en la cual las relaciones sexuales deben disfrutarse y en la que los hijos deben crecer, y para proteger ese mandato estableció la siguiente ley: ***"No cometerás adulterio".*** (Ver éxodo 20:14).

Pero las demandas de Dios no están basadas en caprichos, sino en su deseo de proteger su creación y librarle de los daños que ésta sufre, cuando no opera de acuerdo al diseño para el que fue creada.

La ley la establece Dios, pero nosotros decidimos cómo ésta nos afectará, porque la decisión de obedecer o desobedecer a sus mandamientos, siempre será nuestra. De manera que, es a través de nuestras decisiones, que determinamos el rumbo que tomará nuestra vida.

"Si realmente escuchas al Señor tu Dios, y cumples fielmente todos estos mandamientos que hoy te ordeno, el Señor tu Dios te pondrá por encima de todas las naciones de la tierra. Si obedeces al Señor tu Dios, todas estas bendiciones vendrán sobre ti y te acompañarán siempre: »Bendito serás en la ciudad, y bendito en el campo...»Pero debes saber que, si no obedeces al Señor tu Dios ni cumples fielmente todos sus mandamientos y preceptos que hoy te ordeno, vendrán sobre ti y te alcanzarán todas estas maldiciones... » El Señor enviará contra ti maldición, confusión y fracaso en toda la obra de tus manos, hasta que en un abrir y cerrar de ojos quedes arruinado y exterminado por tu mala conducta y por haberme abandonado".

DEUTERONOMIO 28: 1-3,15 (NVI).

DÍA 80

EL EFECTO DE LA PALABRA

Todas las respuestas que damos a las diferentes situaciones de la vida, deberían estar basadas en lo que establece la Palabra de Dios, ya que en ella se encuentra expresado su deseo para con nosotros, y también la respuesta que el Señor espera que demos a los diferentes dilemas que tenemos que hacer frente en el transcurso de la vida.

Por eso a Satanás le preocupa que puedas llegar a aferrarte plenamente a lo que el Señor te dice a través de su Palabra. Así que, para impedirlo, hace uso de diferentes tácticas, entre las cuales está la de quitarte el deseo de conocerla y hacer que solo dependas de lo que escuchas decir a otros acerca de ella. De modo que no puedas dirigir tu vida por lo que tú mismo puedas llegar a experimentar al leerla.

Y es que la palabra de Dios genera vida, aumenta la fe, produce cambios, oprime al diablo, realiza milagros, sana heridas, edifica el carácter, transforma las circunstancias, imparte alegría, nos ayuda a superar las adversidades y a derrotar las tentaciones, nos infunde esperanza, libera poder, limpia nuestras mentes, hace que las cosas existan y nos garantiza, que si la cumplimos, nuestra victoria independientemente de todo lo que pueda venir en nuestra contra, esté garantizada.

"Ciertamente, la palabra de Dios es viva y poderosa, y más cortante que cualquier espada de dos filos. Penetra hasta lo más profundo del alma y del espíritu, hasta la médula de los huesos, y juzga los pensamientos y las intenciones del corazón" .

HEBREOS 4:12 (NVI).

DÍA 81

PARA SU COMPLACENCIA

Cerca de terminar su misión en la Tierra, Jesús les recordó a sus discípulos que no podían lograr nada sin Él. Lo mismo es válido para nuestras vidas, porque sin una consistente asociación con Dios nuestra capacidad de dar fruto será afectada y seremos semejantes a las ramas secas que mencionamos en capítulos anteriores.

Nuestro Padre nos creó para que reflejemos su naturaleza y su gloria, y cuando no cumplimos con este propósito, afligimos el corazón de nuestro Creador. El agrado del Padre en el Hijo, fue expresado cuando su voz se hizo oír desde el Cielo en el momento que Jesús fue bautizado, diciendo: *"«Éste es mi Hijo amado; estoy muy complacido con Él"*.

MATEO 3:17 (NVI).

La complacencia del Padre, estuvo basada en la disposición absoluta de Jesús, en cumplir con el propósito para el cual había sido enviado a la Tierra.

"Yo no puedo hacer nada por iniciativa mía; como oigo, juzgo, y mi juicio es justo porque no busco mi voluntad, sino la voluntad del que me envió".

JUAN 5:30 (LBA).

DÍA 82

DE DIOS VIENE TU PROVISIÓN

No esperes recibir de los hombres aquello que Dios, a la manera de Él, quiere darte. No te sientas ofendido con las personas que, pudiendo proveerte, abrirte puertas y darte prebendas, no lo hacen. Porque en ocasiones, no es que ellos no quieren ayudarte, es que Dios no les permite que lo hagan, para que cuando Él te ponga en abundancia, ellos no digan que esa abundancia vino por causa de ellos. Por eso, cuando el rey de Sodoma quiso dar riquezas a Abraham, este con toda firmeza le dijo:

> *"He alzado mi mano a Jehová Dios Altísimo, creador de los cielos y de la tierra, que, desde un hilo, hasta una correa de calzado, nada tomaré de todo lo que es tuyo, para que nunca puedas decir: Yo enriquecí a Abraham".*
>
> GÉNESIS 14:22 (RVR 1960).

La fuente de tus recursos es Dios; de Él viene tu provisión y a veces Él usará los medios que menos esperas para hacer que dicha promoción, llegue a ti.

> *"Porque mía es toda bestia del bosque y los millares de animales en los collados. Conozco a todas las aves de los montes y todo lo que se mueve en los campos me pertenece. Si yo tuviese hambre, no te lo diría a ti; porque mío es el mundo y su plenitud" .*
>
> SALMOS 50:10-12 (RVR 1960).

DÍA 83

ASÍ QUIERO QUE ME CONOZCAN

"Entonces Moisés respondió a Dios: ¿Quién soy yo para que vaya a Faraón, y saque de Egipto a los hijos de Israel? Y él respondió: Ve, porque yo estaré contigo; y esto te será por señal de que yo te he enviado: cuando hayas sacado de Egipto al pueblo, serviréis a Dios sobre este monte. Dijo Moisés a Dios: He aquí que llego yo a los hijos de Israel, y les digo: el Dios de vuestros padres me ha enviado a vosotros. Si ellos me preguntaren: ¿Cuál es su nombre?, ¿qué les responderé? Y respondió Dios a Moisés: YO SOY EL QUE SOY. Y dijo: "Así dirás a los hijos de Israel: YO SOY me envió a vosotros".

ÉXODO 3: 11-14 (RVR 1960).

Es mucho lo que se ha dicho y se ha escrito acerca de este pasaje, sobre todo por la interrogante de Moisés acerca del nombre de Dios, pero cuando recordamos que Moisés fue criado en la casa de Faraón, entendemos mejor la importancia que tenía para él, saber en nombre de quién había de presentarse ante los hijos de Israel.

*Moisés conocía el protocolo del palacio; sabía el valor que tendría una buena representación ante la corte de Faraón y comprendía que, por tratarse de la "máxima autoridad" que había en Egipto, quien lo enviaba a la realización de tal misión, debía ser igual en rango o mayor al que gobernaba la nación. Sin embargo, resulta interesante ver cómo Dios en vez de solo dar uno de los tantos nombres por los que a través de los tiempos se ha dado a conocer, dijo a Moisés: **"YO SOY EL QUE SOY. Así dirás a los hijos de Israel: YO SOY me envió a vosotros"***

Dejando claro con esta expresión, que no solo se daría a conocer con uno de sus nombres, sino que estaba dispuesto a revelarse de la manera que fuera necesaria para sacar a Israel de la cautividad de Egipto. En otras palabras, Él no se había de presentar solo como Jehová Jireh, el Dios proveedor, porque a su vez es Jehová Tsidkenu, el Dios de justicia. No solo como Jehová Sabahot, el Dios de los ejércitos, cuando también es Jehová Rohi, nuestro Pastor. No solo como Jehová Nissi, nuestra Bandera, porque también es Jehová Shalom, el Dios de Paz. No se daría a conocer solo como Jehová Rafa, nuestro Sanador, siendo también Jehová Mekaddesh, el Dios que santifica.

En fin, al revelarse a Moisés con este nombre, el Señor básicamente expresa lo siguiente: *"Moisés, ésta será tu carta de presentación ante los hijos de Israel: "EL YO SOY ME HA ENVIADO A VOSOTROS" y en cuanto a Faraón, no te preocupes porque de ese, me encargo yo".*

Por otro lado, a través de este nombre, Dios le estaba dando a Moisés un "cheque en blanco". El cheque es: "YO SOY" sin mencionar un nombre específico, es decir no tiene un monto limitado, pero ¿cuál podría llegar a ser la suma más alta que podría soportar? La cuenta tampoco tiene límite de fondo. El valor real, es este: "LO QUE ELLOS NECESITEN QUE YO SEA". En otras palabras, lo que Dios le dice a Moisés es lo siguiente: *"No te daré solo uno de mis nombres porque te estaría limitando el monto y yo con mis hijos, no tengo límites. Mi nombre para ellos es "EL YO SOY" y con este nombre es que quiero que me conozcan".*

> *"Esto dice el Señor, tu Redentor, el Santo de Israel: Yo soy el Señor tu Dios, que te enseña lo que te conviene y te guía por las sendas que debes seguir" .*

ISAÍAS: 48:17 (RVR 1960).

DÍA 84

TODO LO QUE NECESITAS QUE ÉL SEA

Dios siempre se revela al hombre de acuerdo a su necesidad. Sin embargo, debido a las diferentes circunstancias que tenemos que atravesar en el transcurrir de la vida, estas necesidades no siempre son las mismas. Por lo que el texto sagrado nos revela que nuestro Señor es:

- Para los huérfanos, el Padre. (Salmos 68:5).
- Para las viudas, el Defensor. (Salmos 68:5).
- Para las desamparadas, el Marido. (Isaías 54:5).
- Para los que están abatidos, el Consolador. (Isaías 51:12).
- Paran los que necesitan socorro, el Ayudador. (Hebreos 13:6).
- Para los que tienen necesidad, el Proveedor. (Salmos 40:17).
- Para los que están enfermos, el Sanador. (Éxodo 15:26).
- Para los que tienen hambre, Él es el Pan. (Juan 6:51).
- Para los que tienen sed, es el Agua. (Juan 4:14).
- Para los que les son cerradas las puertas, Él es quien tiene la llave. (Apocalipsis 3: 7).
- Para quien ha sido dañado, Él es el que restaura. (Proverbios 24:16).
- Para los que les han fallado, Él es el que perdona. (I Juan 1:9).
- Para los que están atados, Él es el que liberta. (Salmos 18:2).

Y bien pudiéramos escribir mucho más acerca de lo que Él es, pero no habría forma de hacer que todo quepa en este, ni en todos los libros que pudiéramos escribir mientras nos dure la existencia. Por lo que, sencillamente, nos limitaremos a recordar lo que hablando de Él, dijo el Apóstol Pablo:

"Él es quien llena todas las cosas, en todos nosotros".

EFESIOS 1:23 (JBS).

DÍA 85

CON TODAS LAS ESPECIALIDADES I

Dando continuidad a lo antes dicho, podemos deducir que ningún hombre, por más que se afane, podrá jamás definir a Dios, porque Él es indescriptible, su creación no lo resiste y al hombre no le alcanza el entendimiento para poder comprender la plenitud de Él. Por esto, desde un torbellino, le dijo a uno de ellos:

"¿Quién es ese que oscurece el consejo con palabras sin sabiduría? Ahora ciñe como varón tus lomos; Yo te preguntaré, y tú me contestarás. ¿Dónde estabas tú cuando yo fundaba la tierra? Házmelo saber, si tienes inteligencia. ¿Quién ordenó sus medidas, si lo sabes? ¿O quién extendió sobre ella cordel? ¿Sobre qué están fundadas sus bases? ¿O quién puso su piedra angular, cuando alababan todas las estrellas del alba y se regocijaban todos los hijos de Dios? ¿Quién encerró con puertas el mar, cuando se derramaba saliéndose de su seno, cuando puse yo nubes por vestidura suya y por su faja oscuridad, y establecí sobre él mi decreto, le puse puertas y cerrojo, y dije: ¿Hasta aquí llegarás, y no pasarás adelante y ahí parará el orgullo de tus olas? ¿Has mandado tú a la mañana en tus días? ¿Has mostrado al alba su lugar, para que ocupe los fines de la tierra y para que sean sacudidos de ella los impíos? Ella muda luego de aspecto como barro bajo el sello y viene a estar como con vestidura; Mas la luz de los impíos es quitada de ellos y el brazo enaltecido es quebrantado.

¿Has entrado tú hasta las fuentes del mar y has andado escudriñando el abismo? ¿Te han sido descubiertas las puertas de la muerte y has visto las puertas de la sombra de muerte? ¿Has considerado tú hasta las anchuras de la tierra? Declara si sabes todo esto".

JOB 38: 2-18 (RVR 1960).

DÍA 86

CON TODAS LAS ESPECIALIDADES II

"¿Por dónde va el camino a la habitación de la luz, y dónde está el lugar de las tinieblas para que las lleves a sus límites y entiendas las sendas de su casa?

¡Tú lo sabes! Pues entonces ya habías nacido, y es grande el número de tus días. ¿Has entrado tú en los tesoros de la nieve, o has visto los tesoros del granizo, que tengo reservados para el tiempo de angustia, para el día de la guerra y de la batalla? ¿Por qué camino se reparte la luz y se esparce el viento solano sobre la tierra? ¿Quién repartió conducto al turbión y camino a los relámpagos y truenos, haciendo llover sobre la tierra deshabitada, sobre el desierto, donde no hay hombre, para saciar la tierra desierta e inculta, y para hacer brotar la tierna hierba? ¿Tiene la lluvia padre? ¿O quién engendró las gotas del rocío? ¿De qué vientre salió el hielo? Y la escarcha del cielo, ¿quién la engendró?

Las aguas se endurecen a manera de piedra, y se congela la faz del abismo. ¿Podrás tú atar los lazos de las Pléyades, o desatarás las ligaduras de Orión? ¿Sacarás tú a su tiempo las constelaciones de los cielos o guiarás a la Osa Mayor con sus hijos? ¿Supiste tú las ordenanzas de los cielos? ¿Dispondrás tú de su potestad en la tierra? ¿Alzarás tú a las nubes tu voz, para que te cubra muchedumbre de aguas? ¿Enviarás tú los relámpagos, para que ellos vayan? ¿Y te dirán ellos: ¿Henos aquí?

¿Quién puso la sabiduría en el corazón? ¿O quién dio al espíritu inteligencia? ¿Quién puso por cuenta los cielos con sabiduría? Y los odres de los cielos, ¿quién los hace inclinar, cuando el polvo se ha convertido en dureza y los terrones se han pegado unos con otros? ¿Cazarás tú la presa para el león? ¿Saciarás el hambre de los leoncillos, cuando están echados en las cuevas, o se están en sus guaridas para acechar?

¿Quién prepara al cuervo su alimento, cuando sus polluelos claman a Dios, y andan errantes por falta de comida?" .

JOB 38: 19-41 (RVR 1960).

DÍA 87

DE ACUERDO A SU VOLUNTAD

Más que llevarle planes a Dios, nuestra prioridad debería ser preguntarle a Él, cuáles son sus planes para nosotros, porque el Señor es Omnisapiente y tiene conocimiento de todos los tiempos, de todas las cosas y de cómo las cosas se tornarán con el paso del tiempo. Y esta es precisamente la razón por la que, a veces, aunque oremos con insistencia por algunos asuntos, debido al inmenso amor que Dios nos tiene, no nos lo concede. Porque tal como lo expresa el libro de Lucas 11:11-12 *"¿Qué padre de vosotros, si su hijo le pide pan, le dará una piedra? ¿O si pescado, en lugar de pescado, le dará una serpiente?"*

En otras palabras, nuestro Padre no se negará a darnos aquello que es de provecho para nosotros como el pan y el pescado, pero en ocasiones, la desesperación y la ansiedad que enfrentamos, hace que veamos lo que realmente es "piedra" como si fuera "pan" y lo que es "serpiente" como si fuera "pescado". Por tanto, la próxima vez que vayas al Señor en oración, pídele que se haga su voluntad en todos los aspectos de tu vida, ya que su voluntad es perfecta y siempre será mucho más sabia y provechosa para ti, de lo que pueda llegar a ser tu voluntad propia.

Como ejemplo de esto tenemos a Jesús, quien al estar a punto de ser crucificado, pasó toda la noche orando en el huerto de Getsemaní y dijo: *"Padre mío, si es posible, líbrame de este trago amargo; pero que no se haga lo que yo quiero, sino lo que quieres tú."*

MATEO 26:39 (DHH).

Imagina solo por un momento, lo que hubiera sucedido si el Padre le hubiera concedido al Hijo la petición de pasar de Él la copa, Jesús sabía que lo que tenía que atravesar sería extremadamente difícil, pero a pesar de eso, expresó lo siguiente: "Que no se haga lo que yo quiero, sino lo que quieres tú". Revelando así, que por encima de su voluntad, estaba su deseo de dar cumplimiento a la voluntad del Padre, quien lo comisionó para tal misión; y esta es la actitud que nosotros cada día debemos procurar imitar.

"A mí me agrada hacer tu voluntad Dios mío; ¡Llevo tus enseñanzas en el corazón!" .

SALMOS 40:8 (DHH)

DÍA 88

NO ESTANQUES EL CUMPLIMIENTO

El modo de obrar de Dios, no está condicionado a nuestras limitaciones. Si el Señor te ha dicho que hará algo contigo, aunque a simple vista parezca imposible, persiste en creer. No dejes que la desesperación te lleve a tomar lo primero que te sea puesto delante, aprende a esperar en Dios.

El Señor se encargará de dar cumplimiento a lo que Él dijo que haría; Él no fallará en cumplir sus promesas. Sin embargo, a veces no llegamos a ver el cumplimiento de las mismas porque nos desesperamos y llenamos el espacio que Dios ha de usar para nuestra bendición, con algo o alguien que nosotros, decidimos tomar debido a nuestra carencia, o con algo que queremos retener (según nosotros) mientras llega la bendición verdadera.

Como ejemplo de esto, tenemos la historia de Abraham y Sara, a quienes el Señor había hecho la promesa de darles un hijo. Sin embargo, al momento de recibir tal promesa, ambos eran ancianos y Sara además era estéril y estaba fuera del tiempo para concebir. Así que, en términos humanos, era prácticamente imposible que la promesa de Dios pudiera llegar a cumplirse. Por esto, Sara decidió proponerle a su esposo acostarse con su criada Agar, para que esta quedara en cinta, ya que, según la costumbre de aquel tiempo, los hijos que tenían las criadas eran considerados como propiedad de su señora. Sin embargo, aquello que parecía ser una "buena idea" procedente de Sara, se convirtió en un desastre del cual se sufren las consecuencias hasta el día de hoy. (Ver Génesis 16).

Así que, no seas como Sara, confía en Dios y aguarda a sus promesas, porque Él conocía todas tus limitaciones antes de dártelas y como quiera te las dio, y como Él fue quien te las dio, Él es responsable de hacer que se cumplan. No trates de ayudar a Dios haciendo cosas según la carne, porque si Él no necesitó tu ayuda para crear la tierra, el universo y todo lo que en ellos hay, tampoco necesita que tú manipules nada para hacer cumplir lo que Él dijo que hará en tu vida. Haciendo referencia a esto, el reformador alemán Martin Lutero, dijo en una ocasión:

> *"El fervor de nuestra fe, debe ser tan fuerte que debe sofocar toda razón, sentido común y entendimiento".*

DÍA 89

TAMBIÉN SE LLAMA, EL MONTE DE DIOS

La palabra hebrea "Horeb" significa desolado, destruido y desertico. Sin embargo, este es el nombre que la Biblia le da al lugar que se llama "El Monte de Dios", ya que fue ahí donde el Señor le entregó a Moisés las herramientas necesarias para sacar al pueblo de la cautividad de Egipto y donde, además, le entregó las tablas de la ley por la que el pueblo debía conducirse.

Fue también en este monte, donde el Señor fortaleció el espíritu de Elías cuando era perseguido por Jezabel y le instruyó acerca de cada uno de los pasos que debía dar al bajar de ahí.

Por lo que, si sientes que estás en un lugar desolado y desértico, en vez de afligirte, considéralo como el "Horeb" donde Dios te ha permitido estar para traer a tu vida nuevos niveles de gloria y revelación. Ya que, no por coincidencia, al monte desolado, destruido y desértico también se le llama "El Monte de Dios".

"Y apacentando Moisés las ovejas de su suegro Jetro, sacerdote de Madián, llevó las ovejas más allá del desierto y llegó a Horeb, monte de Dios. Y se le apareció el ángel de Jehová en una llama de fuego en medio de una zarza; y él miró y vio que la zarza ardía en fuego, mas la zarza no se consumía."

ÉXODO 3:1-2 (RVR 1960)

DÍA 90

EL DESIERTO NOS FORMA

Al desierto que el Señor te está permitiendo pasar, antes de que tú entraras en él, le fue asignada la forma que debe darte.

En ocasiones, pedimos a Dios que nos saque del desierto en el que nos encontramos, ignorando que la duración de nuestra estadía ahí, la determinamos nosotros mismos, porque siempre dependerá de qué tan flexible seamos para dejarnos moldear hasta tomar la forma que el Señor determinó que el "desierto" nos diera, al pasar por ahí. Por lo cual, si quieres acortar tu paso por tu desierto, no te resistas a tomar la forma que Dios, desde antes que llegaras a este, le había ordenado darte.

> *"Y te acordarás de todo el camino por donde te ha traído Jehová tu Dios estos cuarenta años en el desierto, para afligirte, para probarte, para saber lo que había en tu corazón, si habías de guardar o no sus mandamientos. Y te afligió, y te hizo tener hambre, y te sustentó con maná, comida que no conocías tú, ni tus padres la habían conocido, para hacerte saber que no sólo de pan vivirá el hombre, más de todo lo que sale de la boca de Jehová vivirá el hombre. Tú vestido nunca se envejeció sobre ti, ni el pie se te ha hinchado en estos cuarenta años. Reconoce asimismo en tu corazón, que como castiga el hombre a su hijo, así Jehová tu Dios te castiga. Guardarás, pues, los mandamientos de Jehová tu Dios, andando en sus caminos, y temiéndole. Porque Jehová tu Dios te introduce en la buena tierra, tierra de arroyos, de aguas, de fuentes y de manantiales, que brotan en vegas y montes; tierra y cebada, de vides, higueras y granados; tierra de olivos, de aceite y de miel; tierra en la cual no comerás el pan con escasez, ni te faltará nada en ella; tierra cuyas piedras son hierro, y de cuyos montes sacarás cobre. Y comerás y te saciarás, y bendecirás a Jehová tu Dios por la buena tierra que te habrá dado".*
>
> DEUTERONOMIO 8:2-10 (RVR 1960).

DÍA 91

NO EVITES EL CRECIMIENTO

No te agobies tratando de controlar aquello que no puedes. Si ya has depositado algo en las manos del Señor, demuestra que confías en que su amor, poder y gracia trabajan a tu favor. No des rienda suelta a tu ansiedad, no te desesperes ni trates de manipular nada para lograr ver lo que quieres; saca tus manos del asunto y espera que las cosas sucedan en el momento y a la manera de Dios.

La razón por la que el Señor nos permite pasar por cosas que nos producen dolor, es porque estas nos preparan para hacer entrada a un nivel mayor. Por lo que, si llevas tiempo pidiendo a Dios que resuelva algo que Él no ha resuelto, es porque eso será usado como puente para llevarte a otra dimensión.

Nuestros mayores niveles de avance se producen en momentos de dolor. Por lo que cortar el sufrimiento antes de que cumpla el propósito para el cual fue permitido, es evitar el nivel de crecimiento, al que (si lo soportas) serás promovido.

"Aunque Él me matare, en Él esperaré" .

JOB 13:15 (RVR 1960).

"Cuando estaba en angustia, tú me hiciste ensanchar" .

SALMOS 4:1 (RVR 1960).

DÍA 92

NO TENGO QUIÉN CUIDE MIS AGUACATES I

Un joven cristiano pidió a un vendedor de aguacates, a quien cada día le predicaba, que le acompañara a uno de los servicios especiales que se llevaban a cabo en su congregación el día domingo, prometiéndole que estaría de regreso en su puesto de venta, antes del mediodía. Ante tal solicitud, el vendedor le dijo: *"No le puedo acompañar, porque no tengo quién cuide mis aguacates"*.

El joven insistió y le dijo: *"No se preocupe amigo, vamos, Dios se encargará de cuidar sus aguacates". Ante tal declaración, el hombre preguntó: "¿Estás seguro de eso?" "Sí", respondió el joven. "Está bien, entonces vamos" dijo el vendedor.*

No mucho tiempo después de que ambos llegaran a la iglesia, el pastor con mucho fervor exclamó: "Hermanos, gócense en esta mañana porque Dios está aquí, en medio de nosotros". Al oír eso, el vendedor llevó sus manos a la cabeza y dijo al joven que lo había invitado: "Pero ¿cómo que Dios está aquí? Pensé que estaba cuidando mis aguacates" y salió apresuradamente del templo para ir a cuidar su mesa de venta.

Lo que acabamos de ver, quizás para la mayoría de nosotros, puede parecer inconcebible. Sin embargo, esta es precisamente la forma en que muchos actúan, cuando en vez de ir al templo, prefieren quedarse cuidando sus casas, atendiendo sus negocios, pasando tiempo entre amigos o cuidando de cualquier otra "mesa" a la que han dado prioridad en sus vidas, antes que a Dios.

> *"Pero Marta se preocupaba con muchos quehaceres, y acercándose, dijo: Señor, ¿no te da cuidado que mi hermana me deje servir sola? Dile, pues, que me ayude. Respondiendo Jesús, le dijo: Marta, Marta, afanada y turbada estás con muchas cosas. Pero sólo una cosa es necesaria; y María ha escogido la buena parte, la cual no le será quitada".*
>
> LUCAS 10:40-42 (RVR 1960).

DÍA 93

NO TENGO QUIÉN CUIDE MIS AGUACATES II

Dando continuidad a lo anterior, podemos notar que la falta de conocimiento de Dios que tenía el vendedor de aguacates, lo hizo ignorar que el Señor estaba en la iglesia y al mismo tiempo también estaba en el lugar donde se hallaba su mesa. Es decir, aquel hombre no entendió que la presencia del Señor está en todo lugar llenándolo todo y que no hay espacio donde Él no esté.

Por tanto, no te parezcas al vendedor de aguacates, reconoce que, mientras Dios cuida de ti, también guarda lo que es tuyo, sin importar dónde se encuentre ni la condición en la que esté.

Así que, deléitate en su presencia y deja tu "mesa de aguacates" en manos del Omnipresente Dios que te llamó a servirle y que es el único que merece estar por encima de todo y de todos.

> *"Echando toda vuestra ansiedad sobre él, porque él tiene cuidado de vosotros".*

1 PEDRO 5:7 (RVR 1960).

DÍA 94

NO PIERDAS TU EVIDENCIA

"Pero los principales sacerdotes acordaron dar muerte también a Lázaro, porque a causa de él muchos de los judíos se apartaban y creían en Jesús".

JUAN 12:10 (RVR 1960).

Una evidencia, es la certeza clara, manifiesta y perceptible de una cosa, que nadie puede racionalmente dudar de ella. Y precisamente en una evidencia del poder de Dios se había convertido Lázaro, luego de haber sido resucitado por Jesús.

La vida de Lázaro, hacía visible el poder y la autoridad de Jesús para hacer de lo imposible lo posible, y esto lo hizo ser perseguido y odiado por los que también odiaban al que le había dado vida. Así también, en ocasiones, las diferentes persecuciones que se levantan en tu contra vienen por causa de lo que tú representas. Ya que eres la evidencia viva de que Dios puede libertar cautivos, sanar enfermos, vendar heridos, perdonar a los que le han ofendido, proveer a los que tienen necesidad, y de que por encima de cualquier oposición, puede llevar a cabo sus propósitos con aquellos que Él llama.

Por tanto, aun en medio de los diversos ataques y persecuciones, jamás dejes de ser la evidencia viva y palpable de lo que solo Dios, en la vida de un humano, es capaz de hacer.

"Mira que te he puesto en este día sobre naciones y sobre reinos, para arrancar y para destruir, para arruinar y para derribar, para edificar y para plantar".

JEREMÍAS 1:10 (RVR 1960).

DÍA 95

SOMOS SUS REPRESENTATES

Dios, a través de todos los tiempos, ha tenido agentes que lo representen en la tierra y que den cumplimiento a sus propósitos en el lugar donde Él los ha puesto, sin importar lo difícil que el lugar ni el momento sea. Por lo que nosotros, como parte de esos agentes, debemos mantenernos aferrados a nuestros principios y fundamentos sin permitir que nada nos mueva. Porque somos la sal de la tierra, que no debe volverse insípida; gente de Dios, que no fue llamada a doblar rodilla delante de Baal; hombres y mujeres de firmeza, que no deben temer a decir la verdad aún delante de "reyes", como lo hicieron Elías, Eliseo, Daniel y Juan el Bautista.

Porque somos el pueblo que Dios ha escogido para este tiempo, para que llamemos malo, lo que Él ha dicho que es malo, y bueno, lo que Él ha dicho que es bueno. Porque somos sus embajadores y los embajadores tienen conceptos, criterios e ideas alineadas solo a los principios del gobierno al cual pertenecen.

"Pero vosotros sois linaje escogido, real sacerdocio, nación santa, pueblo adquirido para posesión de Dios, a fin de que anunciéis las virtudes de aquel que os llamó de las tinieblas a su luz admirable".

1 PEDRO 2:9 (LBLA).

DÍA 96

RESPONDE POR LO QUE SABES

Si todas nuestras decisiones estuvieran basadas en nuestros principios y no en nuestros impulsos, nos evitaríamos caer en mucho de lo que terminamos lamentando. Con respecto a esto, observemos lo siguiente:

"Y después de haber ayunado cuarenta días y cuarenta noches, tuvo hambre. Y vino a él el tentador y le dijo: Si eres Hijo de Dios, di que estas piedras se conviertan en pan. Él respondió y dijo: escrito está: No sólo de pan vivirá el hombre, sino de toda palabra que sale de la boca de Dios. Entonces el diablo le llevó a la santa ciudad, y le puso sobre el pináculo del templo y le dijo: Si eres Hijo de Dios, échate abajo; porque escrito está: A sus ángeles mandará acerca de ti y en sus manos te sostendrán, para que no tropieces con tu pie en piedra. Jesús le dijo: escrito está también: No tentarás al Señor tu Dios. Otra vez le llevó el diablo a un monte muy alto, y le mostró todos los reinos del mundo y la gloria de ellos y le dijo: Todo esto te daré, si postrado me adorares. Entonces Jesús le dijo: Vete, Satanás, porque escrito está: Al Señor tu Dios adorarás y a Él sólo servirás. El diablo entonces le dejó; y he aquí vinieron ángeles y le servían".

MATEO 4:2-11 (RVR 1960).

Notemos cómo a pesar de estar hambriento, el Señor no respondió a la oferta de Satanás sobre la base del hambre que sentía, sino sobre la base del conocimiento que Él tenía de la Palabra.

De igual modo, nosotros ante las diversas ofertas que nos hace el adversario, sigamos el ejemplo de Jesús, y no dejemos que las presiones y necesidades de un determinado momento tomen la rienda de nuestras acciones.

"Guardo tus palabras en mi corazón para así no pecar contra ti".

SALMOS 119:11 (BLP).

DÍA 97

UN METRO DE ALTURA POR CADA OPOSITOR

En sus inicios, fue conocida como la Torre de los 300 Metros, y más adelante como la Dama de Hierro. Es la estructura más alta de Francia, y entre los que cobran entrada, es el monumento más visitado del mundo, recibiendo aproximadamente 7,1 millones de turistas cada año. Sin embargo, similar a la grandeza de su popularidad fue el rechazo que tuvo en sus inicios, debido a que un número de 300 opositores (en su mayoría renombrados artistas de toda la nación) se unieron para impedir que fuera llevada a cabo su construcción, argumentando que esta, habría de restar valor e importancia a la ciudad. Pero los edificadores no estaban dispuestos a dejar que nada ni nadie les detuviera. Ya habían "edificado" la Torre en su interior y estaban dispuestos a revelarla al mundo, sin dejarse vencer por nada.

Así que, persistieron y lucharon hasta adquirir los permisos necesarios para la construcción. Y para la edificación de la misma, tomaron como base dos elementos importantes que surgieron como respuesta ante la oposición: El hierro, que representa su fortaleza al no dejarse vencer por los opositores y la altura de 300 metros, que simboliza el número de opositores que tuvo la Torre Eiffel, antes de ser edificada. Y tú ¿qué tan alto fueras si decidieras elevarte un metro por cada opositor?

"Tu justicia, oh Dios, alcanza los cielos más altos; ¡has hecho cosas tan maravillosas! ¿Quién se compara contigo, oh Dios? Has permitido que sufra muchas privaciones, pero volverás a darme vida y me levantarás de las profundidades de la tierra. Me restaurarás incluso a mayor honor y me consolarás una vez más" .

SALMOS 71:19-21 (NTV).

DÍA 98

DIOS LO USA PARA AYUDARTE

He aquí tres cosas que hacen los que se levantan en tu contra para dañarte, ignorando que Dios las usará para ayudarte:

1. Resaltan y divulgan lo que ellos consideran como tus fallas, con el fin de destruirte, sin darse cuenta que Dios se lo permite, con el fin de darte a conocer.

2. Hacen que parezcas como el único culpable de cualquier cosa que haya acontecido, ignorando que Dios al ver esto, activa su justicia a tu favor, que es mejor que la defensa de cualquier hombre.

3. Te atacan con furia y usan todos los medios a los que se les ha permitido tener acceso, para pulverizarte sin saber que con esto te abren las puertas a un nuevo nivel, en el que será revelada una versión más firme, fuerte y sólida de ti que la que todos habían visto, antes de que recibieras el ataque.

Así que, glorifica a Dios por todos los que, sin causa, se levantan en tu contra, porque sin ellos notarlo, son a menudo los mayores contribuyentes de la preparación que dará paso a tu promoción.

"Si alguno te ataca ferozmente, no será de mi parte. Cualquiera que te ataque, por causa de ti caerá" .

ISAÍAS 54:15 (LBLA).

DÍA 99

VERDADES ACERCA DE TUS ENEMIGOS I

Satanás es tu principal enemigo y es quien influencia a otros para que actúen en tu contra, como él desea:

"Porque no tenemos lucha contra carne y sangre, sino contra principados potestades, contra gobernadores de las tinieblas de este siglo, contra huestes espirituales de maldad en las regiones celestes".

EFESIOS 6:12 (RVR 1960)

La sabiduría para conquistar a tu enemigo, será impartida en tu lugar secreto de oración:

"Porque en el día de la aflicción él me resguardará en su morada; al amparo de su tabernáculo me protegerá, me pondrá en alto, sobre una roca y me hará prevalecer frente a los enemigos que me rodean".

SALMOS 27:5-6 (NVI)

Tus enemigos le proveen a Dios la oportunidad de revelar Su compromiso hacia ti: Así que no les temas porque ellos no podrán destruirte.

"Jehová está conmigo, no temeré lo que me pueda hacer el hombre".

SALMOS 118:6 (RVR 1960)

Tus enemigos serán resistidos por Dios, aun cuando sean más poderosos que tú:

> *"Él dijo: «Presten atención ustedes, todo Israel y habitantes de Jerusalén, y tú, rey Josafat. Así dice el SEÑOR: "No tengan miedo y no pierdan la esperanza ante este gran ejército, porque esta guerra no es de ustedes, sino de Dios".*
>
> 2 CRÓNICAS 20:15 (PDT).

DÍA 100

VERDADES ACERCA DE TUS ENEMIGOS II

Tus enemigos te atacarán durante el nacimiento de cualquier etapa significativa en tu vida:

"Cuando llegó el tiempo del nacimiento de Moisés, el Faraón ordenó la muerte de todos los niños israelitas, nacidos en Egipto; y cuando Jesús comenzó su ministerio, Satanás lanzó sus más grandes tentaciones en contra de Él". (Ver Éxodo 1 y Lucas 4). Por tanto, el hecho de que estés siendo atacado por algún enemigo, es la señal de que el nacimiento de un glorioso tiempo, se aproxima para ti.

El levantamiento de un enemigo, es permitido por Dios para traer movimiento a tu vida:

Sin el levantamiento del Faraón, los israelitas se hubieran adaptado a Egipto y la conquista de la tierra prometida, hubiera sido una simple fantasía, en lugar de un hecho. Cuando Dios ha usado todos los beneficios de tu presente estación, asignará un enemigo para promoverte a la estación siguiente. Dios anuncia que tu época actual ha llegado a su fin, dando permiso a tus enemigos de que se levanten en tu contra. Cuando Goliat entró en la escena, David cambió de época; pasando de ser un niño pastor, a un guerrero conquistador.

Luego de haber cumplido con la encomienda para la cual les fue dado permiso, aquellos que se han levantado en tu contra, serán confrontados por tu Defensor:

"Saulo, respirando aún amenazas y muerte contra los discípulos del Señor, vino al sumo sacerdote, y le pidió cartas para las sinagogas de Damasco, a fin de que, si hallase algunos hombres o mujeres de este Camino, los trajese presos a Jerusalén. Mas, yendo por el camino, aconteció que al llegar cerca de Damasco, repentinamente le rodeó un resplandor de luz del cielo; y cayendo en tierra, oyó una voz que le decía: Saulo, Saulo, ¿por qué me persigues? Él dijo: ¿Quién eres, Señor? Y le dijo: Yo soy Jesús, a quien tú persigues; dura cosa te es dar coces contra el aguijón".

HECHOS 9:1-5 (RVR 1960).

DÍA 101

NADIE LO PUEDE MALDECIR

Cuando Balac hijo de Sipor, rey de Moab, mandó a buscar a Balaam para que maldijera a Israel porque estaba atemorizado por el paso inminente del pueblo por su territorio, Balaam dijo a Balac:

"He aquí, he recibido orden (de Dios), de bendecir; Él dio bendición y no podré revocarla. No ha notado iniquidad en Jacob, ni ha visto perversidad en Israel. Jehová su Dios está con él y júbilo de rey en él. Dios los ha sacado de Egipto; tiene fuerzas como de búfalo. Porque contra Jacob no hay agüero, ni adivinación contra Israel. Como ahora, será dicho de Jacob y de Israel: He aquí el pueblo que como león se levantará, y como león se erguirá".

NÚMEROS 23: 20-24 (RVR 1960).

Así que, en este día, Dios quiere recordarte que eres bendecido y ,cuando eres bendecido por el Señor, nada ni nadie podrá maldecirte. No habrá brujería, ni hechicería, ni conjuros que puedan eliminarte.

"Toda la alabanza sea para Dios, el Padre de nuestro Señor Jesucristo, quien nos ha bendecido con toda clase de bendiciones espirituales en los lugares celestiales, porque estamos unidos a Cristo".

EFESIOS 1:3 (NTV).

DÍA 102

SOMOS BENDECIDOS

Eres bendecido con toda bendición, y esta bendición está por encima de la ropa que usas, del automóvil que manejas y de la casa donde vives. Los bienes materiales que posees no son los que en realidad revelan tu nivel de bendición, sino que éstos son solo reflejos de la misma. Tu bendición excede a lo que posees.

Si nuestra bendición sólo estuviera basada en la cantidad de los bienes materiales que tenemos ¿cómo podríamos explicar el hecho de que continuamente una gran cantidad de millonarios en todo el mundo se quitan la vida, tras sufrir agudos estados depresivos o por no hallar la salida a determinadas situaciones? La palabra bendición, según el idioma hebreo es (berakah) y en griego es (eulogeo). "Berakah", se traduce como: transferir el poder o favor de Dios mediante la imposición de manos y "eulogeo" se traduce como elogiar o hablar bien de alguien.

Según la etimología, Bendecir, es "bien decir", así como maldecir implica "mal decir". Pero además del sentido etimológico de la palabra, existen otras definiciones para el término bendición, entre las cuales está la siguiente: Tener la habilidad sobrenatural de soportar las adversidades por más fuertes que estas sean, sin llegar a desplomarse. Por lo que, según esta definición, las dificultades (contrario a lo que piensa la mayoría) son las que ponen a prueba nuestro verdadero nivel de bendición.

"Cuando pases por aguas profundas, yo estaré contigo. Cuando pases por ríos de dificultad, no te ahogarás. Cuando pases por el fuego de la opresión, no te quemarás; las llamas no te consumirán" .

ISAÍAS 43:2 (NTV).

DÍA 103

EL PERFIL DE JUDAS

Los "judas" no son tus enemigos; son solo los instrumentos a quienes Dios les permite tener acceso en tu vida, para ejecutar tu promoción. Y, aunque ciertamente ellos te traicionan a tus espaldas, las verdaderas víctimas de sus acciones, son ellos mismos, porque estas solo revelan que se sienten intimidados por ti y, para tratar de dañarte, buscarán debilitar tu influencia hacia otros, a través de sus palabras y su conducta.

Los Judas siempre se sentirán resentidos por el amor y la lealtad expresadas por parte de otros hacia ti, y con falsedades tratarán de jugar a las dos caras; en tu presencia actuarán como tus amigos y en tu ausencia se unirán a tus enemigos.

Los nuevos enemigos que llegan a tu vida, siempre procurarán identificar al "Judas" que ya se encuentra dentro. Sin embargo, nunca debes temer a las manifestaciones de los "Judas" porque, cuando ellos aparecen, es señal de que estás a sólo tres días de tu gloriosa resurrección.

> *"Porque no me afrentó un enemigo, lo cual habría yo soportado; ni se alzó contra mí el que me aborrecía, porque me hubiera ocultado de él; sino tú, hombre, al parecer íntimo mío. Mi guía, y mi familiar; que juntos comunicábamos dulcemente los secretos y andábamos en amistad en la casa de Dios" .*

SALMOS 55:12-14 (RVR 1960).

DÍA 104

UNA DECLARACIÓN PODEROSA

"Entonces Simón Pedro, que tenía una espada, la desenvainó, e hirió al siervo del sumo sacerdote, y le cortó la oreja derecha. Y el siervo se llamaba Malco .

JUAN 18:10 (RVR 1960).

"Entonces Jesús le dijo: Vuelve tu espada a su lugar, porque todos los que tomen espada, a espada perecerán. ¿Acaso piensas que no puedo ahora orar a mi Padre, y que Él no me daría más de doce legiones de ángeles?"

MATEO 26:52-53 (RVR 1960).

Estos pasajes de las escrituras nos muestran que, cuando fueron a prender a Jesús con espadas y palos, Pedro quiso defenderle echando mano a una espada. Pero resulta interesante ver cómo, ante tal acción, el Señor no alabó ni reafirmó a quien lo defendía, sino que lo confrontó con una de las más poderosas expresiones dada en los evangelios: "¿Acaso piensas que no puedo ahora orar a mi Padre, y que Él no me daría más de doce legiones de ángeles?" En esta declaración, encontramos por lo menos cuatro cosas:

1. Las crisis de la vida, no siempre se manejan con la fuerza humana, porque se pueden complicar.

2. La oración, es el recurso más hermoso y confiable frente a las circunstancias adversas. **"¿Acaso piensas que no puedo orar?"**

3. El Padre siempre responderá en su tiempo y a su manera a la petición que hacemos en oración: **"¿y que Él no me daría?"**

4. Los recursos de Dios, van más allá de lo que nuestra mente puede procesar en el ambiente de crisis. **"Más de doce legiones de ángeles".**

En este último señalamiento, podemos ver algo muy poderoso y es que el Señor habla de **más de doce legiones de ángeles.** Entonces, consideremos el término legión. ¿Qué es una legión?

La palabra legión es un término militar del sistema romano. Una legión hacía referencia a un grupo de, por lo menos 6.000 soldados, que podían llegar a ser más, pero el mínimo era 6.000. Ahora bien, el Señor no le dijo a Pedro que el Padre le daría una legión, sino por lo menos, doce legiones. Si hacemos una sencilla fórmula matemática, nos damos cuenta de que 6.000 x 12 son 72.000 ángeles que el Padre estaría dispuesto a enviar para ejercer defensa a favor de su hijo con una sencilla oración. Pero, asombrosamente, el Señor no habló de doce legiones sino de más de doce, de manera que el número no está determinado, pero sería mucho más de 72.000 ángeles. Por lo que esa noche, mientras esto sucedía en Getsemaní, habían más de 72.000 ángeles listos, sencillamente esperando la orden del Padre ante la oración de su Hijo.

> *"Todo cuanto el* SEÑOR *quiere, lo hace, en los cielos y en la tierra, en los mares y en todos los abismos" .*

SALMOS 135:6 (LBLA).

DÍA 105

PEDRO, NO ME DEFIENDAS

Partiendo de lo antes dicho, podemos hacernos la siguiente pregunta: Si el Señor estaba hablando de más de 72.000 ángeles ¿cuál sería la fuerza combinada de más de doce legiones de ángeles? Nuestro asombro va en aumento, al considerar pasajes como el de *Isaías 37:36: "Y salió el ángel de Jehová y mató a ciento ochenta y cinco mil en el campamento de los asirios; y cuando se levantaron por la mañana, todo era cadáveres".*

Entonces, si un sólo ángel pudo matar a 185.000 soldados en una sola noche, la fuerza combinada de 6.000 ángeles sería capaz de destruir un billón ciento diez millones de hombres. Esa sería la fuerza combinada de una legión. Entonces consideremos esto, si el Señor habló de que el Padre le daría más de doce legiones de ángeles ¿cuál sería la fuerza combinada de doce legiones? Multiplicamos nuevamente y encontramos que sería la asombrosa cifra de trece billones, trescientos veinte millones de hombres aniquilados por los ángeles, lo cual es dos veces el número de seres vivientes que actualmente habita en toda la Tierra. Por lo que, definitivamente, Jesús no necesitaba de la espada de Pedro esa noche ya que tenía a su disposición la fuerza combinada de más de doce legiones de ángeles dispuestos a defenderlo.

"Pues el dará órdenes a sus ángeles acerca de ti, para que te guarden en todos tus caminos" .

SALMOS 91:11 (LBLA).

"El ángel de Jehová acampa alrededor de los que le temen, y los defiende" .

SALMOS 34: 7 (RVR 1960).

DÍA 106

APRENDAMOS LA LECCIÓN

De acuerdo a lo dicho anteriormente ¿significa que no tenemos que pasar por crisis ni dificultades, ya que podemos pedir a Dios miles de ángeles para que nos defiendan? De ninguna manera, porque ni Jesús lo hizo pudiendo hacerlo. La lección que nos da este pasaje es la siguiente:

La riqueza espiritual que tenemos disponible en el cielo, no es para que tomemos atajos ni nos acomodemos ante las diferentes circunstancias de la vida, sino para que descansemos, sabiendo que no estamos solos y que, por ende, no debemos tomar las cosas por nuestras propias manos, porque no es con espadas ni con ejércitos que ganaremos esto, sino con el Espíritu del Señor. Así que, no intentemos manipular a Dios con nuestra arrogancia espiritual ni huyamos de las noches oscuras que Él nos permite pasar. Dispongamos nuestro espíritu a resistir las dificultades de la vida, sabiendo que Dios nos mira y espera poder decirnos en algún momento: *"Qué bueno que resististe, ahora ha llegado el momento de tu recompensa porque soportaste y lo hiciste bien"*.

La grandeza de la vida en Dios no está en pedir milagros, sino en ser un milagro para otros, que al ver cómo en medio de nuestras crisis, pudimos mantener nuestra confianza en el Señor, y ellos también puedan hacer lo mismo.

> *"Yo sé que mi redentor vive y que al final triunfará sobre la muerte. Y cuando mi piel haya sido destruida, todavía veré a Dios con mis propios ojos. Yo mismo espero verlo; espero ser yo quien lo vea, y no otro. ¡Este anhelo me consume las entrañas!"* .

JOB 19:25-27 (NVI).

DÍA 107

ESTO SABEMOS

Nuestro amado Redentor fue despreciado y desechado entre los hombres, fue azotado y experimentó la muerte. Pero resucitó al tercer día y, por su alto nivel de obediencia, Dios le exaltó hasta lo sumo, dándole un nombre, que es sobre todo nombre, para que en el nombre de Jesús se doble toda rodilla de los que están en los cielos y en la tierra y toda lengua confiese que Jesucristo es el Señor, para la gloria de Dios Padre. ¡Aleluya!

> *¿Dónde está, oh muerte, tu aguijón? ¿Dónde, oh sepulcro, tu victoria? Sorbida es la muerte en victoria".*
>
> *"Mas gracias sean dadas a Dios, que nos da la victoria por medio de nuestro Señor Jesucristo" .*

1 CORINTIOS 15:57 (RVR 1960).

DÍA 108

LEVANTO UN CLAMOR POR TI

En este día oro a Dios por ti. Por ti que te sientes débil y cansado, que sientes que te has caído y no encuentras cómo levantarte. Por ti, que tienes una decisión importante que tomar y no sabes qué hacer al respecto. Oro a Dios por ti, para que cualquiera que sea tu necesidad, Él la provea; para que si estás enfermo seas sano y para que su justicia obre de forma poderosa a tu favor ante todo lo que se ha levantado en tu contra.

En el nombre de Jesús, pido al Padre, al Soberano Dios del Cielo y de la Tierra, que su gracia te cubra y que todas sus promesas para tu vida, se cumplan con creces. Oro para que seas libre de todo yugo y ligadura que el enemigo haya puesto sobre ti y para que, sin importar las veces que te hayas caído, hoy puedas volver a levantarte. Porque tu lugar no es el piso y porque tienes por delante un camino mucho más largo que el que has recorrido hasta ahora. Así que, en el glorioso nombre de Jesús…

"Levántate, resplandece; porque ha venido tu luz, y la gloria de Jehová ha nacido sobre ti. Porque he aquí que tinieblas cubrirán la tierra, y oscuridad las naciones; mas sobre ti amanecerá Jehová, y sobre ti será vista su gloria".

ISAÍAS 60:1-2 (RVR 1960).

DÍA 109

EN EXALTACION A ÉL

En este día te invito a que juntos reconozcamos al Ser más importante de nuestras vidas, quien es tres veces Santo, nuestra Roca, nuestro Sustento, nuestro Mejor Amigo; al Deseado de todas las naciones, al Eterno, Inconmovible, al que sostiene todas las cosas, pero nada lo sostiene a Él. Al Incomparable, al Altísimo, al único Ser Inmutable, Inmenso, Eterno, Todopoderoso, Todo Sabiduría, Todo Santidad; al absolutamente Soberano, que hace todas las cosas según el puro afecto de su voluntad; al que es Galardonador de aquellos que diligentemente le buscan y del cual pudiera yo escribir más de un millón de palabras tratando de describirlo, pero por más que me esfuerce, quedaría corta...

Así que, a lo antes expresado, sólo añadiré que por Él y para Él yo vivo, que la honra más grande que he recibido en toda mi vida es poder poner lo que soy a sus pies, porque es un alto honor servirle, y mientras mis pulmones respiren, con todo lo que conforma la esencia de mi ser, con mi alma y corazón, le serviré. ¡Jesucristo Dueño y Señor de mi vida, te amo con todas mis fuerzas!

"Bendice, alma mía, a Jehová y bendiga todo mi ser su santo nombre. Bendice, alma mía, a Jehová y no olvides ninguno de sus beneficios".

SALMOS 103:1-2 (RVR 1960).

DÍA 110

NO ADMITE SUSTITUTOS

La adoración a Dios implica reconocerle como nuestro Creador y Dueño; tomar conciencia de nuestra dependencia de Él y entregarnos a su voluntad. Acerca de esto Myles Munroe, dijo:

"El hombre fue creado para adorar a Dios; su diseño contiene un elemento intrínseco que se manifiesta a través de la necesidad de adorar. Por lo que, si no adora al Dios verdadero, el hombre termina adorando cualquier otra cosa en su lugar". Es por esto que, cuando las personas no dan al Señor el lugar que le corresponde en sus corazones, buscan llenar ese espacio con el conyugue, los hijos, la casa, la posición que ocupan, el carro que poseen y muchos, incluso intentan llenarlo adorándose a ellos mismos. Y con esto no me refiero a que no amemos a la familia o a la gente que Dios ha puesto a nuestro lado, sino que hago énfasis en la importancia que tiene para nuestras vidas poner a cada quien en el espacio correcto.

Jamás le des a nadie el lugar que sólo Dios debe ocupar en tu vida; asegúrate de tenerlo siempre en la posición correcta y no trates de ponerlo en ella, sólo cuando necesitas hacerlo.

Nadie podrá jamás sustituir a Dios en tu vida, pero si alguna vez cedes a alguien o algo su espacio, asegúrate que el que lo ocupe sea Todopoderoso, Altísimo, Omnisapiente y Soberano. Que pueda darte salvación a ti y a tu casa, que pueda proveerte aun de la nada y que pueda sanarte cuando la medicina te desahucia. No intentes sustituir a Dios, porque Dios es absolutamente insustituible.

"¿A qué, pues, me haréis semejante o me compararéis? dice el Santo. Levantad en alto vuestros ojos, y mirad quién creó estas cosas; él saca y cuenta su ejército; a todas llama por sus nombres; ninguna faltará; tal es la grandeza de su fuerza, y el poder de su dominio" .

ISAÍAS 40:25-26 (RVR 1960).

DÍA III

HAMBRIENTOS EN VERDAD

"Jesús partió de allí y fue a la región de Tiro. Entró en una casa y no quería que nadie lo supiera, pero no pudo pasar inadvertido. De hecho, muy pronto se enteró de su llegada una mujer que tenía una niña poseída por un espíritu maligno, así que fue y se arrojó a sus pies. Esta mujer era extranjera, sirofenicia de nacimiento, y le rogaba que expulsara al demonio que tenía su hija. —Deja que primero se sacien los hijos —replicó Jesús—, porque no está bien quitarles el pan a los hijos y echárselo a los perros. —Sí, Señor —respondió la mujer—, pero hasta los perros comen debajo de la mesa las migajas que dejan los hijos. Jesús le dijo: —Por haberme respondido así, puedes irte tranquila; el demonio ha salido de tu hija. Cuando ella llegó a su casa, encontró a la niña acostada en la cama, el demonio ya había salido de ella".

MATEO 7:24-30 (NBD).

En este pasaje, podemos notar cómo el hambre que tenía esta mujer de ser favorecida con un milagro a favor de su hija, la llevó a no quejarse cuando le fue negado el pan, sino a declarar que estaba dispuesta a conformarse con las migajas del mismo; algo que conmovió al Maestro e hizo que Él le concediera el milagro que ella anhelaba recibir.

Y tú ¿qué tan hambriento estás de recibir algo de parte de Dios? ¿Qué tanto lo deseas, hasta donde serías capaz de llegar por ser saciado de Él? ¿Cuánto serías capaz de sacrificar por amor a Él? ¿Serías capaz de sacrificar tus gustos y abandonar tu ego, tus riquezas y posiciones, por llamar la atención de Él?

"Como el ciervo brama por las corrientes de las aguas, así clama por ti, oh Dios, el alma mía. Mi alma tiene sed de Dios, del Dios vivo…".

SALMOS 42:1-2 (RVR 1960).

DÍA 112

LA IMPORTANCIA DEL AYUNO

El ayuno debe formar parte de la disciplina espiritual que rige la vida de un creyente. Así como oramos y leemos la Biblia, debemos ayunar continuamente.

El ayuno, consiste en tomar una decisión intencional de abstenerse del placer de comer por cierto tiempo, para obtener beneficios espirituales vitales. Implica humillarnos delante de Dios, rendirnos a Él y buscar su rostro para recibir guía, revelación, sabiduría e instrucción.

Ayunar es decirle a Dios: "Mi necesidad de ti, es más fuerte que mi deseo por la comida".

Ayunar implica vaciarnos de comida para llenarnos de poder, unción y autoridad de parte de Dios, para dar cumplimiento de manera efectiva al llamado que Él ha hecho a cada uno nosotros.

> *"Proclamad ayuno, convocad a asamblea; congregad a los ancianos y a todos los moradores de la tierra en la casa de Jehová vuestro Dios, y clamad a Jehová".*
>
> JOEL 1:14 (RVR 1960).

DÍA 113

NO CAMBIES GLORIA POR AGUA NEGRA

No hay espíritu contrario que pueda resistirse ante la potente artillería combinada que conforman el ayuno y la oración. (Ver Mateo 17:21). Sin embargo, aunque muchos tienen la intención de hacerlo, no cuentan con la suficiente determinación para llevarlo a cabo y algunos con tan sólo percibir el olor de la comida o el café, desisten del sacrificio que previamente habían propuesto hacer.

Ayunar es poner en manifiesto que tú ejerces dominio sobre tu carne y que esta, no es la que te gobierna a ti.

Cuando ayunamos expresamos a Dios nuestra necesidad de Él y, al hacerlo, recibimos como resultado recompensas extraordinarias.

> *"Pero tú, cuando ayunes, péinate y lávate la cara. Así, nadie se dará cuenta de que estás ayunando, excepto tu Padre, quien sabe lo que haces en privado; y tu Padre, quien todo lo ve, te recompensará"* .

MATEO 6:17-18 (NTV).

DÍA 114

QUE PRIMERO VAYA EL ARCA

A través de toda la Biblia vemos cómo Dios hace uso de diferentes formas y maneras para manifestarse y darse a conocer al hombre, entre ellas el uso de símbolos e instrumentos. Como ejemplo de esto tenemos la representación de su presencia a través de un cofre de madera de acacia, revestido de oro puro, tanto por dentro como por fuera, que llevaba por nombre el Arca del Pacto, el Arca del Testimonio o el Arca de la Alianza.

Fue a este Arca que, durante el periodo de la conquista de la tierra prometida, los oficiales del pueblo hicieron referencia, exhortando al pueblo a que este significativo instrumento fuera delante de ellos mientras cruzaban el Rio Jordán.

"Cuando vean el arca del pacto del Señor su Dios, y a los sacerdotes levitas que la llevan, abandonen sus puestos y pónganse en marcha detrás de ella. Así sabrán por dónde ir, pues nunca antes han pasado por ese camino".

JOSUÉ 3:3.4

En otras palabras, los oficiales dijeron al pueblo: "Dejen que la presencia y la gloria de Dios representada en el Arca, los guíe para que no se pierdan, para que no tomen el camino incorrecto y para que lleguen al destino que deben llegar. Porque si la presencia y la gloria de Dios no va delante en esta conquista, el pueblo no podrá hacerlo".

"Tu palabra es una lámpara que guía mis pies y una luz para mi camino".

SALMOS 119: 105 (NTV).

DÍA 115

LA ESTRATEGIA, ES LLENARLOS DE PIEDRA

En una ocasión, mientras me encontraba en la ciudad de Chihuahua México, alguien me hizo el siguiente comentario:

"Existen algunos tramos de la carretera entre Juárez y Chihuahua en los que, en algunas temporadas del año, el viento sopla tan fuerte que suele arrastrar los tráileres (camiones gigantes, utilizados para transportar grandes volúmenes de mercancías) y, para que el viento no los voltee, los "traileros" le ponen dentro del vagón, cantidades de cajas llenas de piedras".

Al escuchar esto, inmediatamente pensé en las tantas personas que, por no llenar su interior de aquel que es "La Roca Inconmovible", son arrastradas continuamente por los diferentes vientos de la vida. ¡No seas uno de ellos! Llena tu vida de Jesús, la Piedra Angular de cimiento estable para que, por más fuertes que sean los vientos que lleguen a ti, no puedan arrastrarte.

"Solo él (Dios) es mi roca y mi salvación, mi fortaleza donde jamás seré sacudido".

SALMOS 62:2 (NTV).

"... He aquí que yo he puesto en Sion por fundamento una piedra, piedra probada, angular, preciosa, de cimiento estable..."

ISAÍAS 28:16 (RVR 1960).

DÍA 116

CORRIENDO PARA GANAR

"¿No sabéis que los que corren en el estadio, todos a la verdad corren, pero uno solo se lleva el premio? Corred de tal manera que lo obtengáis".

1 CORINTIOS 9:24 (RVR1960).

En este pasaje el apóstol Pablo nos aconseja a que corramos para llevarnos el premio y no de balde. Pero ¿cómo debe prepararse un atleta que busca seriamente ganar una carrera? Para poder ganar la carrera, todo atleta debe hacer énfasis en tres vertientes que son:

1. El enfoque:

Una de las estrategias más usadas por Satanás para hacer que perdamos velocidad, es buscar que nos enfoquemos en cosas que nos pueden quitar fuerza. Cosas que, al verlas, sentimos impotencia porque no depende de nosotros poderlas resolver, como son las fallas que otros cometen y las diferentes situaciones que se presentan en el lugar donde nos encontramos, ya sea la familia, la congregación o nuestro lugar de empleo. Pero el Señor nos ha llamado a enfocarnos en Él y, si así lo hacemos, Él se encargará del resto.

Por tanto, no pierdas velocidad ni te desvíes del objetivo que te ha sido trazado. Enfócate en lo que puedes hacer, y deja que Dios se encargue de lo que no puedes resolver.

2. La alimentación:

Todo atleta experimentado, sabe que una parte vital de su buen desempeño, depende de sus hábitos alimenticios. De igual modo, como atleta de Dios que eres, necesitas alimentarte bien. Necesitas saber a qué le das entrada en tu interior; debes conocer y ser minucioso con lo que ingieres. Porque ciertas comidas, aunque tienen apariencia de ser sanas, producen enfermedades altamente dañinas a la salud de nuestra vida espiritual. Entonces, considera lo siguiente: ¿qué cantidad de nutrientes aporta a tu espíritu lo que estas ingiriendo?

¿En qué estás poniendo tu vista? ¿A qué estás prestando tu oído? Las respuestas que des a estas preguntas, serán determinantes para considerar los cambios que debes hacer, si seriamente decides salir victorioso en esta carrera.

3. La disciplina:

Si quiere ser bueno en lo que hace, el atleta necesita pasar tiempo practicando su oficio. Por lo que, como atletas que van tras la conquista del premio, necesitamos pasar tiempo en la presencia del Señor.

"Yo me alegro cuando me dicen: «Vamos a la casa del Señor" .

SALMOS 122:1 (NVI).

DÍA 117

SÓLIDOS EN EL AVANCE

En términos espirituales, así como en otras áreas de la vida, no hay atajos que lleven a un lugar que valga la pena ir. Nada grande ocurre de prisa. Nuestro verdadero avance no depende de nuestra rapidez, sino de nuestra solidez y capacidad de hacer las cosas en el tiempo y en el modo correcto.

> Por tanto, "... *Corramos con paciencia y perseverancia la carrera que tenemos por delante*".
>
> HEBREOS 12:1 (NBLH).

> *"Y el Señor os haga crecer y abundar en amor unos para con otros y para con todos, como también lo hacemos nosotros para con vosotros, para que sean afirmados vuestros corazones, irreprensibles en santidad delante de Dios nuestro Padre, en la venida de nuestro Señor Jesucristo con todos sus santos".*
>
> 1 TESALONICENSES 3:12 (RVR 1960).

DÍA 118

NO SALGAS DE BELÉN

En el libro de Rut capítulo uno, la Biblia nos relata la historia de una familia compuesta por un hombre llamado Elimelec, su esposa Noemí y sus dos hijos Malón y Quelión, los cuales salieron de Belén que se traduce como: "la casa del pan" para ir a Mohab, cuyo significado según el idioma original en el que fue escrito es: "la tina de basura". Considerando esto, resulta interesante ver cómo esta familia salió de "la casa del pan" en medio de la necesidad que había en un determinado momento, para ir a la "tina de basura", donde pudieron encontrar comida.

Similar a esta historia, es lo que acontece en la vida de muchos creyentes que ignoran, que a pesar de estar en la casa de Dios, la cual representa "la casa del pan", llegan momentos en los que tenemos carencias de ciertas cosas. Pero, es precisamente en esos momentos, que debemos aferrarnos más al Señor, porque Satanás siempre tomará provecho de nuestras carencias para hacernos ofertas, que aunque tienen apariencia de pan, resultan ser venenos mortales.

El adversario siempre buscará hacer que te traslades del lugar donde Dios te tiene, para llevarte a "Mohab" y despojarte, tal como lo hizo con esta familia. Pero sin importar qué tan grande sea la necesidad que tengas, procura permanecer en "Belén" porque, aunque en un tiempo ahí no haya "panes", el que hace los panes y tiene todos los hornos disponibles para hacerlos, vive allí. Y, si por alguna causa saliste de "Belén" y te encuentras en "Mohab", despídete de ahí porque ese no es tu lugar. Regresa a la "casa del pan", porque es ahí donde tu Padre vive y es a ese lugar donde perteneces.

"Entonces Él les refirió esta parábola, diciendo: ¿Qué hombre de vosotros, si tiene cien ovejas y una de ellas se pierde, no deja las noventa y nueve en el campo y va tras la que está perdida hasta que la halla? Al encontrarla, la pone sobre sus hombros, gozoso; y cuando llega a su casa, reúne a los amigos y a los vecinos, diciéndoles: "Alegraos conmigo, porque he hallado

mi oveja que se había perdido". Os digo que, de la misma manera, habrá más gozo en el cielo por un pecador que se arrepiente que por noventa y nueve justos que no necesitan arrepentimiento".

LUCAS 15:3-7 (LBLA).

DÍA 119

DE REGRESO A CASA

"También les dijo: Un hombre tenía dos hijos; y el menor de ellos dijo a su padre: Padre, dame la parte de los bienes que me corresponde; y les repartió los bienes. No muchos días después, juntándolo todo el hijo menor, se fue lejos a una provincia apartada; y allí desperdició sus bienes viviendo perdidamente. Y cuando todo lo hubo malgastado, vino una gran hambre en aquella provincia, y comenzó a faltarle. Y fue y se arrimó a uno de los ciudadanos de aquella tierra, el cual le envió a su hacienda para que apacentase cerdos. Y deseaba llenar su vientre de las algarrobas que comían los cerdos, pero nadie le daba. Y volviendo en sí, dijo ¡Cuántos jornaleros en casa de mi padre tienen abundancia de pan, y yo aquí perezco de hambre! Me levantaré e iré a mi padre, y le diré: Padre, he pecado contra el cielo y contra ti. Ya no soy digno de ser llamado tu hijo; hazme como a uno de tus jornaleros".

LUCAS 15:11-19 (RVR 1960).

Al contemplar este interesante pasaje de las escrituras conocido por la mayoría de nosotros, podemos deducir que, la razón por la que el hijo menor le pide al padre la parte de los bienes que le corresponde, no es porque el padre le había descuidado en alguna manera, sino porque el hijo quería tener acceso a lo que le correspondía para poder gastarlo de la forma que él deseara y, ante tal solicitud, su padre no se negó.

Cuando el hijo abandonó la casa, salió robusto y provisto de los bienes que su padre le había entregado, pero dando rienda suelta a sus deseos carnales, los desperdició y todo comenzó a faltarle, hasta quedar arruinado y vacío; situación que lo hizo llegar al punto de apacentar cerdos y desear comer las algarrobas que comían éstos. Sin embargo, aunque estaba hambriento, despojado y todo lo había mal gastado, seguía siendo el hijo de aquel bondadoso padre que, mientras él moría de hambre, tenía abundancia de provisión de pan en la casa.

Y fue en medio de la fuerte ruina que lo azotaba, que aquel hijo **"volvió en sí"**, y se levantó para ir devuelta a la casa de su padre y al lugar de donde había salido. En síntesis, muchas son las enseñanzas que nos aporta este relato, entre las cuales están las siguientes:

1. Satanás siempre buscará quitarnos lo que Dios nos ha dado.
2. Mientras estemos bajo la cobertura de Dios, el adversario no podrá despojarnos.
3. El deseo del enemigo, siempre será verte comer de lo que comen los "cerdos".

En Dios siempre hay nuevas oportunidades. Por eso, aunque te hayas alejado y hayas sido despojado, siempre podrás volver y ser recibido como lo que eres, un hijo y no un bastardo; un heredero y no un "apacentador de cerdos".

"Porque ¿Qué Dios hay como tú, que perdone la maldad y pase por alto el delito del remanente de su pueblo? no siempre estarás airado, porque tu mayor placer es amar".

MIQUEAS 7:18 (NVI).

DÍA 120

BAJO NUEVA ADMINISTRACIÓN

Quizás, en más de una ocasión, al entrar en algún establecimiento, has encontrado un cartel que diga: "Bajo nueva administración". Algo, que al ser anunciado por el establecimiento, deja en claro que habrá cambios en ese determinado espacio que expresa la mentalidad del nuevo administrador o dueño; cambios que marcarán la diferencia entre la actual y la pasada administración de dicho establecimiento.

De igual manera, cuando venimos al Señor, nosotros también pasamos a tener una nueva administración en la que aceptamos el reto de dejar de ser lo que éramos antes, para convertirnos en lo que Dios quiere que seamos ahora. Por lo que debemos manifestar cambios que expresen la mentalidad de nuestro nuevo "Dueño". A esto hace referencia el apóstol Pablo, al decir:

"De modo que, si alguno está en Cristo, nueva criatura es; las cosas viejas pasaron; he aquí todas son hechas nuevas".

2 CORINTIOS 5:17 (RVR 1960).

DÍA 121

BASADOS EN SU VOLUNTAD

Hacer las cosas al modo de Dios y no al modo nuestro, hará que lo que hacemos cuente con el fundamento apropiado. Y es que, no hay nada realmente sólido ni resistente, a menos que esté edificado sobre la voluntad y la guianza que solo puede venir del Señor.

No pongas tus esfuerzos y recursos en algo que no cuenta con la aprobación del Señor porque, aunque parezca atractivo al inicio, puedes tener por seguro que su final ciertamente no será bueno. La obediencia y el sometimiento a la voluntad del Padre, es la diadema de los que cumplen su propósito y alcanzan su destino.

"Si Jehová no edificare la casa, en vano trabajan los que la edifican; si Jehová no guardare la ciudad, en vano vela la guardia" .

SALMOS 127:1 (RVR 1960).

DÍA 122

CONFRONTA TUS DEBILIDADES I

Cada ser humano tiene debilidades y el hecho de no reconocerlas, podría ser la causa de su destrucción. Mientras que, reconocerlas, podría ahorrarle incontables días de fracaso y una continua devastación.

Durante todo el trayecto de mi vida, he visto gente brillante, elocuente y poderosa, permitirle a una debilidad diminuta, devorarlos como un pequeño cáncer. Las cosas que, siendo pequeñas no confrontamos, pueden volverse gigantescas.

Jamás debes ignorar tu debilidad dominante ya que ésta es como un organismo vivo y una fuerza silenciosa que, si no destruyes, terminará destruyéndote a ti. Satanás siempre asignará a alguien para alimentar tu debilidad, así como Dalila fue enviada por Satanás, para destruir a Sansón.

Una debilidad no confrontada, siempre perseguirá y abrazará cualquier amistad que la permita, la alimente o la disfrute. Es por esto que los chismosos siempre prefieren la compañía de otros chismosos y los envidiosos y contenciosos siempre buscan la compañía de aquellos que se prestan a hacer lo mismo.

Por otro lado, cuando te dejas controlar por tu debilidad, esta te separa de la gente correcta y te hace sentir incómodo en presencia de aquellos que te confrontan por lo que haces mal.

"Es verdad que ninguna disciplina al presente parece ser causa de gozo, sino de tristeza; pero después da fruto apacible de justicia a los que en ella han sido ejercitados" .

HEBREOS 12:11 (RVR 1960).

DÍA 123

CONFRONTA TUS DEBILIDADES II

Tu debilidad no puede ser superada con humanismo ni filosofía humana. Si tu debilidad pudiera ser superada por ti mismo, la sangre de Jesús y el Éspíritu Santo serían innecesarios.

"Pero recibiréis poder cuando haya venido sobre vosotros el Espíritu Santo".

HECHOS 1:8 (RVR 1960)

Tu debilidad no necesariamente requiere de una confesión personal frente a todos, pero sí amerita que la reconozcas en la presencia de Dios y la confieses delante de aquellos (que por causa de esta) han sido agraviados.

"Por eso confiésense unos a otros sus pecados, y oren unos por otros, para que sean sanados" .

SANTIAGO 5:16 (NVI)

A veces, Dios te permitirá tener muchas victorias, aun cuando estás operando bajo el dominio de una debilidad, pero esto no quiere decir que Él la apruebe, sino que esa paciencia, es la evidencia de su amor y su misericordia para contigo, pero si no te apartas y te arrepientes, por causa del mismo amor que te tiene, Dios hará que seas quebrantado.

Tu debilidad puede ser superada a través de la palabra de Dios. Satanás reacciona ante el efecto de la palabra, por eso Jesús la usó para enfrentarlo durante su tentación. (Ver Mateo 4:1-11).

DÍA 124

CONFRONTA TUS DEBILIDADES III

Lo que no te dispones a destruir finalmente te destruirá a ti:

Dios le dijo a Saúl que destruyera todos los amalecitas, pero él no lo hizo. En vez de esto, le permitió al rey de aquella nación que viviera y cuando Saúl murió, fue un joven guerrero amalecita quien se llevó el crédito por su asesinato.

Lo que estás dispuesto a rendir, determina la recompensa que Dios te otorgará: Ruth se alejó de Moab y conoció a Booz, un esposo fuera de lo común; mientras que Judas, rehusó alejarse del dinero que le ofrecieron por la traición de Jesús y después cometió suicidio por la misma causa.

Todos los hombres caen, pero sólo los grandes vuelven a levantarse: Tu debilidad puede ser vencida, por lo que si caíste por causa de tu debilidad, decide volver a levantarte.

Olvida lo que otros puedan pensar acerca de tu caída; enfócate en sacudirte el polvo y sigue caminando.

No puedes corregir lo que no estás dispuesto a confrontar:

Enfrenta tus debilidades y no las ignores, porque si las ignoras, estas crecerán.

Lo que persistes en tolerar no lo podrás cambiar.

Jamás podrás conquistar tus debilidades si mantienes una actitud tolerante hacia éstas. Por lo que, si piensas que tu debilidad es sólo "un pequeño vicio" y que todos tienen uno, tarde o temprano tu debilidad te destruirá.

> *"Ten piedad de mí, oh Dios, conforme a tu misericordia; conforme a la multitud de tus piedades borra mis rebeliones. Lávame más y más de mi maldad, y límpiame de mi pecado. Porque yo reconozco mis rebeliones, y mi pecado está siempre delante de mí".*
>
> SALMOS 51:1-3 (RVR 1960).

DÍA 125

NO SEAS UNO DE ELLOS

Solo si no haces nada, dejas de ser un problema para muchos. Pero si decides con toda firmeza ir tras el sueño que Dios ha puesto en ti, los resultados que tendrás por causa de esto, harán que aun los que antes te ignoraban, tornen su atención hacia ti y no siempre lo harán con buenas intenciones.

Pero, mantente firme y procura ser de los que no se desploman ante la oposición, sino que se levantan por encima de ella. Aquellos que ignoran que cada individuo es único e irremplazable son presa fácil del adversario, quien los llena de celos y envidia al ver el avance de los demás.

Procura no ser uno de los que se sienten amenazados con lo que Dios permite que otros alcancen; en vez de esto, ayúdalos e inspíralos para que puedan seguir avanzando, porque si así lo haces, Dios hará que también otros, hagan lo mismo por ti.

"... Porque con la medida que midan a otros, se les medirá a ustedes".

LUCAS 6:38 (NVI).

DÍA 126

NO TE COMPARES

Dios es diverso y nunca ha repetido un diseño. Tú eres un diseño exclusivo y lo que tienes para dar a este mundo nadie más lo puede dar, al modo que lo puedes dar tú. Es por eso que el celo no debe hallar cabida en ti y el avance de otros, no debe simbolizar una amenaza para ti.

Así que, nunca quieras opacar a alguien para poder destacarte tú, porque grande es aquel, que para brillar no necesita apagar la luz de los demás, que para subir no necesita aplastar a nadie y que para tener una posición determinada, no tiene que dañar al que, en los actuales momentos, se encuentra en ella. Así que, en vez de compararte y vivir en continuas rivalidades con otros, identifica tu propósito, alcanza tu destino y sirve de complemento a lo que están llevando a cabo otros.

"Porque, así como el cuerpo es uno, y tiene muchos miembros, pero todos los miembros del cuerpo, siendo muchos, son un solo cuerpo, así también Cristo. Porque por un solo Espíritu fuimos todos bautizados en un cuerpo, sean judíos o griegos, sean esclavos o libres; y a todos se nos dio a beber de un mismo Espíritu. Además, el cuerpo no es un solo miembro, sino muchos. Si dijere el pie: Porque no soy mano, no soy del cuerpo, ¿por eso no será del cuerpo?

Y si dijere la oreja: Porque no soy ojo, no soy del cuerpo, ¿por eso no será del cuerpo? Si todo el cuerpo fuese ojo, ¿dónde estaría el oído? Si todo fuese oído, ¿dónde estaría el olfato? Mas ahora, Dios ha colocado los miembros cada uno de ellos en el cuerpo, como Él quiso. Porque si todos fueran un solo miembro, ¿dónde estaría el cuerpo? Pero ahora son muchos los miembros, pero el cuerpo es uno solo. Ni el ojo puede decir a la mano: no te necesito, ni tampoco la cabeza a los pies: no tengo necesidad de vosotros. Antes bien, los miembros del cuerpo que parecen más débiles, son los más necesarios;

y a aquellos del cuerpo que nos parecen menos dignos, a éstos vestimos más dignamente; y los que en nosotros son menos decorosos, se tratan con más decoro. Porque los que en nosotros son más decorosos, no tienen necesidad; pero Dios ordenó el cuerpo, dando más abundante honor al que le faltaba, para que no haya desavenencia en el cuerpo, sino que los miembros todos se preocupen los unos por los otros. De manera que, si un miembro padece, todos los miembros se duelen con él, y si un miembro recibe honra, todos los miembros con él se gozan".

1 CORINTIOS 12:26 (RVR 1960).

DÍA 127

LA COMPETENCIA I

La rivalidad, se manifiesta en diferentes comunidades a través del enfrentamiento u oposición entre dos o más personas, que generalmente poseen características similares y aspiran lograr lo mismo. Este sentimiento arrastra consigo otros más, como son: la envidia, los celos y el egoísmo; además trae repercusiones muy negativas en la vida de aquellos que la padecen.

La rivalidad puede ser observada continuamente entre cónyugues, sobre la base de quién lleva más dinero a la casa, quién es mejor profesional, quién tiene el mayor ministerio, entre otras cosas. Se manifiesta en las iglesias, con cuestiones como quién predica mejor, quién canta mejor, quién tiene más conocimiento de la Palabra, quién tiene el liderazgo más influyente, y cuestiones similares.

Son también escenarios de estas luchas las empresas, las escuelas, el vecindario y en cada lugar donde existan personas dispuestas a darle entrada a este destructivo sentimiento. Las personas que, tristemente han dado lugar a este mal, siempre tratan de restar valor a los logros de otros, buscando minimizar, y en algunos casos hasta ridiculizar a los que, de algún modo, (según la percepción de ellos) pudieran opacarles, quitarles popularidad o algún otro tipo de reconocimiento. Creyendo erróneamente, que haciendo quedar mal a otros, ellos fortalecen su propia imagen.

Sin embargo, aquellos que tienen identidad y conocen lo que portan, no resaltan las debilidades de otros ni dependen del anonimato de los demás para poder destacarse. Por tanto, procuremos seguir el consejo que nos dio el apóstol Pablo, al decir:

"Nada hagáis por contienda o por vanagloria" .

FILIPENSES 2:3 (RVR 1960).

DÍA 128

LA COMPETENCIA II

La competencia produce fragmentación, y esta a su vez, produce debilidad. Mientras que la unidad, produce cooperación y sinergia para lograr resultados y beneficios en conjunto. Dios no nos ha llamado a competir, sino a complementarnos.

No permitas que, sentimientos malsanos, te roben la oportunidad de ser un colaborador y de marcar en forma positiva la vida de otros. Porque cuando ayudas a otras personas a crecer, tú también creces con ellas. El hecho de resaltar las virtudes de otros, hará que también las tuyas, se hagan notorias.

Por tanto, rechaza y no le des cabida a ningún sentimiento de rivalidad o competencia, que quiera albergarse en tu corazón, y si ya lo has hecho, renuncia a ello y arráncalo de raíz. Si así lo haces, te sentirás libre, experimentarás gran gozo y serás recompensado por el Señor.

La grandeza de tu éxito, se mide por la cantidad de personas que ayudas a tener éxito.

DÍA 129

LA VERDADERA COMPETENCIA

Nuestra verdadera competencia en la vida, no debe ser con otros, sino con nosotros mismos.

Lo que tenemos que buscar sobrepasar cada día, no es lo que hacen los demás, si no nuestros propios récords. Superando nuestro ayer con nuestro hoy, procurando hacer nuestro trabajo con mucho más esmero, dedicación y esfuerzo cada día.

"No es que ya lo haya alcanzado o que ya haya llegado a ser perfecto, sino que sigo adelante, a fin de poder alcanzar aquello para lo cual también fui alcanzado por Cristo Jesús" .

FILIPENSES 3:12 (NBLH).

DÍA 130

EL BUEN MANEJO DEL TIEMPO I

Si realmente queremos ser productivos en nuestro modo de vivir, tenemos que aprender a manejar bien nuestro tiempo y procurar tener un buen equilibrio entre los diferentes roles que tenemos. Lo que, por supuesto, siempre nos demandará un alto nivel de disciplina y compromiso.

Muchas personas continuamente me preguntan: "¿Cómo usted puede llevar la palabra a diferentes lugares del mundo, ser pastora, mentora, levantar iglesias, llevar a cabo obras sociales, escribir libros, ser madre, esposa, directora de varios ministerios y trabajar en la formación y capacitación de líderes al mismo tiempo?" Para dar respuesta a esto, siempre contesto con algo que considero ser la estrategia que me ha dado el Señor para poder dar cumplimiento a la misión que Él me ha encomendado, y que espero te sirva de ayuda a ti también.

1. Nunca saques a Dios de tu agenda, por más ocupada que esté:

Por más ocupaciones que tengas, no dejes de tener al menos una hora al día para estar en la presencia del Señor.Antes de procurar cumplir con todos y con todo, Dios tiene que ser el que presida tu día, porque el tiempo en la presencia del Señor te servirá de combustible para no quedarte atascado en medio de las diferentes presiones y demandas del día.

2. Haz una lista de lo que debes hacer:

Es importante tener un registro de las cosas que debes hacer. Eso te ayudará a mantener el enfoque de las tareas que debes completar en cada determinado día.

Pon en lista primero las prioridades, y no inicies una, antes de haber dado término a otra, a menos de que puedas hacerlo, sin afectar el avance de la anterior.

3. No actúes por sentimientos sino por disciplina:

Las personas que buscan vivir una vida agradable delante de Dios, no actúan basadas en sentimientos sino basadas en compromisos y convicciones. El peor enemigo de los resultados es, y será siempre el darnos permiso de obrar basados cómo nos sentimos en ese momento.

"Mirad, pues, con diligencia cómo andéis, no como necios sino como sabios, aprovechando bien el tiempo, porque los días son malos".

EFESIOS 5:15-16 (RVR 1960).

DÍA 131

EL BUEN MANEJO DEL TIEMPO II

Dando continuidad a lo antes dicho, lo próximo que debemos hacer para ser productivos es establecer un equilibrio entre los diferentes roles que tenemos. En otras palabras, necesitas dar el cien por ciento de ti, en el rol que estés desempeñando en un determinado momento. Por ejemplo, no actúes como pastor o pastora mientras estás con tu pareja, no seas jefe de oficina cuando estás con tus hijos, no actúes como amo o ama de casa, en el momento que ejerces tu papel de líder.

Concéntrate en dar lo mejor de ti cuando estás en tu casa, cuando pasas tiempo con tus familiares, cuando estás en tu lugar de trabajo, en la iglesia, o en cualquiera que sea tu lugar de desempeño. Partiendo de esto, en ocasiones puede que sientas que hay un área a la que menos atención le estés dando, y para llamarle de alguna manera haremos referencia a esta, como: "el área de descuido", pero esta área no puede ser siempre la misma. O sea que, aunque hayas descuidado esta área por la demanda que tuviste en alguno de tus otros roles en un momento determinado, debes buscar la manera de saldar las deudas que tengas en ese determinado rol, lo antes posible.

Entonces, para tener una vida productiva y equilibrada, en la que el éxito en algo, no represente el fracaso en alguna otra cosa, procura que el "área de descuido", sea especialmente atendida en cuanto tengas la oportunidad de hacerlo. Por tanto, si hay un área débil en tu vida por falta de atención y tiempo; no dejes que se desplome, enfócate en ella, levántala y haz todo lo que sea necesario para que sea revitalizada.

"Todo tiene su momento oportuno; hay un tiempo para todo lo que se hace debajo el cielo".

ECLESIASTÉS 3:1 (CST).

DÍA 132

NO TE CONFORMES CON DESEAR

Continuamente, escuchamos a las personas decir: Quiero empezar un proyecto, iniciar un negocio, ir a la universidad, hacer otra carrera, ser un buen predicador, ser un escritor, formar una familia, activarme en mi comunidad, entre otros. Pero todo lo que existe, es porque alguien en algún momento decidió llevarlo a cabo y convertir un pensamiento, en una acción, y un deseo en una decisión.

En el libro de los Salmos 1:3, la Biblia dice que todo lo que el hombre justo haga, prosperará. pero nota que la declaración es: "Todo lo que haga prosperará". Es decir, aquello que decide llevar a cabo y toma la iniciativa de hacerlo. Dios ha puesto en tu mente ideas que espera que pongas en acción, para que sean de bendición a tu vida y a la vida de otros. Entonces, no te conformes con desear; a partir de hoy, empieza a actuar.

"Porque Dios está obrando entre ustedes. Él despierta en ustedes el deseo de hacer lo que a Él le agrada y les da el poder para hacerlo" .

FILIPENSES 2:13 (PDT).

DÍA 133

DESECHA LA MEDIOCRIDAD

El término mediocridad, se define como: mediano, regular, débil e insignificante. Otra definición del término es: lo mejor de lo peor y lo peor de lo mejor. La mayor parte de las personas mediocres, tienen buenas intenciones, pero las buenas intenciones sin acciones, son como los cheques que no tienen fondo. La cantidad puesta en el papel, puede ser alta pero no puede ser materializada.

Se ha dicho que el mayor enemigo de lo mejor, es lo bueno. Por tanto, no te conformes con lo bueno, cuando puedes ir detrás de lo mejor. El hombre común no desea mucho, consigue menos de lo que desea y casi siempre anhela tener los resultados que, con grandes esfuerzos, han obtenido los demás.

"El alma del perezoso desea, y nada alcanza; mas el alma de los diligentes será prosperada" .

PROVERBIOS 13:4 (RVR 1960).

DÍA 134

PREPÁRATE PARA LA ACCIÓN

El cambio total de las cosas, depende de tu actitud. Por ejemplo, si al leer este libro, dices: "Voy a actuar en base a lo que Dios me está diciendo a través de estas páginas"; estás reaccionando diferente a los que sólo dicen: "Me gusta lo que leo".

La acción viene por la disposición, y se hace efectiva con la aplicación de la responsabilidad y el compromiso. El diablo tiembla cuando ve que aun el más débil de los siervos de Dios, dice: "Aquí estoy Señor, me comprometo a cumplir con lo que me has encomendado; puedes contar con lo que tengo porque a partir de este día lo pongo en acción". Y así lo hace.

Porque cuando te haces responsable de llevar a cabo los planes de Dios, haces que queden frustrados los planes del adversario.

"Y oí la voz del Señor que decía: ¿A quién enviaré, y quién irá por nosotros? entonces respondí: Heme aquí; envíame a mí" .

ISAÍAS 6:8 (LBLA).

DÍA 135

NO LO APLACES

No dejes que la duda y el estar aplazando continuamente las cosas, te impidan llegar al destino que Dios ha marcado para ti.

Vivir haciendo continuos aplazamientos, no debe ser la manera de operar de aquellos que han decidido llegar, a los niveles que Dios quiere llevarlos.

En ocasiones, el hecho de aplazar algo simple, hace que se vuelva complicado; y demorar en resolver lo complicado, hace que el asunto se complique más todavía. Las ideas tienen vida corta, por eso hay que usarlas antes que lleguen a su fecha de expiración.

Tu tiempo es el recurso más valioso que posees. No malgastes tu vida, inviértela haciendo buen uso del tiempo.

"El que al viento mira, no sembrará; y el que mira las nubes, no segará".

ECLESIASTÉS 11:4 (RVA).

DÍA 136

¿CÓMO SERÁ ESTO? I

"Al sexto mes, el ángel Gabriel fue enviado por Dios a una ciudad de Galilea, llamada Nazaret, a una virgen desposada con un varón que se llamaba José, de la casa de David; y el nombre de la virgen era María. Y entrando el ángel donde ella estaba, dijo: ¡Salve, muy favorecida! el Señor es contigo; bendita tú entre las mujeres. Mas ella, cuando le vio, se turbó por sus palabras, y pensaba qué salutación sería esta. Entonces el ángel le dijo: María, no temas, porque has hallado gracia delante de Dios. Y ahora, concebirás en tu vientre, y darás a luz un hijo, y llamarás su nombre Jesús.

Este será grande, y será llamado Hijo del Altísimo; y el Señor Dios le dará el trono de David su padre; y reinará sobre la casa de Jacob para siempre, y su reino no tendrá fin. Entonces María dijo al ángel: ¿Cómo será esto? pues no conozco varón. Respondiendo el ángel, le dijo: el Espíritu Santo vendrá sobre ti, y el poder del Altísimo te cubrirá con su sombra; por lo cual también el Santo Ser que nacerá, será llamado Hijo de Dios. Y he aquí tu parienta Elisabeth, ella también ha concebido hijo en su vejez; y este es el sexto mes para ella, la que llamaban estéril; porque nada hay imposible para Dios".

LUCAS 1:26-37 (RVR 1960).

En este pasaje, vemos cómo ante el anuncio del ángel acerca del nacimiento de Jesús, María pregunta:

"¿Cómo será esto? pues no conozco varón". Y el ángel le responde: "Será por el Espíritu Santo, el cual vendrá sobre ti y el poder del Altísimo te cubrirá con su sombra".

Parafraseando la respuesta del ángel a María, tenemos lo siguiente:

"María, aunque no hayas conocido varón, Dios hará que se cumpla en ti, el propósito para el que fuiste escogida, el cual no depende de ti, depende del Señor quien tiene todo el poder para hacerlo, sabe cómo hacerlo y ha determinado hacerlo".

Esto resulta interesante, ya que de igual modo cuando Dios nos llama a hacer algo que nos parece difícil, dentro de nuestra limitación humana nos preguntamos: ¿Pero cómo Dios hará eso conmigo? Si no tengo lo que se requiere, si me faltan los recursos, si no cuento con las habilidades, si no me dan el apoyo necesario ni me ofrecen las oportunidades para hacerlo".

Pero Dios no quiere que te preocupes por eso; Él solo quiere que hagas lo que te ha mandado a hacer, y Él se encargará de hacer el resto.

"Estando confiado de esto, que el que comenzó en vosotros la buena obra, la perfeccionará hasta el día de Jesucristo" .

FILIPENSES 1:6 (RVA).

DÍA 137

¿CÓMO SERÁ ESTO? II

Luego de dar respuesta a María acerca de cómo había de concebir, inmediatamente el ángel añade: "He aquí tu parienta Elizabeth, ella también ha concebido hijo en su vejez; y este es el sexto mes para ella".

LUCAS 1:36 (RVR 1960).

El hecho de que el ángel resaltara que Elizabeth estaba en el mes sexto, y ver que más adelante María la visita y se queda con ella durante tres meses, despierta nuestra atención. Ya que, como sabemos, los malestares de un embarazo generalmente aparecen desde el mes cero, hasta el mes tercero. O sea, que ya a Elizabeth le habían pasado los malestares, pero a María le estaban a punto de comenzar.

Así que en este pasaje, tenemos dos mujeres escogidas, ambas gestando para dar cumplimiento a un propósito específico, y la que está en los inicios de su gestación, se muda por tres meses a la casa de la que ya llevaba seis meses gestando, y por tanto ya le había pasado el tiempo de los malestares. De modo que si tú, al igual que estas mujeres, te encuentras "gestando" algo, toma este ejemplo y busca compañías que también estén gestando al igual que tú y que por haber pasado por "malestares", cuando los tuyos te ataquen, sean capaces de decirte:

"Sé cómo te sientes porque viví lo que estás viviendo y pasé por lo que estás pasando. Pero no te preocupes, este proceso pasará, será solo por algunos meses. Los "malestares" que padeces, ahora son solo la manifestación del desarrollo del "bebé" que tendrás más adelante".

"Por eso, anímense los unos a los otros, y ayúdense a fortalecer su vida cristiana, como ya lo están haciendo".

1 TESALONICENSES 5:11 (TLA).

DÍA 138

EL VALOR DE LA EXCELENCIA

"Cada vez que encuentres un trabajo que hacer, hazlo lo mejor que puedas".

ECLESIASTÉS 9:10 (PDT).

En este pasaje, Salomón nos exhorta a hacer las cosas bien, llevando cada asunto a nuestro mayor nivel de desempeño. Algo que nos conecta directamente con el término "excelencia" porque el significado del mismo es: lo que resulta extraordinariamente bueno y exalta las normas ordinarias.

Como hijos de Dios que somos, debemos exceder en todo lo que hacemos, para así glorificar al Señor con nuestras obras y servir de inspiración y ejemplo a la vida de otros. Muchas personas a tu alrededor no leen la Biblia, pero cada día, te leen a ti. El Señor valora la excelencia y se agrada cuando te esfuerzas por hacer las cosas bien. Ejemplo de esto tenemos en la señal que el siervo de Abraham pidió a Dios cuando salió a buscar esposa para Isaac, el hijo de su amo.

"He aquí yo estoy junto a la fuente de agua, y las hijas de los varones de esta ciudad salen por agua. Sea, pues, que la doncella a quien yo dijere: Baja tu cántaro, te ruego, para que yo beba, y ella respondiere: Bebe, y también daré de beber a tus camellos; que sea ésta la que tú has destinado para tu siervo Isaac; y en esto conoceré que habrás hecho misericordia con mi señor".

GÉNESIS 24:13-14 (RVR 1960).

Y fue Rebeca, la joven que mostró la disposición de darle agua al criado de Abraham y también a sus camellos. Pero más allá del hecho de que ella estuvo dispuesta a llevar a cabo tal acto, consideremos lo siguiente: según estudios realizados acerca de los camellos, estos pueden tomar hasta 30 galones de agua después de un día de trabajo y el siervo de Abraham tenía diez camellos; por lo que si hacemos un cálculo rápido, nos damos cuenta que al ofrecer sacar agua para los camellos, Rebeca en efecto, estaba ofreciendo sacar 30 galones para cada uno de estos, lo que sería un total de 300 galones, además de los que sacaría para dar de beber al criado y a los que andaban con él. Dicho de otro modo, Rebeca estaba dispuesta a exceder la norma de lo ordinario y el Señor se encargó de recompensar su esfuerzo.

> *"Y todo lo que hagáis, hacedlo de ánimo, como al Señor, y no a los hombres; Sabiendo que del Señor recibiréis la compensación de la herencia: porque al Señor Cristo servís".*
>
> COLOSENSES 3:23-24 (RVA).

DÍA 139

HAZ TODO CON EXCELENCIA

Gran parte de tu calidad de vida, está determinada por tu nivel de compromiso con la excelencia. Todo lo que decimos y hacemos puede llegar a producir resultados. Entonces, si tenemos tal poder, hagamos buen uso de él.

No sólo existas, vive al máximo. No sólo procures hacer cosas, deja la marca de la excelencia en todo lo que haces. A veces es mejor hacer menos con calidad, que hacer mucho al modo mediocre.

La excelencia tiene un precio que pagar, pero no estar dispuesto a pagarlo sale mucho más caro al final. Por lo que, a partir de este día, trabaja para mejorar tus acciones, porque estas conforman tus hábitos, y procura mantener tus buenos hábitos, porque estos conforman tu carácter. Todo lo que vayas a hacer, esfuérzate en hacerlo bien.

"Yo conozco a uno de los hijos de Yesé, el de Belén. Toca muy bien el arpa; es un joven valiente, fuerte y aguerrido; además, es prudente cuando habla, muy apuesto y el Señor está con él".

1 SAMUEL 16:18 (RVC).

DÍA 140

LLAMADOS A SER EXCELENTES

Esforzarnos por exceder en lo que hacemos, nos trae grandes recompensas. Las personas de excelencia son:

- Fieles a Dios y a los demás.
- Se esmeran aun en los pequeños detalles.
- Planifican las cosas antes de hacerlas.
- Terminan lo que comienzan.
- Cuando hacen frente a algún conflicto, mantienen su nivel de altura.
- Aprenden de otros con humildad.
- No pierden el tiempo en cosas vanas.
- No andan en chismes, ni denigran a sus semejantes.

"Por lo tanto, mis queridos hermanos, manténganse firmes e inconmovibles, progresando siempre en la obra del Señor, conscientes de que su trabajo en el Señor no es en vano".

1 CORINTIOS 15:58 (NVI).

DÍA 141

CULTIVA EL DOMINIO

Lo que tardamos años en construir, puede deshacerse en minutos, cuando no ejercemos dominio propio.

La falta de dominio propio, hace que muchos reaccionen de forma inapropiada, que emitan comentarios indebidos, que se dejen vencer por las diferentes presiones, entre muchas cosas más.

Todo lo que no controlamos, termina controlándonos a nosotros. Dios no quiere que seamos vencidos por lo malo, sino que procediendo con el bien, tengamos victoria sobre el mal.

"Porque no nos ha dado Dios espíritu de cobardía, sino de poder, de amor y de dominio propio".

2 TIMOTEO 1:7 (RVR 1960).

"No dejen que el mal los venza, más bien venzan el mal haciendo el bien".

ROMANOS 12:21 (NTV).

DÍA 142

LIBÉRATE DE ELLO

Hacer lo que sentimos siempre es más fácil que hacer lo que debemos, pero el resultado de actuar por sentimientos y no por principios suele ser devastador; porque jamás serás capaz de conquistar cosas grandes dejándote controlar por pequeñeces. Es por esto que para la conquista de lo que Dios ha trazado para ti, es de vital importancia poner en práctica el dominio propio.

Muchas cosas serían diferentes, si le impidiéramos a nuestros sentimientos controlar nuestras acciones y decisiones. Como ejemplo de esto tenemos la cantidad de problemas de salud que padecen millones de personas en el mundo, las relaciones que se destruyen a diario porque muchos no están dispuestos a quebrar su orgullo, las diversas personas que han perdido sus bienes y han caído en banca rota sólo por no ejercer dominio sobre sus impulsos, y estos son solo algunos de los muchos ejemplos que pudiéramos mencionar.

Procura no ser tú, uno de los tantos que luego de dar rienda suelta a sus sentimientos y emociones, terminan lamentándose de los resultados.

"...Los que viven según la carne no pueden agradar a Dios".

ROMANOS 8:8 (RVR 1960).

DÍA 143

CONTROLA TUS EMOCIONES

El modo en que actuamos generalmente está influenciado por nuestros sentimientos, y estos a su vez son influenciados por nuestros pensamientos. Es por eso que la mente es el área donde nuestro adversario, más nos ataca con mayor intensidad y frecuencia.

Pero a pesar de los dardos que el enemigo continuamente envía a nuestra mente, Dios espera que actuemos por principios y no por sentimientos, y que tomemos el camino correcto en vez del camino fácil.

Dejarnos arrastrar por los sentimientos, nos lleva a vivir una vida de derrotas continuas. Los sentimientos siempre están cambiando de rumbo, por eso las personas que son guiadas por ellos nunca llegan a ningún lugar donde valga la pena ir. Disciplínate y no te dejes controlar por las emociones. Porque si así lo haces, te evitarás grandes problemas, traumas y pérdidas, que de lo contrario tendrás que enfrentar más adelante.

"... El que se enseñorea de su espíritu, es mejor que el que toma una ciudad".

PROVERBIOS 16:32 (RVR 1960).

DÍA 144

ESPERA QUE SEQUE

Mariana se puso feliz por haber recibido de regalo un juego de té, multicolor. Al día siguiente de haberlo recibido, su amiguita Julia, vino bien temprano a invitarla a jugar, pero Mariana no podía porque saldría con su madre aquella mañana. Julia entonces pidió a Mariana que le prestara su juego de té para ella jugar sola en el jardín del edificio en el cual vivían. Mariana no quería prestar su flamante regalo, pero ante la insistencia de su amiga decidió hacerlo, bajo la advertencia de que el juguete debía ser bien cuidado.

Sin embargo, al volver del paseo, Mariana se quedó pasmada al ver su juego de té, tirado al suelo. Faltaban algunas tazas y la bandeja estaba rota; así que llorando y muy molesta, se desahogó con su mamá, diciendo:

"¿Ves mamá lo que hizo Julia? Le presté mi juguete y ella lo descuidó y lo dejó tirado en el suelo".

Totalmente descontrolada, Mariana quería ir a la casa de Julia a pedir explicaciones, pero su madre cariñosamente le dijo:

"Hijita, ¿recuerdas aquel día cuando saliste con tu vestido blanco nuevo y un coche que pasaba, te salpicó de lodo? Al llegar a casa querías lavar inmediatamente el vestido, pero tu abuelita no dejó que lo hicieras. ¿Recuerdas por qué?" La niña respondió: "Ella dijo que había que dejar que el barro se secara, porque después sería más fácil de quitar". "Así es hijita", respondió la madre, y añadió: "con la ira pasa lo mismo. Debes dejarla secar primero porque después será mucho más fácil resolver todo".

Mariana no entendió muy bien lo que su madre le quería decir con esto, pero de todas formas decidió seguir su consejo y se fue a ver el televisor. Un rato después, sonó el timbre de la puerta. Era Julia, con una caja en las manos, quien sin preámbulos le dijo: *"Mariana, ¿recuerdas el niño malcriado de la otra calle, el que a menudo nos molesta? Él vino a jugar conmigo y no lo dejé porque creí que no cuidaría tu juego, pero se enojó y destruyó el regalo que me habías prestado.*

Cuando le conté a mi madre ella preocupada me llevó a comprar otro igual para ti y aquí está tu juego de té. Espero no estés enojada conmigo, porque no fue mi culpa". "¡No hay problema!" dijo Mariana, "Mi ira, ya secó". Y luego de dar un fuerte abrazo a su amiga, la tomó de la mano y la llevó a su cuarto para contarle la historia del vestido nuevo que se le había ensuciado de lodo, tiempo antes.

Nunca reacciones mientras sientas ira. Así evitarás el cometer injusticias y te ganarás el respeto de aquellos que observen tu posición ponderada, ante las diferentes situaciones y presiones que tengas que enfrentar en la vida.

"Los que tienen entendimiento no pierden los estribos; los que se enojan fácilmente, demuestran gran necedad" .

PROVERBIOS 14:29 (NTV).

DÍA 145

CONSIDÉRALO

En este día te invito a considerar las palabras dichas por el destacado predicador que inspiró el movimiento metodista inglés, John Wesley:

> *"Haga todo el bien que pueda, de todas las formas que pueda, en todos los lugares que pueda, en todos los momentos que pueda, a todas las personas que pueda, mientras usted pueda".*

No puedes retirar nada del banco de la vida, excepto aquello que has depositado. La altura determinada a la que puede llegar un hombre, va en proporción con su sometimiento al bien. **La gente que avanza en lo recto, nunca es frenada por la vergüenza.**

> *"¿Quién es el hombre que desea vida y quiere muchos días para ver el bien? Guarda tu lengua del mal y tus labios de hablar engaño. Apártate del mal y haz el bien, busca la paz y síguela" .*

SALMOS 34:12-14 (LBLA).

DÍA 146

PUESTOS A PRUEBA I

Todas las ofertas que nos hace el adversario, tienen un propósito: quitar de nosotros algo mucho mayor a lo que él ofrece. Por eso con toda firmeza debemos continuamente rechazar todas y cada una de sus ofertas y procurar con todo nuestro corazón dar cumplimiento, a los planes que tiene el Señor con nosotros.

Cuando tenemos victoria sobre la tentación, el infierno se frustra y el cielo nos aplaude. Y aunque muchas veces parezca difícil, siempre será posible porque todas y cada una de las tentaciones que a diario se nos presentan, fueron vencidas por nuestro Señor Jesucristo, estando en su humanidad y Él espera que nosotros, al ser tentados, las enfrentemos del mismo modo que Él lo hizo. Observemos este ejemplo:

> *"Entonces Jesús fue llevado por el Espíritu al desierto, para ser tentado por el diablo. Y después de haber ayunado cuarenta días y cuarenta noches, tuvo hambre" .*

MATEO 4:1-2 (RVR 1960).

En primer orden, consideremos el escenario donde ocurre tal suceso: en el desierto, este desierto era la parte deshabitada de Judea, entre la que se extendía una tremenda desolación de 50 por 80 kilómetros que se llamaba Yesimon, cuyo significado es "devastación". Las colinas eran como montones de polvo y las montañas eran calizas y ardían como un horno inmenso.

Por otro lado, el término "tentación" usado en este pasaje, es "peirazo" y se traduce como: poner a prueba para demostrar. En ningún sentido implica la seducción al pecado ni la intención de forzar a nadie a pecar. Por lo que el propósito del Espíritu al llevar a Jesús al desierto no fue hacer que saliera derrotado de aquel escenario, sino el hacer que quedara revelada su esencia, estando allí.

Según la implicación del término, el Espíritu no sedujo a Jesús a hacer el mal, pero lo condujo a circunstancias en las que sería puesta a prueba su obediencia y su disciplina. Y fue, al pasar la prueba del modo que el Cielo esperaba que la pasara, que fue certificado para socorrer a todos los hombres que sufren las mismas pruebas. Así nosotros cada vez que vencemos una tentación y pasamos la prueba del modo que Dios espera que la pasemos, somos calificados para servir de ayuda a otros que están siendo expuestos, en aquello en lo que ya nosotros hemos sido certificados.

"Nuestro Sumo Sacerdote comprende nuestras debilidades, porque enfrentó todas y cada una de las pruebas que enfrentamos nosotros, sin embargo, Él nunca pecó" .

HEBREOS 4:15 (NTV).

DÍA 147

PUESTOS A PRUEBA II

Jesús fue tentado porque estaba a punto de llevar a cabo la obra más importante que alguna vez se haya realizado; la acción que determinaría el destino eterno del mundo y de cada humano que lo habita.

De igual manera, Satanás no tentará a alguien cuya obediencia a Dios, no implique una mortal amenaza para él. Por lo que la próxima vez que estés siendo tentado, en vez de considerar la oferta que el diablo te hace, enfócate en la recompensa que recibirás departe del Señor, cuando la hayas rechazado.

"Someteos, pues a Dios; resistid al diablo y huirá de vosotros".

SANTIAGO 4:7 (RVR 1960).

"Señor, tú sabes bien lo que pienso; has venido por las noches para ponerme a prueba y no me encontraste haciendo planes malvados; tampoco digo malas palabras, ni actúo con violencia, como lo hacen los demás. Yo sólo a ti te obedezco; cumplo tus mandatos, y no me aparto de ellos".

SALMOS 17:3-5 (TLA).

DÍA 148

LA TOMA DE UNA PRUEBA

He aquí algunos aspectos interesantes sobre la toma de una prueba:

- No la escoge el alumno, sino que es asignada de acuerdo al criterio de la instituciòn.
- Es tomada a modo individual, no en grupo.
- Nadie puede tomarla, en lugar del que debe pasarla.
- En el transcurso de ésta, el maestro se queda en silencio esperando que el alumno responda basado en los conocimientos que ya el maestro depositó en él.
- Cuando el exámen es de selección múltiple, la respuesta debe ser escogida cuidadosamente, ya que algunas siendo falsas podrían parecer correctas.
- El lugar donde se toma la prueba, lo escoge el maestro no el alumno.
- El tiempo que dura la prueba, solo se acorta cuando el alumno (debido a la capacidad que tuvo para captar las enseñanzas del maestro) llena los puntos del exámen antes del límite de tiempo que se le ha asignado.
- No hay promoción de grado, sino se sacan las calificaciones esperadas.
- Mientras que el alumno no saque la nota debida, el exámen se le volverá a repetir.

"Hermanos míos, tened por sumo gozo cuando os halléis en diversas pruebas, sabiendo que la prueba de vuestra fe produce paciencia. Mas tenga la paciencia su obra completa, para que seáis perfectos y cabales, sin que os falte cosa alguna".

SANTIAGO 1:2-4 (RVR 1960).

DÍA 149

EL TIEMPO DE UNA PRUEBA

Las pruebas y procesos a los que somos sometidos, solamente permanecen con nosotros hasta que cumplen con el propósito para el cual fueron permitidos por el Señor. Una declaración muy interesante acerca de esto, la encontramos en el libro de Job capítulo 38, cuando el Señor pregunta lo siguiente:

"¿Quién encerró el mar tras sus compuertas cuando éste brotó del vientre de la tierra? ¿O cuando lo arropé con las nubes y lo envolví en densas tinieblas? ¿O cuando establecí sus límites y en sus compuertas coloqué cerrojos? ¿O cuando le dije: Sólo hasta aquí puedes llegar; de aquí no pasarán tus orgullosas olas?".

JOB 38:8-11 (NVI).

Ahora bien, según la ciencia geográfica, el 75% del planeta está compuesto por agua, mientras que la parte de la tierra sólo abarca el 25% . Por lo que, partiendo de esto, entendemos que el texto realmente establece que, a pesar de que la parte de agua es tres veces mayor a la parte de tierra, el Señor no le permite cruzar sus límites.

De igual modo, a la prueba que estás atravesando Dios le ha puesto límite y solo va a durar hasta que cumpla la orden que le fue impuesta por el Señor, para tu vida.

Así que no retrases el tiempo de terminación de tu prueba ni te rehúses a dejarte formar por lo que Dios te está permitiendo pasar, porque al pasarlo del modo correcto, serás ascendido a otro nivel y al estar en otro nivel, vas a reír por lo que puedas estar llorando ahora.

"Tú cambias mis lágrimas en danza; me quitas la tristeza y me rodeas de alegría" .

SALMOS 30:11 (RVC).

DÍA 150

TIENE UN PLAZO

En ocasiones, Dios en su soberano propósito, le permite al reino de las tinieblas realizar ciertos movimientos que hacen que, en lo natural, parezca como si todo estuviera perdido, como si Dios no fuera a hacer nada, como si ya no hubiese esperanza. Ejemplo de esto tenemos en el libro de Lucas 22:53 cuando Jesús dijo a sus opresores:

"Esta es la hora de ustedes, y la de la potestad de las tinieblas".

Personalmente llama mi atención la expresión *"esta es la HORA de ustedes y la de la potestad de las tinieblas"*. En otras palabras, Jesús le dice a sus opresores: *"A ustedes solo se les ha otorgado un espacio de tiempo, para hacer lo que se les ha permitido hacer. Pero es solo un espacio de tiempo, es solo una hora..."*

O sea, que las tinieblas tienen tiempo limitado. Así que por más oscura que parezca estar la situación, aunque no le veas salida y sientas que ya todo está destruido, no pierdas la fe, porque luego de esto la restauración de Dios, se hará notoria en tu vida.

"Y Jehová fijó plazo, diciendo: Mañana hará Jehová esta cosa en la tierra. Al día siguiente Jehová hizo aquello, y murió todo el ganado de Egipto; mas del ganado de los hijos de Israel no murió uno"

ÉXODO 9:5-6 (RVR 1960).

"El llanto puede durar toda la noche, pero a la mañana vendrá el grito de alegría".

SALMOS 30:5 (LNBH).

DÍA 151

PARA ESO FUERON SELECCIONADOS

Cuando José se reencontró con sus hermanos, luego de todo "el mal" que éstos le habían hecho, como el arrancarlo del regazo de su padre, echarlo en una cisterna, y venderlo como esclavo a los madianitas; sucesos que estamos convencidos, que para José, fueron devastadores; luego de varios años cuando volvió a encontrarse con sus hermanos, en vez de reprocharles por todo el daño que le habían hecho, este les dijo:

> *"Yo soy José, el hermano de ustedes, a quien vendieron a Egipto. Pero ahora, por favor no se aflijan más ni se reprochen el haberme vendido, pues en realidad fue Dios quien me envió aquí y no ustedes. Él me ha puesto como asesor del faraón, administrador de su casa, y como gobernador de todo Egipto... No tengan miedo. ¿Puedo acaso tomar el lugar de Dios? es verdad que ustedes pensaron hacerme mal, pero Dios transformó ese mal en bien, para lograr lo que hoy estamos viendo: salvar la vida de mucha gente. Así que, ¡no tengan miedo! Yo cuidaré de ustedes y de sus hijos"*
>
> GÉNESIS 45:4-8, 50:19-21 (NVI).

De la misma manera, como vemos revelado en esta historia, en ocasiones Dios permitirá que tus más cercanos, se conviertan en tus mayores opresores para dar cumplimiento al propósito que Él tiene contigo. Así que no te resientas con tus "vendedores" porque ellos solo cumplen con aquello para lo que fueron seleccionados: **hacer que alcances, lo que ya Dios marcó para ti.** Por lo cual, no esperes que actúen diferente, porque si lo hacen no estarían dando cumplimiento a la encomienda que les ha trazado el Señor.

"Si un enemigo me insultara, yo lo podría soportar; si un adversario me humillara, de él me podría yo esconder. Pero lo has hecho tú, un hombre como yo, mi compañero, mi mejor amigo, a quien me unía una bella amistad, con quien convivía en la casa de Dios... Pero yo clamaré a Dios y el Señor me salvará" .

SALMOS 55:12-14,16. (NVI).

DÍA 152

AUMENTO POR CAUSA DE PESO

En una ocasión, luego de una apretada agenda de viajes, tuve que abandonar por varias semanas mi rutina habitual de ejercicios, y al retomarla, uno de mis entrenadores (a modo de recordatorio) me dijo:

"No olvides que el peso (refiriéndose a la cantidad de libras en pesa) sólo lo usamos en las áreas que queremos aumentar".

Tal expresión hizo eco en mi interior porque no pude evitar relacionar lo dicho por mi entrenador, con el modo en que Dios trabaja con nosotros, siempre que decide traer "aumento", en cualquier área de nuestras vidas.

Por lo que si sientes que estás llevando sobre ti mucho peso, celebra y da gracias a Dios porque esto es solo una señal de que a tu vida, se aproxima un notorio aumento. A esto hace referencia el salmista al decir:

"Cuando estaba en angustia, tú me hiciste ensanchar" .

SALMOS 4:1 (RVR 1960).

DÍA 153

UNA PERLA, POR CADA ATAQUE

La perla, es una piedra apreciada por su distintiva belleza y su gran valor monetario. La vemos generalmente en las vitrinas de las finas joyerías y llevadas como parte de los accesorios que exhiben ciertas mujeres pudientes; pero no todos conocen su origen.

Las perlas son producidas por una sustancia llamada nácar que liberan las ostras como mecanismo de defensa, al ser atacadas por un cuerpo extraño. El mismo, puede ser un granito de arena o algún parásito, que al atravesar su caparazón, hace que en el blando tejido de la ostra, se produzca una irritación.

Antes de ser invadidas, las ostras solo reposan en el fondo del mar, absorviendo agua para subsistir, pero luego del ataque, debido al modo que responden ante éste, dejan de ser simples ostras para convertirse en productoras de perlas.

Para hallar una perla, los buceadores de esta valiosa joya, rastrean el fondo del mar en busca de ostras, para llevarlas a la superficie donde son examinadas. Pero todo buceador experimentado, da prioridad a las ostras que evidentemente han sido atacadas, porque la manera más fácil de hallar una perla es identificando el lugar exacto donde fue herida una ostra.

Y tú ¿qué estás produciendo a causa de tus heridas y ataques?

"Nuestros sufrimientos son pasajeros y pequeños en comparación con la gloria eterna y grandiosa a la que ellos nos conducen".

2 CORINTIOS 4:17 (PDT).

DÍA 154

POR ALGO FUE PERMITIDO

Alguna vez te has enfrentado a una persona o situación de la que has dicho a Dios: ¿por favor quita esto de mí, porque si lo haces, te buscaré más y te serviré mejor? Es muy posible que la respuesta a esto, sea "sí".

Y si ese es tu caso, hoy quiero recordarte que es imposible que algo suceda si no cuenta con la aprobación absoluta del Señor, y que, si Él no lo quita, es porque lo está usando para trabajar algun área específica de tu vida.

Algo similar a esto, pasaba en la vida de Pablo cuando escribió:

"Aunque si quisiera yo gloriarme, eso no sería ninguna locura, porque estaría diciendo la verdad; pero no lo hago, para que nadie piense que soy más de lo que aparento o de lo que digo, juzgándome por lo extraordinario de esas revelaciones. Por eso, para que yo no me crea más de lo que soy, he tenido un sufrimiento, una especie de espina clavada en el cuerpo, que como un instrumento de Satanás vino a maltratarme. Tres veces le he pedido al Señor que me quite ese sufrimiento; pero el Señor me ha dicho: «Mi amor es todo lo que necesitas; pues mi poder se muestra plenamente en la debilidad.» Así que prefiero gloriarme de ser débil, para que repose sobre mí el poder de Cristo. Y me alegro también de las debilidades, los insultos, las necesidades, las persecuciones y las dificultades que sufro por Cristo, porque cuando más débil me siento es cuando más fuerte soy".

2 CORINTIOS 10:6-10 (DHH).

Por lo que si has hecho todo lo que puedes y has pedido a Dios de todos los modos que sabes para que cambie una determinada situación, y ves que las cosas se mantienen igual; algún propósito tiene el Señor al permitir que todo permanezca igual. De hecho, esa situación acerca de la cual muchas te veces te has preguntado: *¿Por qué tengo yo que pasar por esto?* Es precisamente lo que te mantiene conectado a Dios, y si no lo estuvieras viviendo, tampoco estarías en el nivel que te encuentras ahora.

> *"Pues no tengo dudas de que las aflicciones del tiempo presente en nada se comparan con la gloria venidera que habrá de revelarse en nosotros".*
>
> ROMANOS 8:18 (RVC).

DÍA 155

LA BENDICIÓN DE LA NEGACIÓN

A todos nos gusta que el Señor nos conceda lo que le pedimos. De hecho, en ocasiones el gozo es tanto, que celebramos de diferentes maneras su aprobación acerca de algo. Sin embargo, debido al inmenso amor que Dios nos tiene, solo nos concederá lo que, basado en el propósito que Él tiene con nosotros, nos conviene mejor.

Así que, cuando el Señor no te conceda algo, no te entristezcas, sino agradécele y descansa en Él, porque gracias al hecho de Dios negarte ciertas cosas que le pediste antes, estás en la posición que te encuentras ahora.

En ocasiones, la mayor bendición que podemos recibir es la negación del Señor a algo que le estemos pidiendo, porque el "no" de Dios, siempre representará el "sí" de Él, para darnos entrada a algo mejor.

"Hay caminos que el hombre considera rectos, pero que al final conducen a la muerte" .

PROVERBIOS 14:12 (RVC).

DÍA 156

DIOS SABE POR QUÉ DICE NO

Muchas son las razones por las que Dios nos niega ciertas cosas, entre ellas, están las siguientes:

Porque lo que estás pidiendo, no es conveniente para ti:

Aunque lo que has pedido a Dios sea bueno para otros, no significa que también, eso sea bueno para ti. Por lo que si no está dentro del propósito que el Señor tiene contigo, no te será concedido.

Porque aún no estás listo para recibirlo:

Antes de entregarte algunas cosas, Dios trabajará ciertos aspectos de ti, de modo que puedas manejar lo que viene del modo correcto.

Porque lo que pides, está por debajo de lo que Dios ha reservado para ti:

Otra razón por la que Dios dice "no" a lo que le pides, es porque lo que pides, está por debajo de lo que el Señor ya tiene reservado para ti.

Por tanto, pídele a Dios que te ayude a entender las cosas según la voluntad del Cielo y que solo permita que a tu vida llegue lo que según sus planes perfectos, Él ha determinado entregarte.

"¡Quédense quietos y sepan que yo soy Dios!"

SALMOS 46:10 (NTV).

DÍA 157

NO TE OBSTINES EN HACERLO

Existe una marcada diferencia entre hacer las cosas según nuestros deseos e iniciativas propiamente humanas, y hacerlas por la dirección del Espíritu, basadas en los planes perfectos que Dios tiene para nosotros.

Una de las formas de saber si estás en el carril correcto cuando vayas a hacer algo, es identificando si tienes paz con lo que vas a hacer, porque la paz interior siempre será un indicador de la aprobación de Dios para tí. Si no sientes la aprobación del Señor en lo que haces, no te obstines en hacerlo.

"Entonces aprenderán a conocer la voluntad de Dios para ustedes, la cual es buena, agradable y perfecta".

ROMANOS 12:2 (NTV).

DÍA 158

AUN POR LO QUE NO SABEMOS

Usualmente, damos gracias a Dios por las cosas que sabemos que Él hace, y esto es bueno. Pero también debemos agradecerle por las cosas que no vemos, pero de igual modo Él las hace. Y es que, sin que te des cuenta, por más de una vez, Dios te ha librado de las acechanzas del maligno, ha desactivado los planes destructivos que muchos han armado en tu contra y ha evitado que caigas en lazos, engaños y en trampas que muchos han armado en contra de ti.

Incluso, en ocasiones, ha hecho que te retrases de alguna manera para evitar que seas afectado por algo que te hubiera podido dañar, si hubieras pasado por un determinado lugar, minutos antes. Aun mientras duermes, Dios, sin que lo sepas, ha puesto a otros a orar por ti, en su gran amor y misericordia para contigo te ha puesto en gracia delante de los hombres y ha hecho que recibas posiciones para las que había personas, mejor calificadas que tú.

Por tanto, cuando agradeces a Dios por las cosas que sabes que Él hace, no olvides agradecerle también por las cosas que no llegas a enterarte, pero que de igual modo, Él continuamente las hace.

"Dad gracias en todo, porque esta es la voluntad de Dios para vosotros en Cristo Jesús".

1 TESALONICENSES 5:18 (LBA).

DÍA 159

SALDRÁ A LA LUZ

Dios nos ama tanto, que no nos dejará permanecer en ninguna acción que nos traiga estancamiento. Sino que, de diferentes formas, obrará para sacar de nosotros todo lo que nos estanca. Por ejemplo, cualquier pecado que estemos practicando en lo oculto, del cual, si no nos apartamos, exhibirá nuestra ruina y muerte a modo público.

Aunque ocultes el historial de llamadas, aunque borres los mensajes de texto, aunque frecuentes lugares ocultos y aunque deshagas las evidencias para que nadie lo sepa; tarde o temprano, si no te apartas y te arrepientes del mal que puedas estar haciendo, todo saldrá a la luz. Dios lo descubrirá y trabajará para removerlo.

El pecado nos lleva a apartarnos de la presencia de Dios; cuando se va la presencia de Dios, se va el temor a pecar y cuando se va el temor a pecar, el hábito de pecar se vuelve normal en la vida de quien lo practica.

"Porque no hay nada encubierto que no llegue a revelarse, ni nada escondido que no llegue a conocerse" .

MATEO 10:26 (NBD).

"Por tanto, confesaos vuestros pecados unos a otros, y orad unos por otros para que seáis sanados" .

SANTIAGO 5:16 (LBLA).

DÍA 160

CUIDADO CON ESTO

"Sea bendito tu manantial y alégrate con la mujer de tu juventud, como cierva amada y graciosa gacela. Sus caricias te satisfagan en todo tiempo y en su amor recréate siempre.

¿Y por qué, hijo mío, andarás ciego con la mujer ajena, y abrazarás el seno de la extraña? Porque los caminos del hombre están ante los ojos de Jehová y Él considera todas sus veredas.

... ¿Tomará el hombre fuego en su seno sin que sus vestidos ardan?

¿Andará el hombre sobre brasas sin que sus pies se quemen?

Así es el que se llega a la mujer de su prójimo; no quedará impune ninguno que la tocare.

Mas el que comete adulterio es falto de entendimiento; corrompe su alma el que tal hace" .

PROVERBIOS 5:18-21, 6:37-29, 32 (RVR 1960).

DÍA 161

SU BELLEZA NO COMPENSA EL NIVEL DE DESTRUCCIÓN

Era considerado como uno de los árboles más hermosos y llamativos del lugar donde vivo al momento de escribir este libro, y el jardinero de la vivienda según la temporada del año, haciendo uso de su hermoso follaje, le daba una atractiva forma que hacía que el árbol captara la atención de todo el que lo miraba.

Por lo que me llené de asombro al pasar un día por el frente de aquella casa, y ver cómo el tan llamativo árbol estaba siendo arrancado desde la raíz, así que decidí detenerme para preguntar al dueño la razón por la que había decidido deshacerse de él, a lo que sin titubeos y con toda firmeza, el hombre me respondió:

> *"Vecina créame, nos duele mucho arrancarlo, lo considerábamos parte importante del frente de nuestra casa, era hermoso y llevaba ya muchos años con nosotros, pero debido a su crecimiento, sus raíces comenzaron a romper el piso de la vivienda y entendimos que la belleza del árbol no compensaba la destrucción que producían sus raíces".*

Al escuchar tan válido argumento, comprendí que realmente existía a cabalidad la necesidad de llevar a cabo tal acto. A la misma vez pensé en lo importante que es para nosotros tener consciencia de las situaciones que dañan nuestras vidas, y con valentía similar a la de mi vecino, tomar la "taladora espiritual" para desarraigar desde la raíz, sin titubeos ni sentimentalismos, todo lo que, aunque sea atractivo a la carne, y nos traiga ciertos placeres momentáneos, su atractivo no compense el nivel de destrucción que podría traer a nuestras vidas.

"Por tanto, si tu ojo derecho te es ocasión de caer, sácalo, y échalo de ti; pues mejor te es que se pierda uno de tus miembros, y no que todo tu cuerpo sea echado al infierno. Y si tu mano derecha te es ocasión de caer, córtala, y échala de ti; pues mejor te es que se pierda uno de tus miembros, y no que todo tu cuerpo sea echado al infierno" .

MATEO 5:29-30 (RVR 1960).

DÍA 162

EVITA LAS CONSECUENCIAS

Aunque muchos la consideran ser una salida frente a ciertas situaciones, la mentira es una falta delante de Dios y un fraude para con los hombres. Los engaños, aunque tarden, siempre salen a la luz y los que mienten, al ser descubiertos, son vistos por aquellos a quienes engañan, como personas no dignas de confianza.

Las mentiras no tienen niveles, no hay blancas ni piadosas; la Biblia nos deja claro que el padre de toda mentira, es Satanás. (Ver Juan 8:44).

Es por esto que cuando alguien comienza a tomar el hábito de mentir, la conciencia emite su voz dando a entender que la persona no procedió como debía, pero si en vez de admitir el error, dicha persona se mantiene repitiendo lo mismo, la conciencia se entumece, pierde la sensibilidad y el hecho de mentir se vuelve normal.

Las personas que mienten, continuamente están expuestas a sus consecuencias y sus vidas inevitablemente serán avergonzadas. Nadie que practique el pecado podrá vivir bajo el favor de Dios. Si quieres recibir todo lo que el Señor tiene para ti, decide actuar correctamente. Porque aunque tengas que pagar un precio por esto, el hecho de vivir una vida de engaños y mentiras, te saldrá mucho más costoso al final. La mentira ata y enferma, la verdad es salud y libertad.

El hecho de ser honestos con Dios y los demás no siempre será fácil, pero los resultados, siempre serán buenos.

"Los labios veraces permanecerán para siempre, pero la lengua mentirosa, sólo por un momento".

PROVERBIOS 12:19 (RVR 1960).

DÍA 163

NO LE DES ARMAS

La forma más sabia de actuar cuando fallamos a Dios, es confesando nuestras faltas y apartándonos del pecado. El mantener ocultos nuestros errores, solo hará que las cosas sean peores al final. Satanás, nuestro adversario, continuamente busca acusarnos delante del Padre (Ver Apocalipsis 12:10), por lo que, al rehusarnos a abandonar el pecado, le entregamos armas a nuestro adversario para que nos ataque. Ya que la misión de Satanás, es presentarnos ante Dios como personas que no solamente le fallamos, si no que rehúsanos apartarnos de lo malo que hacemos, y de este modo demandarnos ante el Padre como hijos desobedientes que no merecen ser bendecidos y que no tienen la condición para ser usados por el Señor.

Es posible que al leer esto, digas: *"Pero la Biblia dice que Jesús es mi abogado"* y eso es totalmente correcto. Sin embargo, el término "abogado", proviene del latín "advocatus" y se traduce literalmente como: llamado para dar auxilio frente a un juicio. O sea que la función principal de un abogado, es ejercer defensa por la parte que fue solicitado. En otras palabras, cuando recurrimos a Jesús como nuestro abogado, le estamos solicitando que nos defienda ante la acusación que ha hecho el adversario en nuestra contra delante del Padre, pero los abogados siempre piden que se les confiese toda la verdad, para así tener los argumentos correctos a la hora de presentar defensa en un juicio. A esto hizo referencia el apóstol Juan al decir:

> *"Si confesamos nuestros pecados, Él es fiel y justo para perdonarnos los pecados y para limpiarnos de toda maldad".*

1 JUAN 1:9 (RVR 1960).

DÍA 164

LA TENTACIÓN I

La tentación es el arma más usada por Satanás para destruirnos. La mayoría de nosotros, continuamente repetimos que amamos a Dios por encima de todas las cosas y que estamos dispuestos a hacer cualquier cosa por Él, pero la autenticidad de estas y otras expresiones que hacemos acerca del amor que le tenemos al Señor, quedará expuesta a través de la forma como nos manejamos frente a la tentación.

Desde que Satanás fue destituido del cielo por hallarse en la maldad, se ha dedicado a no ser el único en fallarle a Dios. La Biblia revela en Apocalipsis 12:4 que el adversario, arrastró la tercera parte de las estrellas del cielo, lo que es considerado por la mayoría de estudiosos del texto sagrado, como los ángeles que en su caída, Lucifer arrastró consigo.

Pero su maldad no se detuvo ahí, ya que posteriormente atacó también al hombre, incitándole a deshonrar a su Creador a través de la desobediencia, a pesar de que Dios lo había creado como muestra de su amor y para manifestar por medio de Él su gloria. La estrategia usada por el maligno para incitar al hombre a pecar en el huerto del Edén, fue hacer que lo que Dios le había prohibido, se volviera atractivo a su vista, y esa es la misma estrategia que se mantiene usando hasta el día de hoy para hacer que también nosotros, continuamente le desobedezcamos.

"Cada uno es tentado, cuando de su propia concupiscencia es atraído y seducido. Entonces la concupiscencia, después que ha concebido, da a luz el pecado; y el pecado, siendo consumado, da a luz la muerte" .

SANTIAGO 1:14- 16 (RVR 1960).

DÍA 165

LA TENTACIÓN II

El adversario, trabaja arduamente con sus finas artimañas para que no valoremos lo que nos ha dado Dios y nos enfoquemos solo en aquello que nos hace falta; y una vez que lo logra, ofrecernos formas fáciles y rápidas de tener lo que nuestra carne desea. Pero cualquier cosa que no venga de Dios, sin importar lo bueno y lindo que se vea, solo traerá destrucción y muerte a nuestro espíritu, y por ende, a nuestra vida en forma integral.

Satanás fue el primero en fallarle a Dios y se complace en tener personas rendidas a sus ofertas para argumentar delante del trono de Dios, que de la manera que el falló, el humano también le falla. Por lo que debemos recordar que *el ladrón no viene más que a robar, matar y destruir; pero Cristo vino para que tengamos vida, y la tengamos en abundancia"*. Ver Juan 10:10.

"El que practica el pecado es del diablo, porque el diablo ha pecado desde el principio. El Hijo de Dios se manifestó con este propósito: para destruir las obras del diablo".

1 JUAN 3:8 (RVR 1960).

DÍA 166

ATENTOS Y LISTOS

Al considerar la forma como somos tentados, podemos observar lo siguiente:

La tentación tiene su raíz más profunda en la pasión y el apetito:

"Cuando alguno es tentado, no diga que es tentado de parte de Dios; porque Dios no puede ser tentado por el mal, ni él tienta a nadie; sino que cada uno es tentado, cuando de su propia concupiscencia es atraído y seducido. Entonces la concupiscencia, después que ha concebido, da a luz el pecado; y el pecado, siendo consumado, da a luz la muerte" .

SANTIAGO 1:13-15 (RVR 1960).

Dios nunca permitirá que seamos tentados más allá de lo que podemos soportar:

"Ustedes no han sufrido ninguna tentación que no sea común al género humano. Pero Dios es fiel, y no permitirá que ustedes sean tentados más allá de lo que puedan aguantar. Mas bien, cuando llegue la tentación, Él les dará también una salida a fin de que puedan resistir".

1 CORINTIOS 10:13 (RVR 1960).

La tentación es vencida mediante el sometimiento a Dios y la resistencia al diablo:

"Estén siempre atentos y listos para lo que venga, pues su enemigo, el diablo, anda buscando a quien destruir".

1 PEDRO 5:8 (TLA).

DÍA 167

¿CÓMO RESPONDES?

"Y vino a Él el tentador y le dijo: Si eres Hijo de Dios, di que estas piedras se conviertan en pan. Él respondió y dijo: escrito está: no sólo de pan vivirá el hombre, sino de toda palabra que sale de la boca de Dios" .

Mateo 4:3-4 (RVR 1960).

En este pasaje podemos notar que la primera tentación que el adversario hizo a Jesús fue la de suplir sus necesidades vitales, por su propio poder.

Jesús estaba muy hambriento y Satanás conociendo esto, le sugirió que hiciera uso de la capacidad que Él tenía para crear comida, y que así quedara satisfecha su necesidad. Lo malo de esta tentación es que, de haber aceptado la oferta, Jesús hubiera hecho mal uso de su poder, usándolo para beneficio propio. Algo en lo que Él nunca incurrió, ni siquiera cuando estuvo colgado en la cruz del Calvario; porque de haberlo hecho, habría demostrado que su confianza estaba en sí mismo y no en el Padre, actuando de modo independiente y no basado en la voluntad del que lo envió.

Nuestras necesidades humanas son legítimas. Sin embargo, el problema surge cuando somos tentados a usar nuestras habilidades para suplirlas, independientemente de cuál sea la voluntad de Dios para nosotros.

La respuesta de Jesús ante esta tentación fue: *"No sólo de pan vivirá el hombre sino de toda palabra que sale de la boca de Dios"*. (Ver. 4).

Y tú ¿cómo respondes ante las diversas tentaciones y ofertas que te hace el adversario? Luego de haber leído esto, te invito a considerarlo.

DÍA 168

CON FIRME RESPUESTA I

"Entonces el diablo le llevó a la santa ciudad, le puso sobre el pináculo del templo y le dijo: Si eres Hijo de Dios, échate abajo; porque escrito está: A sus ángeles mandará acerca de ti y en sus manos te sostendrán, para que no tropieces con tu pie en piedra" .

MATEO 4:5-6 (RVR 1960).

La segunda tentación a la que Jesús fue expuesto, fue la del sensacionalismo, en la que Satanás le sugirió que se lanzara del pináculo del templo porque Dios mandaría sus ángeles a sostenerlo. Si recordamos que Jesús todavía no había hecho ningún milagro para ese tiempo, nos damos cuenta que esta tentación tuvo un efecto triple:

- Tentó a Jesús a escoger un camino diferente al camino de Dios que era el camino de la cruz y el de identificarse con los hombres en sus pruebas y sufrimientos.
- Tentó a Jesús a hacer mal uso de las escrituras torciéndolas para dar curso a lo que no estaba dentro del propósito de Dios para él.
- Tentó a Jesús a darle sensaciones al pueblo, para crear una religión basada en sentimientos.

Pero una vez más, la repuesta del Señor ante esto fue firme: *"No tentaras al Señor tu Dios"* (Ver. 7). En otras palabras, Él establece:

"Daré total cumplimiento a lo que me ha sido encomendado y no torceré ni estiraré la Palabra, para hacer lo que no he sido llamado a hacer".

DÍA 169

CON FIRME RESPUESTA II

"Otra vez le llevó el diablo a un monte muy alto y le mostró todos los reinos del mundo y la gloria de ellos y le dijo: Todo esto te daré, si postrado me adorares" .

MATEO 4:8-9 (RVR 1960).

Luego de varios intentos fallidos, Satanás vuelve a tentar a Jesús, esta vez para que alcance su meta a través de componendas humanas. Pero Jesús no estaba dispuesto a aceptar atajos, sabía que la única manera de cumplir con su propósito era por medio del sacrificio que lo haría librar a los hombres del pecado, de la muerte y del juicio.

En esta tentación, Satanás ofreció a Jesús todas las posesiones y toda la gloria del mundo, porque todo el poder terrenal estaba bajo su influencia y podía dárselo a quien él quisiera (Ver Juan 12:31; 14:30). Pero a Jesús no le interesó la oferta, y una vez más volvió a darle una respuesta totalmente dependiente de las escrituras, al pronunciar: *"Al Señor tu Dios adorarás y a Él solo servirás"* (Ver. 10).

Siempre existirá la forma correcta y la forma incorrecta para alcanzar nuestras metas; pero los hijos de Dios debemos procurar siempre optar por la que es correcta.

Cabe destacar que no hay nada malo en experimentar poder y tener posesiones, lo malo es ceder ante lo que ofrece Satanás para poder alcanzarlas.

"Guárdame, oh Dios, porque en ti he confiado. Oh alma mía, dijiste a Jehová: Tú eres mi Señor; no hay para mí bien fuera de ti" .

SALMOS 16:1-2 (RVR 1960).

DÍA 170

LA FORMA MÁS EFECTIVA

"Y cuando el diablo hubo acabado toda tentación, se apartó de Él por un tiempo".

LUCAS 4:13 (RVR 1960).

Al concluir con el relato de la tentación de Jesús, el evangelista Lucas nos revela algo muy importante, y es que la victoria que tuvimos sobre una tentación no significa que no volveremos a ser probados. Sino que nuestro adversario sólo se aparta de nosotros "por un tiempo" hasta que considera un nuevo plan para tratar de lograr en nosotros, lo que no logró al salir vencido antes.

Pero la forma más efectiva de responder a sus ataques, será igual todas las veces y consiste en lo siguiente:

- Mantener el enfoque en lo que Dios nos ha enviado a hacer, sin desviarnos ni aceptar atajos.
- Preferir hacer la voluntad del Señor, antes que buscar la comodidad nuestra.
- Conocer y dar el uso correcto a la palabra de Dios.

"Entonces Jesús le dijo: Vete, Satanás, porque escrito está: Al Señor tu Dios adorarás, y a él sólo servirás. El diablo entonces le dejó y he aquí vinieron ángeles y le servían" .

MATEO 4:10-11 (RVR 1960).

DÍA 171

DIOS SE HA ENCARGADO

El Señor desea tanto que des cumplimiento a lo que está escrito de ti, que se ha encargado de librarte de todo lo que ha querido destruirte, que no te ha dejado morir, que te ha fortalecido cuando te has debilitado y te ha vuelto a guiar por el camino correcto, las veces que de Él te has desviado.

Lo que te ha sostenido hasta hoy, no es la suerte, ni tus habilidades; no es tu inteligencia ni tus posiciones, ni siquiera es la ayuda que te han brindado otros, porque aun a ellos, es Dios quien los ha utilizado para mostrarte su amor. Esta verdad, es la que expresa el salmista al decir:

"Tú, Señor, eres mi todo; tú me colmas de bendiciones; mi vida está en tus manos" .

SALMOS 16:5 (DHH).

DÍA 172

CON HABILIDAD CONTINUA

Uno de los versículos más conocidos y citados por la mayoría de creyentes es este: *"Todo lo puedo en Cristo que me fortalece"*.

FILIPENSES 4:13.

Sin embargo, cabe destacar que este pasaje no sólo trata de una linda expresión dicha por el apóstol Pablo, sino de una poderosa declaración hecha por un hombre que conocía quién lo había llamado y los depósitos que en él habían sido puestos.

En este orden, la implicación del término "me fortalece" según el idioma original, no es fuerza por debilidad, sino que el término se traduce como: "*me da habilidad continua*". En otras palabras, el apóstol expresa: *"Cristo, es quien continuamente me da la habilidad para hacer todas las cosas"*.

Por tanto, el texto no alude a algo que podamos hacer solo una vez o por un simple rato, sino a la continua habilidad que recibimos por medio de nuestra conexión con Jesucristo, la cual solo nos puede ser otorgada a través de Él.

> *"Y a aquel que es poderoso para hacer todo mucho más abundantemente de lo que pedimos o entendemos, según el poder que obra en nosotros, a Él sea la gloria en la iglesia y en Cristo Jesús por todas las generaciones, por los siglos de los siglos. Amén"*.

EFESIOS 3:20-21 (LBA).

DÍA 173

TENDRÁ QUE SER EXPUESTO

Para que sea confirmado si realmente has superado algo, tendrás que ser expuesto a ello. Porque encontrarte de frente con la oportunidad de mentir y no hacerlo, ver a la persona con la que estabas resentido y no sentir dolor al verla, poder tomar algo ajeno y no cogerlo, tener motivos para estallar de ira, pero en vez de esto ejercer dominio propio ante cualquier situación; es lo que realmente pondrá de manifiesto lo mucho que verdaderamente has crecido.

No es lo que decimos, sino el modo en que actuamos bajo presión, lo que pondrá en evidencia el nuevo nivel en el que nos encontramos.

"El crisol para la plata y la hornaza para el oro, pero Jehová, prueba los corazones".

PROVERBIOS 17:3 (RVR 1960).

DÍA 174

TE AYUDARÉ A EMPACAR I

En una ocasión, mientras me encontraba ministrando en un congreso de damas en la ciudad de Nueva York, al terminar de predicar una mujer joven se acercó a mí y dijo: *"Quisiera entregarle mi vida a Dios, pero mi esposo me dijo que no lo hiciera. De hecho, me amenazó con que si lo hacía tendría que elegir entre él o la iglesia"*.

Para cuando ella había terminado de hablarme, ya Dios había puesto en mi corazón la respuesta que debía darle; por lo que al ella terminar le dije: *"¿Sabes? Dios en su palabra tiene una promesa bien interesante y provechosa para ti, que dice que cualquiera que deje casa, hermanos, hermanas, padre, madre, esposo, hijos, o tierras por Él, recibirá cien más de lo que dejó y también heredará la vida eterna"*.

AL TERMINAR DE HABLARLE, LA JOVEN ME DIJO: *"ENTONCES ORE POR MÍ, PORQUE QUIERO ENTREGARLE MI VIDA A CRISTO"*.

Al cabo de algunas semanas, me llamó para decirme que estaba tan enamorada de Dios, que jamás lo iba a dejar por nadie. Algo que por supuesto, me llenó de mucho gozo. Sin embargo, estaba convencida de que lo próximo que había de llegar a la vida de esta mujer, era una situación que pondría a prueba la autenticidad de tales palabras.

Y efectivamente, dos días después volvió a llamarme y con voz apagada y triste me dijo: *"Pastora, no sé qué hacer, estoy lista para ir a la iglesia y mi marido me dice que si no desisto de ser cristiana, se irá hoy mismo de la casa. Por favor dígame qué hago"*.

Cuando me dio la oportunidad de hablar, le dije: *"No puedo decirte lo que debes hacer en medio de esta situación, pero sí te puedo decir por qué te encuentras pasándola. ¿Recuerdas cuando me llamaste hace dos días, para decirme que tu amor por Dios es tan fuerte que no lo dejarías por nadie jamás?"*

A lo que ella respondió: "Sí, lo recuerdo". Entonces procedí diciéndole: "Muy bien, precisamente ahora, se está poniendo a prueba la autenticidad de esas palabras en el mundo espiritual".

Al escuchar esto, colgó el teléfono y pasadas algunas horas volvió a llamarme, pero esta vez con voz avivada y firme, me dijo: "*Acabo de regresar del servicio*". Y le pregunté: "*¿Qué paso con tu esposo?* Ella contestó: *"Cuando supe que lo que había dicho acerca de mi amor por Dios estaba siendo probado, sentí que era mi oportunidad para demostrarlo, y lo hice. Le dije a mi esposo, si te vas a ir porque yo le estoy sirviendo a Dios, vete. De hecho, te ayudaré a empacar porque no quiero llegar tarde al servicio de hoy".*

> *"Al Señor he puesto continuamente delante de mí; Porque está a mi diestra, permaneceré firme" .*
>
> SALMOS 16:8 (NBLH).

DÍA 175

TE AYUDARÉ A EMPACAR II

Así que, con una extraña mezcla de asombro y admiración por la decisión de aquella valiente mujer, tratando de confirmar lo que escuchaba, le pregunté: *"¿Entonces, él se fue de la casa?" Y ella me respondió: "Si, se fue, pero no me arrepiento de haber hecho lo que hice".*

A partir de ese momento, sentí un compromiso mucho más fuerte de orar por ella y darle acompañamiento. Mientras que ella me llamaba varias veces al día sólo para decirme la increíble fuerza que sentía en medio de toda la situación que estaba atravesando. Al cabo de siete días, precisamente una semana después de que el esposo se marchara de la casa, escuchó el timbre de la puerta y al abrir, vio con asombro que era su marido, quien sin titubear le dijo: *"Amor, me di cuenta que no puedo vivir sin ti. Así que no te dejaré, prefiero ir contigo a la iglesia".*

Luego de haber pasado esta prueba, la obra que Dios hizo en esta pareja fue grande, a tal punto que al momento que escribo este libro, fungen como pastores del ministerio de parejas en la iglesia donde conocí a esta mujer, siendo usados por el Señor como poderosos instrumentos para restaurar, sanar y llevar vida a los matrimonios que Dios, les ha permitido guiar. Algo que no hubiera acontecido si ella no se llena de valentía y se dispone a pasar la prueba de autenticidad, del modo como lo hizo.

Esta historia nos revela la importancia de ser fieles al Señor, de amarlo con todo nuestro corazón y de jamás darle a nadie el lugar que solo a Él le corresponde ocupar en nuestras vidas.

"Deléitate en el Señor, y él te concederá los deseos de tu corazón" .

SALMOS 37:4 (NTV).

DÍA 176

LA PRUEBA DEL ÁCIDO

Una de las formas más usadas para probar la autenticidad del oro, es exponiendo el metal a un líquido viscoso y corrosivo, conocido como ácido nítrico, que puede ocasionar graves quemaduras en los seres vivos y producir diversos efectos en ciertos tipos de metales, tales como oscurecimiento y decoloración.

Sin embargo, se sabrá si el metal expuesto a este potente ácido es oro verdadero, porque el oro no reacciona, no se oscurece ni cambia de color ante el potente líquido, sino que muestra su autenticidad al quedar intacto. De igual manera, nuestra fe acompañada de buenas acciones, deberá pasar la prueba "acida" antes de ser considerada como genuina.

"... Para que, sometida a prueba vuestra fe, mucho más preciosa que el oro, el cual, aunque perecedero se prueba con fuego, sea hallada en alabanza, gloria y honra cuando sea manifestado Jesucristo".

1 PEDRO 1:7 (RVR 1960).

DÍA 177

ASÍ DIRIGEN LOS DEL REINO

Cuando Dios te da la oportunidad de ocupar alguna posición importante, Él espera que la ejerzas con trasparencia, honestidad, compromiso y excelencia. En cuanto a esto, veamos algunos ejemplos:

- **José:** "Y el jefe de la cárcel no supervisaba nada que estuviera bajo la responsabilidad de José, porque el Señor estaba con él, y todo lo que él emprendía, el Señor lo hacía prosperar". Génesis 39:23 (LBA).
- **Daniel:** "Entonces los administradores y los sátrapas empezaron a buscar algún motivo para acusar a Daniel de malos manejos en los negocios del reino. Sin embargo, no encontraron de qué acusarlo porque, lejos ser corrupto o negligente, Daniel era un hombre digno de confianza". Daniel 6:4 (RVR 1960).
- **Josué:** "Por lo tanto, ahora ustedes entréguense al Señor y sírvanle fielmente. Deshágánse de los dioses que sus antepasados adoraron al otro lado del río Éufrates y en Egipto, y sirvan sólo al Señor. Pero si a ustedes les parece mal servir al Señor, elijan ustedes mismos a quiénes van a servir: a los dioses que sirvieron sus antepasados al otro lado del río Éufrates, o a los dioses de los amorreos, en cuya tierra ustedes ahora habitan. Por mi parte, mi familia y yo serviremos al Señor" Josué 24:14-15 (NVI).
- **Los justos:** "Cuando los justos dominan, el pueblo se alegra; mas cuando domina el impío, el pueblo gime" .
- Proverbios 29:2 (RVR 1960).

DÍA 178

ESTA ES LA DEFINICIÓN

Servir, es la definición de liderazgo expresada por Jesús a través de su vida en la Tierra. El verdadero líder procura el bienestar de los demás antes que su propia comodidad, y ve en cada necesidad una oportunidad para manifestar simpatía e interés por los problemas, dificultades y cargas de otros.

No busques grandeza; busca servir a otros de la mejor manera que puedas y te convertirás en una persona a la que todos querrán tener cerca. La distancia más corta al liderazgo es el servicio.

El liderazgo genuino no es medido por cuánta gente te sirve, sino por la cantidad de gente a la que tú sirves. Mientras mayor sea tu servicio, mayor será tu liderazgo.

"Así que Jesús los reunió a todos y les dijo: «Ustedes saben que los gobernantes de este mundo tratan a su pueblo con prepotencia y los funcionarios hacen alarde de su autoridad frente a los súbditos. Pero entre ustedes será diferente: el que quiera ser líder entre ustedes deberá ser sirviente" .

MATEO 20:25-26 (NTV).

DÍA 179

EL VERDADERO LIDERAZGO

- Los verdaderos líderes, se manejan con honestidad; y no usando manipulación ni engaño en el trato que dan a los demás.
- Los verdaderos líderes, respetan y honran la autoridad que está por encima de ellos.
- Los verdaderos líderes, dan a las personas, una causa en la que puedan involucrarse.
- Los verdaderos líderes, valoran a los demás y los ayudan a revelar lo que ellos llevan dentro.

Nada es más peligroso que el poder en manos de alguien que sufre de inferioridad mental. La fórmula ideal para la opresión es el poder sin salud mental.

> *"Amado, yo deseo que tú seas prosperado en todas las cosas, y que tengas salud, así como prospera tu alma. Pues mucho me regocijé cuando vinieron los hermanos y dieron testimonio de tu verdad, de cómo andas en la verdad. no tengo yo mayor gozo que este, el oír que mis hijos andan en la verdad".*

3 JUAN 2-4 (RVR 1960).

DÍA 180

ELLOS LO ENTIENDEN

Los líderes genuinos, no necesitan estímulos externos para tomar acción. Su motivación les fluye desde dentro y continuamente se mueven hacia las cosas que todavía no pueden ser vistas pero que se harán manifiestas, más adelante.

Estos líderes construyen en el presente sobre las experiencias del pasado, para obtener resultados en el futuro y se mantienen firmes construyendo sin importar lo que les acontezca. Porque saben que son las tormentas de la vida las que ponen a prueba el verdadero origen de cada visión.

Los líderes genuinos no esperan tener un buen futuro, sino que con esfuerzo, trabajo y dedicación trabajan para crearlo. Porque entienden que nada puede ser realizado, a menos que se haya tomado una decisión al respecto.

"Todo esfuerzo tiene su recompensa, pero quedarse sólo en palabras lleva a la pobreza".

PROVERBIOS 14:23 (NVI).

DÍA 181

NO TE DISTRAIGAS

Procura con toda diligencia aprender a distinguir la diferencia entre una oportunidad y una distracción, porque parte importante de tu avance, dependerá de esto.

El hecho de tener prioridades claras protegerá tu energía, tu tiempo, tus recursos y tus talentos.

Tener metas claras y con objetivos específicos, te ayudará a mantenerte enfocado. Los objetivos, conforman metas; y es el dar cumplimiento a esas metas, lo que nos encaminará al destino que Dios ha trazado para nosotros.

> *"... Escribe la visión, y declárala en tablas, para que corra el que leyere en ella".*

HABACUC 2:2 (JBS).

DÍA 182

LO QUE ES DE DIOS, SE DEJA EN PAZ

"Los miembros de la Junta Suprema se enojaron tanto contra los apóstoles que querían matarlos. Pero un fariseo llamado Gamaliel, quien era maestro de la Ley y los judíos lo respetaban mucho, ordenó que sacaran a los apóstoles por un momento, para decir así a sus compañeros: *En este caso, yo les aconsejo que dejen en libertad a estos hombres, y que no se preocupen. Si lo que están haciendo lo planearon ellos mismos, esto no durará mucho. Pero si es un plan de Dios, nada ni nadie podrá detenerlos, y ustedes se encontrarán luchando contra Dios*". Hechos 5:33-39 (TLA).

Nada ni nadie podrá detener el avance de lo que el Señor decide hacer. Levantarse en contra de alguien que Dios está usando, es levantarse en contra de Dios mismo. Por tanto, procura cada día no ser tú, uno de los que puedan ser hallados luchando contra el Señor.

"Algunos confían en carros, y otros en caballos; mas nosotros en el nombre del SEÑOR nuestro Dios confiaremos. Ellos se doblegaron y cayeron; pero nosotros nos hemos levantado y nos mantenemos en pie" .

SALMOS 20:8 (RVR 1960).

DÍA 183

ESCRIBE LA VISIÓN

La planificación es parte importante de la misión que tienes. Hacer un plan, conlleva a la elaboración de una lista escrita de acciones ordenadas necesarias, para lograr la meta deseada.

"Escribe la visión, y declárala en tablas, para que corra el que leyere en ella".

HABACUC 2:2 (RVR 1960)

Es importante elaborar una lista de cosas para hacer todos los días de tu vida. Concentra tu total atención en cada tarea y asigna un tiempo específico a cada una.

Si no puedes administrar bien tu día ¿cómo podrás administrar bien los próximos 20 años de tu vida?

Planificar cuesta trabajo, es tedioso, minucioso exigente y agotador; la planificación detallada, pocas veces resulta ser divertida, pero en ocasiones tenemos que hacer lo que nos desagrada, para poder tener aquello que esperamos alcanzar más adelante.

"Porque ¿quién de vosotros, queriendo edificar una torre, no se sienta primero y calcula los gastos, a ver si tiene lo que necesita para acabarla?"

LUCAS 14:28 (RVR 1960)

DÍA 184

IMPORTANCIA DEL TRABAJO EN EQUIPO

Mientras más grande es tu visión, más personas necesitarás para llevarla a cabo. En el corazón de toda gran conquista, siempre hay un gran equipo. El trabajo en equipo, es aquel donde cada uno de los miembros hace su parte, pero todos trabajan con un objetivo común.

Dentro de un equipo, cada persona es útil porque puede aportar habilidades diferentes, pero todas necesarias para el cumplimiento de cualquiera que sea el propósito. Cada ser humano, representa una solución para un determinado problema que necesita ser resuelto.

> *"Habló Jehová a Moisés, diciendo: Mira, yo he llamado por nombre a Bezaleel hijo de Uri, hijo de Hur, de la tribu de Judá; y lo he llenado del espíritu de Dios, en sabiduría y en inteligencia, en ciencia y en todo arte, para inventar diseños, para trabajar en oro, en plata y en bronce, y en artificio de piedras para engastarlas, y en artificio de madera; para trabajar en toda clase de labor. Y he aquí que yo he puesto con él a Aholiab hijo de Ahisamac, de la tribu de Dan; y he puesto sabiduría en el ánimo de todo sabio de corazón, para que hagan todo lo que te he mandado"* .
>
> ÉXODO 31:1- 6 (RVR 1960).

DÍA 185

AYUDA A OTROS A CRECER

Uno de los más valiosos regalos que tú puedes llegar a recibir, es encontrar alguien que esté dispuesto ayudarte a llegar a los niveles que Dios te quiere llevar. Y esto a su vez, es una tarea más que gratificante para la persona que se dispone a ofrecer esta valiosa ayuda. Sin embargo, no todos los que pueden ayudar lo hacen, ya que entre muchas otras razones, esto requiere de tiempo y de mucha dedicación.

Ayudar a otros implica comprometerse, ser diligente y tener un verdadero deseo de enfocarse en los demás. Para ser efectivos en el apoyo a otras personas debemos identificar sus talentos, su temperamento y las pasiones que las motivan. Para una vez encontradas estas cualidades, fertilizarlas con ánimo y regarlas con oportunidad.

> *"Si esto enseñas a los hermanos, serás buen ministro de Jesucristo, nutrido con las palabras de la fe y de la buena doctrina que has seguido. Desecha las fábulas profanas y de viejas, ejercítate para la piedad; porque el ejercicio corporal para poco es provechoso, pero la piedad para todo aprovecha, pues tiene promesa de esta vida presente, y de la venidera. Palabra fiel es esta, y digna de ser recibida por todos. Que por esto mismo trabajamos y sufrimos oprobios, porque esperamos en el Dios viviente, que es el Salvador de todos los hombres, mayormente de los que creen. Esto manda y enseña. Ninguno tenga en poco tu juventud, sino sé ejemplo de los creyentes en palabra, conducta, amor, espíritu, fe y pureza. Entre tanto que voy, ocúpate en la lectura, la exhortación y la enseñanza. No descuides el don que hay en ti, que te fue dado mediante profecía con la imposición de las manos del presbiterio. Ocúpate en estas cosas; permanece en ellas, para que tu aprovechamiento sea manifiesto a todos".*

1 TIMOTEO 4:6-15 (RVR 1960).

DÍA 186

AYÚDALOS A SER MEJOR

Cuando quieras ayudar a alguien a ser mejor de lo que ya es, no hables "de él" háblale "a él" y si así lo haces, le estarás edificando.

Algunas personas no son lo que deberían, porque no han tenido la ayuda necesaria para ser mejor de lo que ya son. Conviértete en un mejorador, déjate usar por Dios y no descalifiques a aquellos que Él ha puesto a tu alrededor para que los ayudes a mejorar. Veamos este ejemplo:

> *"Llegó entonces a Éfeso un judío llamado Apolos, natural de Alejandría, varón elocuente, poderoso en las escrituras. Este había sido instruido en el camino del Señor; y siendo de espíritu fervoroso, hablaba y enseñaba diligentemente lo concerniente al Señor, aunque solamente conocía el bautismo de Juan. Y comenzó a hablar con denuedo en la sinagoga; pero cuando le oyeron Priscila y Aquila, le tomaron aparte y le expusieron más exactamente el camino de Dios. Y queriendo él pasar a Acaya, los hermanos le animaron, y escribieron a los discípulos que le recibiesen; y llegado él allá, fue de gran provecho a los que por la gracia habían creído".*
>
> XHECHOS 18:25-27 (RVR 1960).

Apolos, era un siervo de Dios que predicaba bien, pero no conocía todo lo concerniente al consejo de Dios. Sus predicaciones se basaban en lo poco que le habían enseñado, así que cuando Aquila y Priscila (un matrimonio sabio y prudente) le escucharon predicar, se dieron cuenta de su carencia de conocimiento y lo tomaron aparte para enseñarle lo que le faltaba por aprender. Mientras que Apolos, con toda humildad, lo aceptó y luego fue de mayor bendición que antes, para la vida de muchos.

Note que este matrimonio no comentó a otros, ni sacó carteles, ni hicieron públicas las faltas de Apolos. Sino que con toda prudencia lo tomaron aparte y lo ayudaron a mejorar. Y es precisamente la prudencia de Aquila y Priscila la que debemos practicar cada día, si queremos ser de ayuda los demás.

No olvidemos que la diligente disposición y la buena voluntad de esta pareja, junto a la humildad con que Apolos recibió su ayuda, constituyó una combinación de esfuerzos que dio como resultado que este elocuente predicador mejorara su talento para continuar haciendo la obra de Dios con mayor impacto y eficacia.

"Atiende al consejo y acepta la corrección; así llegarás a ser sabio" .

PROVERBIOS 19:20 (DHH).

DÍA 187

NO LOS DESECHES, ELLOS SIGUEN SIENDO ÚTILES

Has saber a las personas la utilidad que tienen, aún luego de haber caído en alguna falta; procura formar parte de los que se atreven a levantar, ayudar y restaurar a los que caen. Ejemplo de esto nos dio el apóstol Pablo, cuando estando en prisión se encontró con Onésimo, cuyo nombre significa "útil y provechoso", quien era esclavo de Filemón, un cristiano de Colosas, que se había convertido con Pablo mientras éste cumplía su misión en Éfeso. (Ver Hechos 19:1-10).

Onésimo, (según lo revela la carta de Pablo a Filemón) posiblemente había huido llevando algunas cosas de su amo, pero se convirtió al cristianismo al predicarle Pablo, quien pide a Filemón que perdone y reciba otra vez a Onésimo, haciendo énfasis en la utilidad que él tiene, a pesar de los errores que había cometido.

> *"Te ruego por mi hijo Onésimo, a quien engendré en mis prisiones, el cual en otro tiempo te fue inútil, pero ahora a ti y a mí nos es útil, el cual vuelvo a enviarte; tú, pues, recíbele como a mí mismo. Yo quisiera retenerle conmigo, para que en lugar tuyo me sirviese en mis prisiones por el evangelio; pero nada quise hacer sin tu consentimiento, para que tu favor no fuese como de necesidad, sino voluntario. Porque quizá para esto se apartó de ti por algún tiempo, para que le recibieses para siempre; no ya como esclavo, sino como más que esclavo, como hermano amado, mayormente para mí, pero cuánto más para ti, tanto en la carne como en el Señor. Así que, si me tienes por compañero, recíbele como a mí mismo. Y si en algo te dañó, o te debe, ponlo a mi cuenta. Yo Pablo lo escribo de mi mano, yo lo pagaré; por no decirte que aun tú mismo te me debes también".*
>
> FILEMÓN 1: 10-19 (RVR 1960).

DÍA 188

DALES ALGO QUE LES SIRVA

Siempre que quieras contribuir al avance de los demás, además de tu apoyo y orientación, súplele recursos y materiales que sumen a los depósitos que ya ellos tienen.

La gente no llegará lejos sin "combustible". Es decir, sin los recursos necesarios para mantener un continuo crecimiento y desarrollo. Considera hoy cuáles recursos de los que tienes acceso, puedes compartir con alguien que lo necesite para mejorar en algun área, o para dar un paso de avance en su proceso de desarrollo.

Convierte en una de tus metas hacer continuos aportes a los que pasan tiempo contigo. Procura dejarlos en mejor estado del que se hallaban, antes de haberte conocido.

"Porque escudo es la ciencia, y escudo es el dinero; mas la sabiduría excede, en que da vida a sus poseedores".

ECLESIASTÉS 7:12 (RVR 1960).

DÍA 189

ALGUNOS PUEDEN VER MÁS

Mientras más me relaciono con la gente, mas convencida estoy de que las personas idóneas para hacernos compañía, son aquellas que pueden ver más allá de lo que se ve a simple vista.

Porque ellos descubren recursos en lugares que parecían estar áridos, encuentran prospectos en los que otros veían como ordinarios, crean oportunidades donde parecía que no las había y convierten lo que es común, en algo fuera de lo normal. Esta fue la actitud que tuvo Elías, al llegar a la casa de la viuda que vivía en Sarepta de Sidón. Veamos el ejemplo:

> *"Vino después a él la palabra del Señor, diciendo: levántate, ve a Sarepta, que pertenece a Sidón, y quédate allí; he aquí, yo he mandado a una viuda de allí que te sustente. Él se levantó y fue a Sarepta. Cuando llegó a la entrada de la ciudad, he aquí, allí estaba una viuda recogiendo leña, y la llamó y le dijo: Te ruego que me consigas un poco de agua en un vaso para que yo beba. Cuando ella iba a conseguirla, la llamó y le dijo: Te ruego que me traigas también un bocado de pan en tu mano. Pero ella respondió: Vive el Señor tu Dios, que no tengo pan, sólo tengo un puñado de harina en la tinaja y un poco de aceite en la vasija y estoy recogiendo unos trozos de leña para entrar y prepararlo para mí y para mi hijo, para que comamos y muramos. Entonces Elías le dijo: no temas; ve, haz como has dicho, pero primero hazme una pequeña torta de eso y tráemela; después harás para ti y para tu hijo. Porque así dice el Señor, Dios de Israel: "no se acabará la harina en la tinaja ni se agotará el aceite en la vasija, hasta el día en que el Señor mande lluvia sobre la faz de la tierra".*
>
> 1 REYES 17:8-14 (LBLA).

DÍA 190

CÓMO TRATARLAS

Sin importar cuál sea nuestra área de desempeño, el lugar donde vivimos o el círculo al que pertenecemos, todos de alguna manera debemos tratar continuamente con personas difíciles, cuyo comportamiento muchas veces nos hace sentir abrumados. Entre estas personas, se encuentran las hostiles, las protestonas, las indecisas, las pesimistas, las rebeldes, las sabelotodo, entre otras.

Pero ¿cuál sería la mejor forma de tratar con este tipo de personas?

La respuesta a esto, es de vital importancia porque debido a no saber cómo tratarles, a menudo "para no hacerlas sentir mal", hacemos lo que ellas quieren o le rehuimos, pensando que es la mejor forma de enfrentarlas. Sin darnos cuenta que esa precisamente es la respuesta que las personas conflictivas esperan recibir de aquellos a los que, consciente o inconscientemente suelen atacar.

Por tanto, lo primero que debemos hacer al respecto es cambiar la forma cómo respondemos a su conducta y para lograrlo te recomiendo lo siguiente:

Analiza la situación con una buena actitud:

Considera si se trata en verdad de una persona problemática o es algo temporal debido a una situación particular, ya que todos en algún momento y en determinadas circunstancias nos comportamos de forma no grata y eso no implica que seamos personas difíciles.

Si tal comportamiento surge de algo temporal, la situación se soluciona con un diálogo franco. Pero las personas realmente conflictivas, se comportan de forma inusual, continuamente.

Se empático:

No reacciones ante su conducta, en vez de eso busca la forma de comprender y ayudar a mejorar de manera sincera, a la persona en cuestión.

No reacciones ante su conducta:

Cuando tengas que confrontar alguien difícil, responde de la mejor manera que puedas para que luego no tengas que lamentarte, y ellos no tomen ventaja de tu mal manejo para justificar su conducta.

> *"Nunca respondas al necio de acuerdo con su necedad, para que no seas tú también como él"* .
>
> PROVERBIOS. 26:4 (RVR 1960).

DÍA 191

NO SEAS DESLEAL

Y le dijo David a Mefi-boset: No tengas temor, porque yo a la verdad haré contigo misericordia por amor de Jonatán tu padre, y te devolveré todas las tierras de Saúl tu padre; y tú comerás siempre a mi mesa" 2 Samuel 9:7 (RVR 1960).

Luego del rey David expresar esto, en medio de la crisis que enfrentaba su reino a causa de la rebelión de Absalón su hijo, Siba (el criado de Mefi-boset) en conspiración contra su señor, le dijo al rey David que Mefi-boset estaba en Jerusalén esperando para tomar el poder después de que Absalón y David se destruyeran el uno al otro; y dijo que Mefi-boset había dicho: *"Hoy me devolverá la casa de Israel el reino de mi padre"*, buscando con esto que David creyera que aquel a quien había honrado y valorado, hasta el punto de llevarlo a comer a la mesa real, en vez de unirse a él, se había revelado en su contra en medio de la gran crisis que enfrentaba. Pero esta calumnia quedó desactivada más adelante, cuando Mefi-boset y David volvieron a encontrarse.

"Cuando Mefiboset fue a Jerusalén para recibir al rey, éste le preguntó: «Mefiboset, ¿Por qué no te fuiste conmigo?» Y Mefiboset le respondió: «Su Majestad, ¡mi criado me engañó! Como soy cojo, yo le había ordenado que me aparejara un asno, pues había decidido acompañarte. Creo que mi sirviente te ha hablado mal de mí, pero acepto que hagas conmigo lo que bien te parezca, pues para mí tú eres un ángel de Dios. Comprendo que, a los ojos de Su Majestad, todos los descendientes de mi padre merecían la muerte; sin embargo, tú me permitiste comer a tu mesa. ¿Con qué derecho puedo reclamarle algo a Su Majestad?» entonces el rey dijo: «¿Para qué seguir hablando? Yo he decidido que tú y Sibá se dividan las tierras.» Pero Mefiboset replicó: «Por mí, él se

puede quedar con todo. A mí me basta con que Su Majestad haya vuelto a su palacio en paz.»"

2 SAMUEL 19:24-30 (RVC).

Aunque la historia que acabamos de ver se trata sólo de un engaño por parte de Siba, el criado de Mefi-boset, no es extraño que personas a las que hemos honrado y hemos hecho parte de nuestro círculo íntimo, se revelen contra nosotros y que incluso aprovechen los momentos de nuestras peores crisis para revelarse en nuestra contra. Por lo que cada día debemos pedir al Señor que nos ayude, a siempre ser leales y agradecidos con aquellos que en algún momento nos honraron y nos llevaron a comer junto a ellos, en su "mesa".

"Lo que hace atractiva a una persona es su lealtad. Es mejor ser pobre que deshonesto" .

PROVERBIOS 19:22 (NTV).

DÍA 192

TERMÓMETROS O TERMOSTATOS

El termómetro, es utilizado como un instrumento medidor de temperatura, mientras que el termostato mide la temperatura, pero también la regula.

Es decir, si la temperatura es muy alta, el termostato actúa apagando la calefacción y si es muy baja, la enciende. Pero el termómetro solamente revela el nivel de grado de la atmósfera y no hace nada para variarla.

De acuerdo a esto... ¿A cuál de estos renglones perteneces tú? ¿Eres termómetro o eres termostato?

"La mano de los diligentes gobernará, pero la indolencia será sujeta a trabajos forzados".

PROVERBIOS 12:24 (LBLA).

"¿Has visto a alguien realmente hábil en su trabajo? Servirá a los reyes en lugar de trabajar para la gente común".

PROVERBIOS 22: 29 (NTV).

DÍA 193

GIGANTES EN SABIDURÍA (LAS HORMIGAS)

"Cuatro cosas son de las más pequeñas de la tierra y las mismas son más sabias que los sabios: las hormigas, pueblo no fuerte y en el verano preparan su comida".

PROVERBIOS 30:24-25 (RVR 1960).

Existen ciertas cosas que no necesitan ser grandes o tenerse en grandes cantidades para ser poderosas. Por ejemplo, solo dos onzas de nitroglicerina podrían hacer que estalle un edificio completo, y como dice el viejo dicho: *"El buen perfume, viene en frascos pequeños"*.

Algo que también es señalado por el proverbista al mencionar cuatro de las criaturas más diminutas de la tierra, pero que pese a su tamaño, son gigantes en sabiduría. Siendo la primera de la lista las hormigas, que en la temporada de verano, mientras otros juegan, acampan y se divierten, ellas se dedican a almacenar todo el alimento que van a necesitar cuando llegue el invierno. Sin dejar que la estación presente, (aunque todos la tomen para recrearse) les haga perder su alto nivel de enfoque en las demás estaciones que vendrán.

La sabiduría de la hormiga está basada en su extraordinaria determinación de dejar algo bueno ahora, para obtener algo mejor después.

De igual modo, cuando tú decides no sólo disfrutar de la temporada en la que estás ahora, sino enfocarte en las que vienen más adelante, muchos te dirán que eres exagerado y que debes aprender a vivir el momento. Pero en vez de escuchar esas voces, recuerda que aunque vives en el presente, no puedes dejar de esforzarte, porque luego del "verano" otras temporadas vendrán y los que solo se ocuparon de recrearse, mientras tú te sacrificabas, anhelarán tener los resultados que como recompensa de tu esfuerzo, vas a tener tú.

> *"... Cada uno recibirá su recompensa conforme a su labor"* .
>
> 1 CORINTIOS 3:8 (RVR1995).

> *"Ve a la hormiga, oh perezoso, mira sus caminos, y sé sabio"* .
>
> PROVERBIOS 6:6 (RVR 1960).

DÍA 194

GIGANTES EN SABIDURÍA (LOS CONEJOS)

"Cuatro cosas son de las más pequeñas de la tierra y las mismas son más sabias que los sabios: los conejos, pueblo nada esforzado y ponen su casa en la piedra" .

PROVERBIOS 30:26 (RVR 1960).

Así como la sabiduría de la hormiga, queda expuesta a través de su disposición a sacrificar el "ahora", para obtener algo mejor después; el conejo también es parte de la interesante lista de los cuatro pequeños gigantes, mencionados por el proverbista, los cuales a pesar de ser un pueblo no esforzado, hacen su casa en la piedra.

El animal más parecido al conejo, es la liebre. Sin embargo, una liebre es capaz de correr a una velocidad de 70 km p/h, mientras que el conejo, por no contar con tal agilidad para huir de sus depredadores, se mantiene seguro e inaccesible para ellos, haciendo su casa entre las piedras. Por lo que si en algún momento, frente a los feroces ataques de los "depredadores", te has sentido como el conejo, que no tiene filo en los dientes para devorar, ni velocidad suficiente en las piernas para salir huyendo, ocúltate en la "Piedra" que se llama Jesús. Porque si así lo haces, aunque seas débil, la fortaleza que recibirás de Él, hará que te mantengas seguro.

Procura habitar todos los días de tu vida bajo el cuidado, la cobertura y la protección del Señor. A esto hace referencia el salmista al decir: *"Él te librará del lazo del cazador, de la peste destructora. Con sus plumas te cubrirá y debajo de sus alas estarás seguro"* .

SALMOS 91:3-4 (RVR 1960).

DÍA 195

GIGANTES EN SABIDURÍA (LAS LANGOSTAS)

"Cuatro cosas son de las más pequeñas de la tierra y las mismas son más sabias que los sabios: las langostas, que no tienen rey y salen todas por cuadrillas" .

PROVERBIOS 30:27 (RVR 1960).

Para algunas civilizaciones de la antigüedad, un ejército de langostas era más temido que un ejército de hombres montados en caballos y armados con espadas. La razón de esto, es que si las langostas hacían entrada en una ciudad, muy poco quedaba de ella que no fuera devorado. Sin embargo, a pesar de esto, la langosta se encuentra en la lista de los cuatro animales pequeños en estatura, pero grandes en sabiduría.

Las langostas, a diferencia de la hormiga, que se enfoca en la futura temporada, y del conejo que hace de la piedra su casa, muestran su sabiduría en la unidad que tienen con las de su misma especie.

Al considerar el poder que tiene un ejército de langostas, podemos entender mejor la razón por la que nuestro adversario aborrece la unidad. Y es que cada vez que un ejército de langostas hacía su entrada en un determinado espacio, cubrían el cielo y atemorizaban a todos, sin posibilidad alguna de ser detenidas por nada ni nadie.

Si se les edificaba muralla, la cruzaban, ya fuera volando por encima de ella o entrando por las brechas más diminutas que pudieran hallar; y luego de que una entraba, se podía considerar que ya todas las demás también estaban dentro, porque la que entraba primero le abría espacio a las demás. Echando a un lado el individualismo para atacar por enjambres el territorio donde hacían entrada, asaltándolo y haciendo caer en temor a poderosos hombres y a ilustres reyes.

En este sentido, es importante considerar la sapiencia de la langosta, porque si realmente queremos conquistar cosas grandes, ya sea a nivel de familia, iglesia, corporación o en cualquier otra comunidad a la que pertenezcamos, tendremos que entender que la conquista será realizada no sólo por lo que portamos nosotros, sino también por lo que portan otros.

> *"Porque cinco de vosotros perseguirán a cien, y cien de vosotros perseguirán a diez mil".*
>
> LEVÍTICO 26:8 (RVR 1960).

> *"Y si alguno prevaleciere contra uno, dos le resistirán; y cordón de tres dobleces no se rompe pronto".*
>
> ECLESIASTÉS 4:2(RVR 1960).

DÍA 196

GIGANTES EN SABIDURÍA (LA ARAÑA)

"Cuatro cosas son de las más pequeñas de la tierra y las mismas son más sabias que los sabios: la araña que atrapas con la mano y está en palacios de rey" .

PROVERBIOS 30:28 (RVR 1960).

Como ya te has dado cuenta, hemos considerado tres de las cuatro criaturas que el texto sagrado nos dice que son más sabias que los sabios, y de cada una hemos aprendido algo:

De las hormigas: Su alto nivel de enfoque y preparación para lo que viene.

De los conejos: El hacer su casa en la piedra para ser inaccesible a sus depredadores.

De las langostas: La unidad entre las mismas criaturas de su especie.

Por lo que, luego de considerar la sabiduría de estos tres "pequeños gigantes", ahora le toca el turno a la araña. Criatura perteneciente al grupo de los arácnidos que se destaca por su alto nivel de productividad. Debido a que continuamente, con un líquido compuesto por proteínas que llevan dentro y que se solidifica al contacto con el aire, producen lo que conocemos como "tela de araña".

Las arañas tienen siete glándulas localizadas en su abdomen y cada una de esas glándulas, producen un hilo distinto de acuerdo al uso que ésta le quiera dar. Por ejemplo: El que produce para tejer la tela donde ha de habitar (la araña es la única criatura que lleva dentro si misma su casa, y para habitarla debe primero producirla).

El que produce para capturar a su presa (la araña se alimenta de sus enemigos). El que produce para cubrir a sus crías y protegerlas de cualquier daño que les pueda impedir crecer y desarrollarse.

En conclusión, de la araña aprenderemos a hacer uso inteligente de lo que llevamos dentro. Algo que resulta ser de vital importancia, porque nuestro destino (así como el de la araña) siempre dependerá de lo que seamos capaces de producir con lo que Dios ha depositado en nuestro interior.

"Pero tenemos este tesoro en vasos de barro, para que la excelencia del poder sea de Dios, y no de nosotros".

2 CORINTIOS 4:7 (RVR 1960).

DÍA 197

RESISTE

Nunca olvides que la siembra presente, determina la cosecha futura. Todo el que no va a ningún lado, quiere que tú también vayas con él. No cometas el grave error de acompañarlo. Enfócate, trabaja y esfuérzate por conquistar aquello que Dios te ha puesto delante. Abandona, lo que tengas que abandonar y resiste, lo que tengas que resistir con tal que puedas alcanzar aquello para lo cual el Señor, te alcanzó a ti.

"Tú, como buen soldado de Jesucristo, debes estar dispuesto a sufrir por Él. Los soldados que tratan de agradar a sus jefes no se interesan por ninguna otra cosa que no sea el ejército. De igual manera, el atleta que participa en una carrera no puede ganar el premio si no obedece las reglas de la competencia. Y el que cultiva la tierra tiene que trabajarla antes de poder disfrutar de la cosecha. Piensa en estas cosas, y el Señor Jesucristo te ayudará a entenderlo todo".

2 TIMOTEO 2:3-7 (TLA).

DÍA 198

HAZLO PARA DIOS

Es natural que, como personas que estamos bajo dirección y supervisión de otros, busquemos agradar a aquellos para los que trabajamos. Esto es aceptable y de hecho, la Biblia nos manda a hacerlo. Sin embargo, con referencia a esto también nos dice:

"No sirvan al ojo, como los que quieren agradar a los hombres, sino con corazón sincero, temiendo a Dios".

COLOSENSES 3:22 (RVR 1960).

Así que en todo lo que hagas, procura que tu prioridad sea agradar a Dios y hacer las cosas con el mayor nivel de excelencia para Él, porque haciendo las cosas con excelencia para el Señor, también serás reconocido delante de los hombres.

"Y vio su amo que el SEÑOR estaba con él y que el SEÑOR hacía prosperar en su mano, todo lo que él hacía. Así encontró José gracia ante sus ojos y llegó a ser su siervo personal y lo hizo mayordomo sobre su casa y entregó en su mano todo lo que poseía".

GÉNESIS 39:3-4 (LBLA)..

DÍA 199

CON LA MISMA DISPOSICIÓN

Si todo lo que hacemos verdaderamente lo hacemos para Dios, entonces nuestra disposición en el servicio debe ser la misma para todas las personas a las que servimos. Es decir, nuestro esmero no solo debe ser para los que queremos servir porque amamos, nos agradan, los admiramos o porque trabajamos para ellos; sino que debemos servir a todos con la misma disposición, porque la causa principal de nuestro servicio, debe ser el hecho agradar al Señor sin dejar que las malas acciones de los demás nos muevan a actuar de la forma como ellos están actuando.

Porque si alguien, por sus malas acciones puede alterar tu conducta y llevarte a su terreno, entonces estás permitiendo que lo que esa persona está haciendo, tenga más efecto en ti que la palabra de Dios para ti, que dice:

"No seas vencido por el mal, sino vence con el bien el mal".

ROMANOS 12:21.

No permitas que nada ni nadie cambie tu naturaleza. Aunque no te den el trato correcto, aunque no te valoren, aunque no te lo agradezcan, haz las cosas del mejor modo posible para Dios y Él se encargará de traer a tu vida, abundantes bendiciones a causa de esto.

"Y todo lo que hagáis, hacedlo de corazón, como para el Señor y no para los hombres; sabiendo que del Señor recibiréis la recompensa de la herencia, porque a Cristo el Señor ustedes sirven".

COLOSENSES 3:23 (RVR 1960).

DÍA 200

¿QUÉ HACES CON LO QUE TE SUCEDE?

Una razón por la que muchos no llegan a dar cumplimiento al propósito que Dios marcó para ellos, es porque aceptan el estado presente de sus vidas como el nivel máximo al que pueden llegar, emitiendo excusas como la siguiente: *"Esto es lo más que puedo alcanzar de acuerdo a mis circunstancias"*.

Olvidando que las circunstancias, son facetas temporales de la vida a las que todos estamos expuestos, pero sólo aquellos que lo permiten, pueden ser detenidos por éstas.

Porque no es lo que nos sucede lo que realmente importa, sino lo que hacemos con lo que nos sucede lo que finalmente afecta nuestro destino. La mayor parte del tiempo no somos responsables por nuestras circunstancias, pero siempre somos responsables por la forma como respondemos ante éstas. Por lo que, a partir de este día decide no permitir a tus circunstancias restringir tu avance, por más adversas que estas sean.

"Por tanto, de buena gana me gloriaré más bien en mis debilidades, para que repose sobre mí el poder de Cristo".

2 CORINTIOS 12:9 (RVR 1960).

DÍA 201

LA MUJER DE LOS DEDOS TORPES

Debido al gran auge de la tecnología en las últimas décadas, el uso del corrector líquido ha ido en decadencia. Sin embargo, la mayoría de personas que leen este libro, quizás en algún momento han hecho uso de este invento que llegó a convertirse en un producto estrella y ser parte de todos los estuches escolares de estudiantes y profesores, en una época determinada. Y fue así como inició su historia:

Bette Nesmith, había dejado la escuela a los 17 años para trabajar como secretaria. Empleo que consistía (entre otras cosas) en escribir a máquina, algo con lo que ella siempre presentaba problemas, debido a la enorme cantidad de errores que cometía al hacerlo. De hecho, la llamaban "*la mujer de los dedos torpes*". El problema empeoró, ante el surgimiento de las máquinas eléctricas que usaban una cinta de carbón para marcar las letras sobre el papel, ya que esta tinta no permitía borrar los errores con una goma porque dejaban una mancha negra en la hoja.

Así que Bette para 1951, siendo la secretaria ejecutiva de un banco en Dallas, se veía continuamente forzada a volver a escribir páginas completas por culpa de un pequeño error, algo que resultaba ser frustrante para ella. Fue entonces cuando comenzó a pensar cómo solucionar este problema que la había llevado a convertirse en la burla de sus compañeros de oficina, quienes continuamente veían el contenedor de basura próximo a su escritorio, lleno de papeles arrugados. Ante tal frustración, le surgió una idea que más adelante la convertiría en una de las mujeres más ricas en toda la historia.

La idea le llegó al ver que unos pintores que pintaban las ventanas del banco para el cual trabajaba, en lugar de intentar borrar las partes donde se equivocaban, ponían una capa extra de pintura haciendo así desaparecer el error. Por lo que Bette, pensó: "*yo también haré lo que hacen estos pintores, sino no puedo borrar mis errores, entonces pintaré encima de ellos"*. Y en la cocina de su casa, mezcló tempera blanca con agua y llevó el líquido a su trabajo al junto de un pincel. Con tal recurso en la oficina, cuando cometía un error en una página, simplemente le pintaba encima, y cuando la pintura secaba, volvía otra vez a escribir la letra sobre la pintura.

Al ver sus compañeros de trabajo que en su contenedor ya no había papeles arrugados, y que el rostro de Bette ya no estaba estresado como antes, le pidieron que compartiera con ellos el producto, y todos asombrados por la utilidad del mismo, pidieron a Bette que les supliera continuamente la botellita de pintura, que en su inicio fue conocida como "Mistake Out" o como es su traducción al español, (Fuera Error).

DÍA 202

LA MUJER DE LOS DEDOS TORPES II

Bette Nesmith, a quien antes llamaban "la mujer de los dedos torpes", con la ayuda de un vendedor de suministros de oficina, un profesor de química y un empleado de una empresa de pintura, continuó los experimentos en su cocina, mezclando la témpera con otros químicos para mejorar el producto; buscando que secara más rápido y cubriera mejor. Tras la mejora, convirtió el garaje de su casa en una pequeña fábrica y su hijo Robert Michael Nesmith, le ayudaba continuamente con la producción.

Para 1956, ya Bette estaba vendiendo frascos de "Mistake Out" a todas las secretarias del edificio en el que trabajaba, y viendo el éxito que tenía la mezcla, decidió ponerle un nombre más comercial; optó por llamarle "Liquid Paper" el cual más adelante, patentó.

En 1958, una revista reconocida hizo una mención del producto y Bette recibió grandes cantidades de pedidos, incluyendo 400 frascos solicitados por la compañía General Electric.

Ante la presión de todo ese trabajo extra, por error Bette escribió el nombre de su compañía personal en una carta enviada a su empleador del banco, error por el cual la despidieron, pero esta cesantía no le afectó. Por el contrario, dedicándose a la elaboración continua de su producto, hizo que este llegara a niveles inimaginables de venta y para 1964, la empresa que tuvo su origen en la cocina de una "simple secretaria con dedos torpes", vendía 5.000 botellas de Liquid Paper a la semana. Para el año 1968, vendía un millón a la semana, y para 1975, llegó a alcanzar la asombrosa venta de 500 botellitas por minuto.

En 1979, Nesmith vendió la empresa a "Gillette" y se retiró del negocio. Usando el dinero que obtuvo por la venta, para crear una fundación de apoyo a mujeres emprendedoras.

La historia de Bette Nesmith, es solo una de las tantas que revelan que aun de nuestros errores, pueden surgir "productos estrellas". Por tanto, no subestimes a los que parecen ser torpes, porque más adelante podrías asombrarte, al ver lo que es capaz de salir de ellos.

TODO LO QUE ES GRANDE HOY, ALGUNA VEZ FUE PEQUEÑO Y TODO LO QUE ES HOY DE UTILIDAD, PUDO PARECER INÚTIL ANTE LOS OJOS DE ALGUIEN, EN ALGÚN MOMENTO.

DÍA 203

PROCURA SACARLES PROVECHO

Alexander Graham Bell fue un científico, inventor y logopeda; es decir, especialista en la detección, identificación, evaluación y proporción de tratamiento a personas con riesgo de sufrir alteraciones del habla, la comunicación u otros trastornos relacionados. Conocimientos con los que hizo grandes contribuciones al desarrollo de las telecomunicaciones y la tecnología de aviación.

Desde niño, su mejor amigo era Ben Herdman, vecino cuya familia operaba un molino harinero. Un día mientras los niños jugaban, quebraron una de las ventanas de la casa de Ben, por lo que enojado el padre de este, les regaño diciendo: "*¿Por qué en vez de causar problemas no tratan de hacer algo útil?*".

Entonces Alexander Graham Bell siendo a penas un niño, preguntó a uno de los trabajadores del molino, si podía contribuir con algo, y este le contestó que necesitaba ayuda para agilizar el proceso de descortizamiento del trigo. Y a la edad de 12 años, Bell construyó un dispositivo hecho en casa, con el que elaboró una máquina de descortezamiento simple, que funcionaba como herramienta útil para el rendimiento del trabajo que se hacía en el molino. En agradecimiento a esto, John Herdman, le otorgó a Alexander un pequeño taller para que pudiera llevar a cabo otros inventos. Fue ahí donde Bell pudo desarrollar gran parte de los aportes, por los que le conocemos hoy.

Pero a esto se le añade el hecho de que la madre, y también la esposa de Alexander, eran sordas. Factor que lo impulsó profundamente a llevar a cabo diversas investigaciones sobre la escucha y el habla humana; además de realizar varios experimentos con miras a crear aparatos que contribuyeran a la mejora del oído.

Y tú ¿qué estas produciendo con los errores y circunstancias adversas que enfrentas en tu vida? ¿Procuras sacarles el mayor provecho, usándolas como impulsores para revelar al genio que llevas dentro?

EL FRACASO ES A VECES, MÁS FRUCTÍFERO QUE EL ÉXITO...
TODO DEPENDE DE LA PERSONA QUE LO ENFRENTE.

DÍA 204

VUELVE A INTENTARLO OTRA VEZ

Antes de unirse a la Asociación Nacional de Baloncesto (NBA), el mundialmente reconocido Michael Jordan era una persona común; tan común que fue apartado del equipo de baloncesto de la escuela, debido a la falta de habilidad para el juego, que según sus evaluadores, él tenia. Sin embargo, esto no cambió el concepto de Michael acerca de sí mismo. Por el contrario, trabajó arduamente practicando durante varias horas al día para desarrollar su habilidad.

Hoy, Jordan es considerado por muchos como el mejor jugador de baloncesto de todos los tiempos. Una leyenda viva que combina de forma única su gracia, velocidad, poder, arte, capacidad de improvisación y un deseo de mejora continua, que lo hace ser admirado por todos.

Pero al preguntar a Jordan, la causa de su éxito, la respuesta ha sido esta:

"He fallado a más de 9.000 tiros en mi carrera, he perdido casi 300 partidos, 26 veces han confiado en mí para tomar el tiro que ganaba el partido y lo he fallado. No obstante, la razón de mi éxito ha sido, que aunque he fallado continuamente, jamás me he rendido".

Esta actitud comprueba que lo que muchos llaman fracaso, es solo lo que a otros los impulsa a ser mejores y llegar al éxito.

El hecho de haber fallado, no te hace un fracasado. Así que si caíste levántate, y si fallaste, decide volver a intentarlo otra vez.

DÍA 205

ACTITUD DE VENCEDOR

En una selva que vivían tres leones, un día el mono, que era el representante electo por los demás animales, convocó una reunión y en la misma, expresó lo siguiente:

"Todos nosotros sabemos que el león es el rey de los animales, pero tenemos una gran confusión: En esta selva hay tres leones y los tres son muy fuertes. ¿A cuál de ellos debemos rendir obediencia? ¿Cuál de los tres debería ser nuestro Rey?"

Los leones supieron de la reunión y comentaron entre sí: *"Es verdad. La preocupación de los animales tiene mucho sentido. Una selva no puede tener tres reyes. Y luchar entre nosotros no queremos, porque somos amigos. Por lo que necesitamos saber cuál de nosotros será el elegido. Pero ¿cómo podremos descubrirlo?"*

Otra vez los animales se reunieron y después de mucho deliberar, les comunicaron a los tres leones la decisión tomada.

"Encontramos una solución muy simple para el problema; decidimos que ustedes tres van a escalar la montaña más alta de toda la selva y el que llegue primero a la cima, será reconocido como nuestro Rey".

El desafío fue aceptado por los leones y todos los animales se reunieron para asistir a la gran escalada.

El primer león, escaló la montaña hasta cierto punto, pero se cansó y se volvió. El segundo, empezó con mucho ímpetu, pero tampoco pudo alcanzar la meta. El tercer león, tampoco pudo llegar a la meta y al igual que los otros dos, bajó derrotado.

Mientras que todos los demás animales estaban impacientes y curiosos, ya que si ninguno de los tres leones logró la hazaña señalada ¿cómo elegirían a su rey? Fue entonces cuando un águila, avanzada de edad, y grande en sabiduría, pidió la palabra y dijo: *¡Yo sé quién debe ser el rey!*

Al oír esto, todos los animales hicieron silencio y con gran expectativa, esperaron la respuesta. Mientras que el mono le preguntó: *¿Cómo lo sabes?" "Es simple", dijo el águila. "Yo estaba volando cerca de ellos y cuando volvían derrotados de su escalada, escuché lo que cada uno dijo a la montaña".*

El primer león le dijo: – *¡Montaña, me has vencido!*

El segundo león le dijo: – *¡Montaña, no pude contigo!*

Pero el tercer león dijo: – *¡Montaña, me venciste ahora! Pero ya llegaste a tu tamaño final y yo todavía estoy creciendo.*

"Así que la diferencia entre estos tres leones", añadió el águila, "Es que el tercer león sostuvo una actitud de vencedor, aunque no pudo alcanzar la meta en el momento; y por mostrar tal actitud ante semejante desafío, este león merece ser hecho rey".

Por tanto, no olvides que la montaña de las dificultades que se nos presentan en la vida, tienen un tamaño fijo y limitado, mientras que tú todavía puedes continuar creciendo.

DÍA 206

TÚ DECIDES

Muchos de los grandes éxitos alcanzados a través de toda la historia, han surgido de personas que después de haber fracasado, decidieron no dejar que ese fuera su final.

La historia que Dios escribió de ti no termina en fracaso, pero la decisión de dar cumplimiento a lo que está escrito de ti, la tienes tú.

> *"Cuando acabó de hablar, le dijo a Simón: —Lleva la barca hacia aguas más profundas, y echad allí las redes para pescar. — Maestro, hemos estado trabajando duro toda la noche y no hemos pescado nada —le contestó Simón. Pero como tú me lo mandas, volveré a echar las redes otra vez.*
>
> *Así lo hicieron, y recogieron una cantidad tan grande de peces que las redes se les rompían".*
>
> LUCAS 5: 4-6 (CST).

Decide poner en las manos de Dios, aquello que mientras estaba en las manos tuyas, había fracasado. Porque con la misma "red de tu fracaso," el Señor hará que realices tus más grandes pescas.

DÍA 207

SIGUE INTENTÁNDOLO

La perseverancia se define como la actitud de mantenerse firme en alcanzar un objetivo, aun en medio de las más difíciles circunstancias. Antes de ser electo como presidente, Abraham Lincoln perdió cuatro elecciones, pero no se rindió, perseveró y llegó a ser uno de los presidentes más destacados que hasta la época, ha tenido los Estados Unidos de América.

Albert Einstein, realizó 99 experimentos antes de poder encontrar la ley de la relatividad y en el intento número 100, finalmente la hayó. Por lo que el hecho de haber fallado al hacer algo, no necesariamente implica que tengas que abandonarlo.

Y el no haber fluido como se suponía que lo hicieras en algún asunto determinado, no significa que careces del don, la gracia o el talento para hacerlo. Sino que debes prepararte para que en la próxima oportunidad que tengas, te vaya mejor.

El adversario, continuamente persigue hacer que creas que eres incapaz de llevar a cabo el reto que ha sido puesto delante de ti, para de esta forma frenarte e intimidarte. Pero aunque en ocasiones falles, y tu desempeño no siempre sea el mejor, persiste y no dejes que los errores ya cometidos te llenen de inseguridad.

Todo el que hace algo excelente ahora, es porque cuando fallaba al principio, seguía intentándolo hasta desarrollar lo que al ver en ellos, admiramos hoy.

"Porque siete veces podrá caer el justo, pero otras tantas se levantará"

PROVERBIOS 24:16 (NVI).

DÍA 208

TUS ERRORES NO REFLEJAN TU ESENCIA

Todos en la vida hemos tomado malas decisiones y hemos cometido errores, que al pensar en ellos nos preguntamos: "*¿Pero ¿qué me pasó? ¿Cómo pude haber caído en eso?*". Y es el hecho de sentirnos así, lo que precisamente pone de manifiesto que estas acciones no definen lo que somos ni revelan nuestra verdadera esencia. Sino que el haber incurrido en eso, fue un desliz y un acto errado por parte de nosotros. Así que, aunque hicimos lo que dicen que hicimos, no somos lo que dicen que somos.

Por tanto, si estás siendo acusado por haber cometido alguna falta, no te dejes ahogar por las voces acusadoras. Reconoce que has fallado, pídele perdón a Dios y a las personas que has afectado y procura, con todo tu corazón, no volver a incurrir en lo mismo, para que de esta forma puedas glorificar al Señor con tu modo de vivir y sirvas de edificación y ejemplo para la vida de otros. Dando testimonio con tu vida de que aun de las más grandes caídas, es posible levantarse.

"Crea en mí, oh Dios, un corazón limpio y renueva un espíritu recto dentro de mí" .

SALMOS 51:10 (RVR 1960).

DÍA 209

A PRUEBA DE TODO

Dios nos ha hecho resistentes a las deslealtades, injusticias y traiciones. Resistentes a fosos llenos de hambrientos leones, a hornos de fuego 7 veces más calientes de lo normal; a prueba de mortales mordeduras de serpientes, a prueba de cepos, de cisternas, de aguas impetuosas, de cárceles y desiertos. A prueba de Faraones, de Herodes y aún a prueba del mismo infierno.

Con diversas garantías dadas por nuestro Creador, como son estas:

"Podrán tomar serpientes en las manos sin que nada les pase y, si beben algo venenoso, no les hará daño".

MARCOS 16:18 (NTV).

"No temas, porque yo estoy contigo; no te desalientes, porque yo soy tu Dios. Te fortaleceré, ciertamente te ayudaré, sí, te sostendré con la diestra de mi justicia". Isaias 41:10 (LBA).

"Cuando pases por las aguas, yo estaré contigo; y si por los ríos, no te anegarán. Cuando pases por el fuego, no te quemarás, ni la llama arderá en ti. Porque yo Jehová, Dios tuyo, el Santo de Israel, soy tu Salvador" .

ISAÍAS 43:2-3 (RVR 1960).

ERES A PRUEBA DE TODO Y LAS PRUEBAS Y PRESIONES A LAS QUE ERES EXPUESTO, SOLO REVELAN EL TIPO DE MATERIAL DEL QUE HAS SIDO HECHO...

DÍA 210

¿POR QUÉ RUGEN LOS LEONES?

Se encuentra entre los cuatro felinos más poderosos del planeta, junto al tigre, al leopardo y al jaguar e informalmente se llama: "el rey de la selva".

Se han dedicado incontables horas al estudio del comportamiento de este indómito rey, siendo uno de los aspectos más estudiados, la causa por la que los leones rugen del modo en que lo hacen.

La pregunta que se han hecho los científicos es ¿por qué el león hace sonar su rugido con el enorme poder de extenderse hasta 8 kilómetros de distancia? Algo que resulta ser aún más interesante, si consideramos que 8 kilómetros equivalen a:

- La longitud aproximada de 70 campos de fútbol.
- 283 canchas profesionales de baloncesto.
- La distancia que recorrería un auto Ferrari en tres minutos, usando toda su capacidad de velocidad.
- Según los hallazgos científicos, se han descubierto varios motivos por los que el león emite tal rugido, entre los cuales están los siguientes:
- Para espantar intrusos; así cumple su papel de protector.
- Para asustar a su presa, mientras prepara sus movimientos finales para matarla; así cumple su papel de proveedor.
- Para reunir a los miembros dispersos de su manada, cumpliendo así su papel de líder.
- Para proclamar su dominio, avisando a los demás leones que es él quien domina ahí.

Comunicando con su rugido: "Yo tengo dominio sobre esta manada, yo la protejo, yo la mantengo, yo la dirijo y yo la acompaño. Este es mi dominio, el control de este territorio me pertenece".

"Porque ha rugido un león ¿y quién no temerá?".

AMÓS 3:8 (LBA).

DÍA 211

¿CUÁNDO FUE LA ÚLTIMA VEZ QUE RUGISTE?

Como ya hemos dicho, a través de su rugido el león lleva un sonido de seguridad a los miembros de su manada, haciendo que se sienta segura en medio de posibles invasiones.

Así mismo nosotros debemos ser como el león, teniendo la misma actitud ante todo lo que quiera invadir lo que es nuestro, y tomar lugar en el territorio que nos ha sido entregado. Entonces ¿cuándo fue la última vez que tú rugiste?

Muchos de los que leen esto, ante la situación que les agobia han estado quejándose, gritando y expresando lamentos por lo difícil que es lo que les ha tocado vivir. Pero la pregunta que te hago en este dia es: ¿cuándo fue la última vez que rugiste?

¿Cuándo fue la última vez que el sonido de tu voz, trajo protección a tu casa y le avisó al enemigo: *"Este territorio me pertenece"*?

Hoy es el día en que debes emitir tu rugido, porque cuando un león no protege su dominio, otro león estará al asecho, tratando de robarle lo que le pertenece. Es por esto que el apóstol Pedro nos exhorta:

> *"Sed sobrios, y velad; porque vuestro adversario el diablo, como león rugiente, anda alrededor buscando a quién devorar".*

1 PEDRO 5:8 (RVR 1960).

DÍA 212

PREPARADOS PARA EL PESO

Una de las comparaciones que la Biblia hace acerca de nosotros, es con el águila, y una de las tantas impresionantes características que tiene esta poderosa ave, es que puede levantar algo que tenga hasta cuatro veces su propio peso.

Por lo que las circunstancias que atraviesas, no tienen que ser fáciles ni ligeras para que puedas aguantarlas. Tú no eres "pollo", tu eres un águila.

"Los que esperan a Jehová tendrán nuevas fuerzas; levantarán alas como las ***águilas;*** *correrán, y no se cansarán; caminarán, y no se fatigarán"* .

ISAÍAS 40:31 (RVR 1960).

"Señor, te amo. ¡Tú eres mi fortaleza! EL SEÑOR es mi roca, mi fortaleza y mi libertador"

SALMOS 18:1-2 (PDT).

DÍA 213

EMPRENDE EL VUELO

Continuando con nuestra exploración acerca del águila, resulta interesante ver, que con el fin de brindar protección y apoyo a sus crías, ésta le hace un nido de ramas en lo más alto de la montaña.

Sin embargo, cuando es tiempo de que la cría empiece a hacer uso de sus alas, el águila madre procede a descomponerle el nido, quitando de él las ramas para dar lugar al soplo del viento.

Esto como ya debes imaginar, hace que el nido deje de ser el lugar cómodo y seguro al que estaba acostumbrada la cría, pero en vez de detener el proceso para evitar la incomodidad de ésta, la madre águila trabaja para incomodarle aún más, revoloteando sobre el nido con sus poderosas alas y prácticamente, obligando a la cría a querer escapar, porque sabe que al único lugar donde irá a refugiarse, es al regazo de ella.

Así que, al terminar el sacudimiento, el águila se sienta a descansar y al hacerlo, la cría sube sobre su espalda creyendo que ahí ha de hallar seguridad ante tal "embate", y es precisamente en ese momento, cuando la madre sale del nido y emprende vuelo, llevando en la espalda a su polluelo y ascendiendo a niveles de altura; inimaginables y desconocidos para él.

Este entrenamiento puede parecer fácil en su primera etapa, porque hasta este punto, la cría se encuentra segura en la espalda de la madre pero sin que el polluelo lo espere, justo cuando ha comenzado a sentirse seguro, desde el impresionante nivel de altura donde se encuentran, la madre lo deja caer al vacío. Lo que probablemente es interpretado por la cría como un acto de rechazo y abandono, pero sin poder hacer más, expresa su frustración dando fuertes aleteos, que son los que sin ella saberlo, le ayudan a ejercitar uno de los más poderosos recursos con los que cuenta, ¡sus alas! Pero experimentar esto, es desesperante para la cría. Ya que como novata de las alturas, no sabe cómo mantenerse en ellas sin caer. Sin embargo, lo más impactante de todo, es que aunque en esta parte del entrenamiento el águila madre ya no lleva la cría en la espalda, sus ojos nunca se apartan de ella y mientras el polluelo desciende para caer de golpe, la madre águila se halla más abajo abriendo sus alas para que caiga en la espalda de ella. Expresando con esto a su cría: *"Yo jamás te dejaría caer. Solo te estoy entrenando para que puedas crecer".*

Y es del modo como lo hace el águila, que también el Señor nos expone a procesos difíciles y desconocidos para hacer que desarrollemos lo que Él, ha determinado que seamos.

> *"Porque como el águila revolotea sobre el nido y anima a sus polluelos a volar, extiende sus alas y los levanta en vilo, y los sostiene sobre sus alas; así también a ellos los guió el Señor" .*
>
> DEUTERONOMIO 32:11-13 (RVC).

DÍA 214

PROBANDO LAS ALAS

Nunca podrás ser todo lo que naciste para ser, aferrándote a lo que eres ahora. Es por esto que así como la madre águila agita y descompone el nido a sus crías cuando les llega la hora de aprender a volar, nuestro Creador nos lleva más allá de nuestra zona de comodidad para que seamos forzados a elevarnos. Y si así no fuera, muchos de nosotros nunca ascenderíamos.

Un águila que no vuela, no puede cumplir con su propósito. Igualmente, tu vida pierde sentido si no te enfocas en alcanzar aquello para lo que Dios te ha creado. Algo que para lograr, inminentemente deberás ser revestido de determinación y coraje. Porque toda oportunidad de ascenso, trae consigo el miedo a colapsar en el intento. Pero es en medio de tal inseguridad, que siempre debes recordar que fue Dios quien te mandó a emprender el "vuelo" y por tanto, tu ascenso siempre estará respaldado por Él.

"Y el ángel del Señor se le apareció, y le dijo: "El Señor está contigo, valiente guerrero". Entonces Gedeón le respondió: "Ah señor mío, si el Señor está con nosotros ¿por qué nos ha ocurrido todo esto? ¿Y dónde están todas Sus maravillas que nuestros padres nos han contado, diciendo: '¿no nos hizo el Señor subir de Egipto?' Pero ahora el Señor nos ha abandonado, y nos ha entregado en mano de los Madianitas". Y el Señor lo miró, y le dijo: "Ve con esta tu fuerza, y libra a israel de la mano de los Madianitas. ¿no te he enviado Yo?" "Ah Señor," le respondió Gedeón "¿cómo libraré a Israel? Mi familia es la más pobre en Manasés, y yo el menor de la casa de mi padre". Pero el Señor le dijo: "Ciertamente Yo estaré contigo, y derrotarás a Madián como a un solo hombre".

JUECES 6:12-16 (NBLH)

El reto que ha sido puesto delante de ti, es la oportunidad que te ofrece Dios para hacer uso de tus "alas".

DÍA 215

DECIDE RENOVARTE

Entre todas las aves que existen, el águila tiene la más larga duración de vida, la misma puede llegar a vivir entre 70 y 80 años. Sin embargo, a la mitad de su vida, es decir, al cumplir 35 o 40 años, esta ave tiene que tomar la decisión más importante de su existencia, morirse o renovarse. Ya que, por causa de todos los años vividos, para este tiempo sufre un desgaste que afecta su destreza y precisión. El proceso de renovación, es intensamente doloroso para el águila pero si no decide renovarse, dejará de vivir los próximos 35 años de existencia, que suelen ser los mejores, para las que toman esa decisión.

Pero si decide renovarse, el águila tendrá que apartarse del resto de las criaturas de su especie para subir a lo más encumbrado de la montaña y pasar allí 150 días, en un terrible proceso que, entre otras cosas, incluye el cambio de su pico. Algo que para lograr, debe golpear su pico viejo contra la roca hasta expulsarlo, sin importar cuánto le duela o lo mucho que pueda sangrar al hacerlo.

Luego de deshacerse del pico viejo, pasa por el mismo proceso para cambiar sus garras y finalmente, se arranca una por una, todas sus plumas para dar lugar a un nuevo plumaje. Entonces, una vez terminado este terrible, pero altamente compensador proceso, reaparece en las alturas para dar inicio a la segunda y más diestra temporada de su existencia.

Así nosotros, al igual que el águila, cada cierto tiempo tenemos que pasar por ciertos procesos de renovación, para dar lugar a las próximas temporadas que Dios quiere llevarnos y que siempre suelen ser mejores que las temporadas anteriores.

"Y vamos transformándonos en su imagen misma, porque cada vez tenemos más de su gloria"

2 CORINTIOS 3:18 (DHH).

DÍA 216

CRECIENDO COMO CEDROS

Está situado en el centro de la bandera libanés, representando (según la constitución de ese país) la inmortalidad y la estabilidad de la nación. Es usado como ejemplo del crecimiento que Dios espera que tengamos, según el Salmo 92:12, donde el salmista declara: "***... El justo crecerá como cedro en el Líbano".*** Pero ¿por qué la Biblia nos insta a crecer como cedros? ¿cuáles son las características de este árbol, para que el Señor haya inspirado al salmista a hacer tal afirmación? Veamos sólo algunas de ellas:

- Se produce en montes rocosos.
- Es árbol de gran talla que puede alcanzar hasta los 40 metros de altura.
- Tiene la corteza fisurada, pero a pesar de esto su madera se considera como una de las más pesadas, densas, fuertes, duraderas y aromáticas en todo el mundo.
- Debido al olor que emana, ahuyenta los insectos y gusanos que quieran acercársele.
- Su madera es útil para crear instrumentos musicales de gran sonoridad y belleza.
- Contribuye al desarrollo armónico del medio ambiente, porque ayuda a mantener el equilibro de gases en la atmósfera absorbiendo el dióxido de carbono y transformándolo en oxígeno.
- Tolera fuertes cambios de temperatura.
- Su resistencia es centenaria y no se corrompe ante la humedad.
- Al ser una madera fina, es flexible al trabajo que hace en ella el carpintero para llevar a cabo su obra.

Entonces, luego de observar todas estas características acerca del cedro, sería interesante considerar: **¿Estás tú creciendo como el cedro?**

DÍA 217

LO QUE REVELAN TUS PROCESOS

En vez de sentirte víctima ante los diferentes procesos que llegan a tu vida, debes considerar que estos solo revelan los siguientes elementos:

Tu posición en el mundo espiritual:

A todos nos llama la atención, el nivel de prueba a la que Job fue expuesto. Sin embargo, la referencia que el Señor da a Satanás acerca de este hombre, diciendo que era varón perfecto, recto, temeroso de Dios y apartado del mal (ver Job 1:8) nos ayuda, no sólo a entender la causa de la prueba de este hombre, sino también el significado de su nombre, según el texto original. Ya que según la traducción original, el nombre de Job significa "el odiado".

La capacidad de soporte que tienen tus fundamentos:

La única manera de saber qué tan sólido es el fundamento de algo, es observando los vientos, tormentas y tempestades a las que ha sido capaz de sobrevivir sin desplomarse. Por lo que el tipo de proceso al que eres expuesto, también habla de la capacidad de soporte que tienen tus fundamentos.

La recompensa que tendrás luego de haberlo pasado:

Finalmente, la magnitud de tu proceso revela la grandeza de la recompensa que llegará a tu vida luego de haberlo pasado.

"Dichoso el que resiste la tentación porque, al salir aprobado, recibirá la corona de la vida que Dios ha prometido a quienes lo aman" .

SANTIAGO 1:12 (NVI).

DÍA 218

NO LE HUYAS ¡PÁSALA!

Tratar de evadir los procesos, siempre nos traerá estancamiento. Por ejemplo, imagina que estás cursando una materia en algún centro de estudio y que el requisito para ser promovido, es que tomes y pases una determinada prueba con la puntuación que ha sido establecida por ese centro.

Sin importar qué tanto le huyas a este requisito, sino tomas y pasas esa prueba, tendrás una sola opción: Quedarte en el mismo nivel donde te encuentras, sin posibilidad de ser promovido. Y (aunque parezca extraño) esa es la actitud por la que optan muchos, prefiriendo dejar que sean las directrices de su carne las que les controlen, en vez de dejarse procesar por lo que Dios les está permitiendo pasar.

No le huyas a tu prueba, olvida las opciones que tienes para escapar de ella y pásala del modo que el Señor espera que lo hagas.

"Así que alégrense de verdad porque les espera una alegría inmensa, aunque tienen que soportar muchas pruebas por un tiempo breve".

1 PEDRO 1:6 (NTV).

DÍA 219

APRENDE CONTINUAMENTE

Se dice que el erudito romano Cato, comenzó a estudiar griego cuando tenía más de 80 años de edad, y cuando le preguntaban por qué estaba intentando lograr algo tan difícil a su edad, él continuamente respondía: ***"Porque es la edad más temprana que me queda".***

Según estudios realizados, se ha descubierto que sólo una tercera parte de los adultos graduados, procuran seguir aprendiendo después de su graduación, porque la mayoría de personas ven la educación como un período en la vida, y no como un proceso continuo de la misma.

El aprendizaje, es una actividad que no se restringe con la edad. Por tanto, sin importar los años que tengas ahora, sigue aprendiendo, sigue avanzando, sigue creciendo.

"Vive como si fueras a morir mañana. Aprende como si fueras a vivir siempre."

Mohandas K. Gandhi

DÍA 220

SIGUE CRECIENDO

Crecer es una experiencia gratificante, no solamente en términos físicos sino a modo integral.

La Biblia dice que los hijos del Sacerdote Eli, vivían desordenadamente, echaban por tierra el testimonio de su padre y abusaban del estatus que tenían dentro del templo y en la sociedad del momento para llevar a cabo sus fechorías, pero aun estando en la misma atmósfera que ellos, el joven Samuel crecía en gracia y unción delante de Dios.

"Y el joven Samuel iba creciendo, y era acepto delante de Dios y delante de los hombres".

1 SAMUEL 2:26 (RVR 1960).

Por lo que en este día, te recomiendo seguir creciendo en Dios, por encima de las presiones que tengas en tu casa, con tu familia o a tu alrededor.

Decide avanzar cuando sientas hacerlo y también cuando no lo sientas; cuando te apoyen y cuando no te apoyen; cuando crean en ti y cuando no crean en ti.

Decide vivir de modo tal, que nada detenga tu crecimiento. Crece con oposición, crece en el silencio, crece aun en medio de tus noches oscuras. Pase lo que pase y venga lo que venga, aun en los momentos más adversos de tu vida, en el nombre de Jesús, decide seguir creciendo.

"Porque la senda de los justos es como la luz de la aurora, que va en aumento hasta que el día es perfecto" .

PROVERBIOS 4:18 (RVR 1960).

DÍA 221

TERMINA EL SERMÓN

No seas de los que inician muchas cosas y no terminan nada.Toma la firme decisión de culminar lo que emprendes y no abandones lo que iniciaste hasta que no lo hayas finalizado. No dejes perdido lo que hasta ahora has logrado ni te retires de la carrera sin el trofeo en la mano. Porque más importante que la manera en que empiezas un determinado asunto, es la forma como decides terminarlo.

Juan Calvino, uno de los reformadores más destacados en la historia de la iglesia durante el siglo XV, mientras predicaba un sermón a sus seguidores, fue tomado por sus contrarios y expulsado de Ginebra, ciudad donde vivía para aquel entonces. Sin embargo, tres años más tarde, por el favor de Dios con él, los mismos que le habían expulsado lo mandaron a buscar para restituirlo, reconocerlo y entregarle todo lo que le habían quitado en Ginebra.

Una vez de regreso, lo primero que Calvino hizo fue volver a reunir a sus seguidores para dar continuidad al sermón que les disertaba tres años antes en el momento que había sido expulsado, y según la historia mientras hacía su entrada al mismo auditorio de donde lo habían sacado, sus palabras a los presentes fueron las siguientes:

"Pues bien, mis amados… Como les decía hace tres años…". Así Calvino, continuó el sermón que había iniciado tres años atrás, hasta haberlo finalizado.

Y tú ¿habrás dejado algún "sermón" sin terminar? Considera en qué área de tu vida has dejado inconcluso, algo que de haber terminado, tus resultados fueran distintos a los que tienes ahora.

En este día te invito a creer que Dios está de tu lado, que no es tarde y que muchas oportunidades y herramientas se encuentran disponibles para ti, para que, por encima de cualquier obstáculo, puedas "concluir tu sermón".

"Porque mejor es el fin de un asunto que su comienzo…".

ECLESIASTÉS 7:8 (NBLH).

DÍA 222

NO ANTICIPES TU FECHA DE EXPIRACIÓN

Cuando mi hijo menor tenía 3 años de edad, fui con él al supermercado y al llegar, tratando de ayudarme con la lista de compras, corrió al pasillo donde se hallaban los panes, tomó dos paquetes y los depositó en el canasto que habíamos tomado.

Al ver tal acción, agradecí al niño por el gesto, pero al revisar (como siempre acostumbro) la fecha de vencimiento que tenían los panes, me di cuenta que se habían vencido el día anterior. Por lo cual, dije a mi hijo que no podíamos llevarnos esos panes; al oír esto él pregunto: *"Pero ¿por qué?"* a lo que le respondí: *"Porque ya estos panes están vencidos"*, *"¿Cómo así?* "preguntó él. *"Ya no son útiles, se les acabó el tiempo de vida"* le contesté. *"¿Eso significa que están muertos?"* Preguntó el niño. *"Si"*, le respondí. Entonces con una mezcla de tristeza y asombro, me preguntó: *"¿Quién los mató?"*. Al oír eso, supe que debía detenerme para explicarle lo que fallidamente había tratado de hacerle entender, hasta el momento.

Así que lo cargué, le di un beso y tomando una de las bolsas de pan, le dije: *"Mira mi amor, los ingredientes con los que se preparan los panes, se descomponen luego de un determinado tiempo y esto, hace que los panes ya no sean buenos para comer. Así que los que hicieron este pan, sabían cuántos días iban a durar estando buenos, y para que también nosotros lo supiéramos, le pusieron la fecha en el plástico. Si la fecha que está en el plástico ya pasó, como en el caso de este pan, significa que no debemos comerlo porque podría hacernos daño. Pero si la fecha del plástico aún no ha llegado, significa que si lo podemos comer"*.

Luego de darle esta explicación, para estar segura que mi pequeño me había comprendido, fui con él al pasillo de los panes y le pedí que tomara otra bolsa, la que al tomarla se aseguró que estuviera dentro de la fecha indicada para el consumo.

La razón por la que les comparto esto, es porque resulta interesante el hecho de que la fecha de vencimiento para el consumo de un determinado producto, la ponen donde elaboran tal producto y viene en la etiqueta del mismo, desde antes que el consumidor tenga acceso a este.

De igual manera, Dios como nuestro Hacedor, es quien nos pone fecha de vencimiento antes de enviarnos a la Tierra. El límite de nuestros días no lo determinamos nosotros, fue determinado por el Señor y no tenemos facultad para adelantarlo. Por tanto, no dejes de servir de alimento a la vida de otros; porque la evidencia de que aun sigues vigente, es que te encuentras leyendo esto.

"Mientras yo exista y tenga vida, cantaré himnos al Señor mi Dios" .

SALMOS 104:33 (DHH).

DÍA 223

ESTA ES LA ACTITUD

"La actitud de ustedes debe ser como la de Cristo Jesús, quien, siendo por naturaleza Dios, no consideró el ser igual a Dios como algo a qué aferrarse. Por el contrario, se rebajó voluntariamente, tomando la naturaleza de siervo y haciéndose semejante a los seres humanos. Y al manifestarse como hombre, se humilló a sí mismo y se hizo obediente hasta la muerte, ¡y muerte de cruz!

Por eso Dios lo exaltó hasta lo sumo y le otorgó el nombre que está sobre todo nombre, para que ante el nombre de Jesús se doble toda rodilla en el cielo y en la tierra y debajo de la tierra y toda lengua confiese que Jesucristo es el Señor, para gloria de Dios Padre".

FILIPENSES 2:5-11 (NVI).

DÍA 224

UN INSTRUMENTO ESCOGIDO

De ser perseguidor se convirtió en un perseguido, y de llamarse Saulo, que significa "pedido", pasó a ser Pablo, que significa "pequeño". Acerca de él, dijo el Señor: *"Instrumento útil me es éste. Llevará mi nombre a los gentiles, reyes y a los hijos de Israel y le mostraré cuánto le es necesario padecer por mi nombre"*. (Ver Hechos 9:16).

De la isla de Malta, se trasladó a la península de Italia, y aun con cadenas puestas, anunciaba el evangelio de la libertad de Cristo. Tuvo todo por pérdida, con tal de agradar a Jesús. Y con referencia a esto, en cierta ocasión expresó lo siguiente:

> *"Si alguien pudiera confiar en sus propios esfuerzos, ese sería yo. De hecho, si otros tienen razones para confiar en sus propios esfuerzos, ¡yo las tengo aún más! fui circuncidado cuando tenía ocho días de vida. Soy un ciudadano de Israel de pura cepa y miembro de la tribu de Benjamín, ¡un verdadero hebreo como no ha habido otro! fui miembro de los fariseos, quienes exigen la obediencia más estricta a la ley judía. Era tan fanático que perseguía con crueldad a la iglesia, y en cuanto a la justicia, obedecía la ley al pie de la letra. Antes creía que esas cosas eran valiosas, pero ahora considero que no tienen ningún valor debido a lo que Cristo ha hecho. Así es, todo lo demás no vale nada cuando se le compara con el infinito valor de conocer a Cristo Jesús, mi Señor. Por amor a él, he desechado todo lo demás y lo considero basura a fin de ganar a Cristo"* .

FILIPENSES 3:4-8 (NTV).

DÍA 225

RESPUESTA PARA ELLOS

En los últimos tiempos, se ha puesto de moda el término inglés "the open mind" o como es su traducción al español "los de mente abierta", término que hace referencia a un grupo de personas que se auto definen como: de amplio criterio, que no tienen prejuicios ni tabúes, que son tolerantes y comprensivos en aspectos sociales y sexuales; y ven la vida más relajada y despreocupada que el resto del mundo.

Sin embargo, debemos tener claro que la vida no nos fue dada para hacer con ella lo que nos venga en gana, sino para agradar con ella, a quien nos la dio. Ya que por todo lo que el hombre haga, tendrá que dar cuenta a su Creador, y esto, según lo que el Creador ha establecido como bueno o malo, y no según como lo que a la "criatura," le parezca que es bueno o malo.

"Porque todos nosotros vamos a tener que presentarnos delante de Cristo, que es nuestro juez. Él juzgará lo que hicimos mientras vivíamos en este cuerpo, y decidirá si merecemos que nos premie o nos castigue".

2 CORINTIOS 5:10 (TLA).

"Porque Dios traerá toda obra a juicio, junto con todo lo oculto, sea bueno o sea malo".

ECLESIASTÉS 12:14 (LBLA).

DÍA 226

SIGUE SUS ORDENES Y ATIENDE A SU CONSEJO

Cuando el Señor te ha dicho lo que debes hacer, no insistas en hacer lo que tu voluntad desea. Tomemos el ejemplo de aquellos personajes bíblicos que, por desobedecer al mandato divino, tuvieron amargas consecuencias, como:

La esposa de Lot: a quien se le había dicho que no debía mirar atrás; lo hizo y se convirtió en estatua de sal. (Ver Génesis 19:26).

Saúl: quien no destruyó a todo el pueblo de Amalec (como Dios le había ordenado a través del profeta Samuel) creyendo que, si guardaba lo mejor del ganado y traía vivo al rey del pueblo, como evidencia de la victoria, sería mejor reconocido. Pero por el contrario, a causa de esto fue desechado y sustituido por un rey mejor que él. (Ver 1 Samuel 15:2-3).

Jonás: quien cerró sus oídos a Dios, yendo exactamente en dirección contraria a la que el Señor lo había enviado. Y como consecuencia de su desobediencia, fue tragado por un pez gigante, dentro del cual pasó tres días y tres noches. (Ver Jonás 1:17).

Por tanto, no cierres tu oído a la voz de Dios, porque el hecho de no obedecerle, al final sólo te traerá dolor, frustración y desaliento.

"Roca mía, no te desentiendas de mí, para que no sea yo, dejándome tú, semejante a los que descienden al sepulcro".

SALMOS 28:1 (RVR 1960).

DÍA 227

DIOS QUIERE LIBRARNOS

Cuando por no obedecer a Dios, las cosas salen mal, muchos preguntan: "*¿Por qué me permite el Señor que yo pase por esto?*".

Pero las consecuencias que terminas enfrentando cuando desobedeces a Dios, son precisamente las que Él quiso evitarte que pasaras, y tú desobedeciste. Así que la culpa de lo que puedas estar enfrentando, no la tiene Dios sino las malas decisiones que hiciste, basadas en sentimientos y emociones, negándote a ser sensible a la dirección que te dio el Señor.

Por tanto, si quieres que te vaya bien en lo que haces, déjate guiar, pero no por lo que tú quieres hacer, sino por lo que el Señor te ha dicho que hagas. Jamás pongas tus emociones y deseos por encima de la voluntad del Señor para tu vida.

Si Dios te dijo que esa relación de noviazgo no es la que quiere para ti ¿por qué insistes en cerrar tus oídos?; si te dijo que ese negocio que te has propuesto emprender no es el correcto ¿por qué no le obedeces?; si ya el Señor te ha dicho cuáles son las cosas que debes de cambiar ¿por qué no lo escuchas?; si Dios te ha dado instrucciones precisas de lo que debes hacer en cuanto a un determinado asunto ¿por qué no decides obedecerlo? Cuando haces lo contrario a lo que el Señor te dice que hagas, por más que te afanes, no serás prosperado y aunque al principio todo parezca perfecto, el final será desastroso.

"Así que Moisés le dijo al pueblo: «Asegúrense de obedecer todos los mandatos del Señor su Dios y de seguir sus instrucciones al pie de la letra. Manténganse en el camino que el Señor su Dios les ordenó que siguieran. Entonces tendrán una vida larga y les irá bien en la tierra donde están a punto de entrar y que van a poseer".

DEUTERONOMIO 5:32-33 (NTV).

DÍA 228

ESCUCHANDO A JETRO

Sin importar el cargo que tengas, la posición que ocupes o lo mucho que conozcas acerca de cualquier área determinada, habrá ocasiones en las que necesitarás la instrucción de alguien más experimentado que tú.

Recibir instrucciones de otros, no es señal de debilidad ni tampoco nos minimiza. Por el contrario, el consejo sabio nos alinea para dar cumplimiento de forma cabal, a nuestro destino.

Moisés, el hombre que hablaba con Dios cara a cara, como habla un hombre con su amigo (ver Éxodo 33:11), para poder ser más efectivo en la misión que el Señor le había encomendado, recibió y puso en práctica las instrucciones que le dio su suegro Jetro.

De igual modo, Dios ha puesto alrededor nuestro, ciertos "Jetros", que representan esas personas más experimentadas que nosotros, para que nos guíen y nos instruyan. Con respecto a esto, John Hus, uno de los primeros reformadores de la iglesia, dijo en una ocasión:

"Cuando discierna una opinión mejor que la que tengo en cuanto a cualquier asunto, humildemente abandonaré mi posición anterior, porque estoy convencido de que las cosas que he aprendido son las menos, en comparación con las que me falta por aprender".

"Oye, hijo mío, y recibe mis razones y se te multiplicarán años de vida" .

PROVERBIOS 4:10 (RVR 1960).

DÍA 229

IDENTIFICANDO A GIEZI

No todas las personas tienen la madurez y la sabiduría necesaria para manejar ciertas informaciones. Cuando murió el hijo de la mujer sunamita, ella salió en busca de Eliseo que estaba en el Monte Carmelo y al ver a la mujer de lejos, el profeta mando a su criado Giezi, a preguntarle si todo iba bien. Pero la mujer respondió al criado diciendo: ***"Todo está bien"***. Sin embargo, al llegar donde estaba el profeta Eliseo, ella le preguntó: ***"¿Acaso pedí yo hijo a mi señor?"***.

Este relato nos muestra el modo que debemos responder a los que nos salen al encuentro, que son del tipo "Giezi", y la importancia de identificar a los que tienen la debida facultad para orientarnos en medio de una determinada situación, tal como lo hizo Eliseo con la mujer sunamita. ¿Por qué contar tus problemas a los "Giezis" que no tienen el nivel necesario para ayudarte a resolverlos?

Procura que la ayuda que necesitas recibir de otros, te sea dada a través de personas que cuentan con la sabiduría, el entendimiento y la conexión con Dios necesaria, para hacerlo del modo correcto. Por tanto, no confundas a los "Elíseos", aquellos que tienen la respuesta indicada para ti, con los "Giezis", a los que al salir a tu encuentro sólo le debes decir: *"Todo está bien. Agradezco la intención que tienes por ayudarme, pero yo ando buscando la orientación de Eliseo"*. (Ver 2 Reyes 4:8-37).

> *"Entonces dijo él (Eliseo) a Giezi: Ciñe tus lomos y toma mi báculo en tu mano y ve; si alguno te encontrare, no lo saludes y si alguno te saludare no le respondas; y pondrás mi báculo sobre el rostro del niño. Y dijo la madre del niño: Vive Jehová y vive tu alma, que no te dejaré".*

2 REYES 4:29-30 (RVR 1960).

DÍA 230

LOS TRES CONSEJOS I

Una pareja de recién casados, era muy pobre y vivía de los favores que le hacían los habitantes del pueblito donde moraban.

Por lo que, cansado de tal situación, un día el esposo le hizo la siguiente propuesta a su esposa: "Querida lo siento, pero tendré que ir a buscar un empleo y trabajar hasta tener las condiciones para regresar y darte una vida digna. No sé cuánto tiempo voy a estar lejos, pero te pido que me esperes y me seas fiel porque te prometo, que yo haré lo mismo".

Así que el joven caminó muchos días a pie, hasta encontrar un hacendado que estaba necesitando de alguien para ayudarlo en su hacienda. El joven llegó, se ofreció y fue aceptado. Pidiendo a su empleador hacer un trato con él, que consistía en lo siguiente: laborar por el tiempo que él quisiera, con derecho a quedar libre de sus obligaciones en el momento que lo dispusiera y que el dinero que se ganara desde el primer día, le fuera retenido hasta el día de su salida.

Estando ambos de acuerdo, aquel joven trabajó durante 20 años, sin recibir su pago, sin vacaciones y sin descanso. Entonces se acercó a su jefe y le dijo:

"Patrón, gracias por haberme empleado durante todo este tiempo, fueron buenos los años que pasé trabajando para usted pero ahora, debo regresar a mi casa". El empleador le respondió: *"Muy bien, hicimos un trato y voy a cumplirlo. Sólo que antes quiero hacerte la siguiente propuesta: Yo te doy tu dinero y te vas, o en vez del dinero, te doy tres consejos y te vas. Vete a tu cuarto, piénsalo y me das la respuesta cuando estés seguro de lo que quieres recibir".*

El hombre lo pensó durante dos días y luego buscó al patrón y le dijo: *"Quiero los tres consejos"*. Entonces el patrón le recordó: *"Si te doy los consejos, no te doy el dinero"*. Y el empleado confirmó: *"Quiero los tres consejos"*. Entonces el patrón le aconsejó:

NUNCA TOMES ATAJOS: Porque los caminos más cortos te pueden costar la vida.

NO SEAS CURIOSO DE AQUELLO QUE REPRESENTE EL MAL: Porque la curiosidad por el mal, puede llegar a ser fatal.

NO TOMES DECISIONES EN MOMENTOS DE DOLOR: Pues puedes arrepentirte cuando ya sea demasiado tarde.

DÍA 231

LOS TRES CONSEJOS II

Después de darle los consejos, el patrón dijo al empleado: *"Aquí tienes tres panes, dos para comer durante el viaje y el tercero para que lo compartas con tu esposa, cuando llegues a tu casa"*. Entonces, el hombre emprendió el camino de regreso a su hogar, de donde había salido veinte años atrás.

Luego de dos días de camino, encontró una persona que le saludó y le preguntó: *"¿Para dónde vas?"*. Él respondió: "Voy para un pueblito distante, que queda a más de veinte días por este camino". Entonces la persona le dijo: *"Oh no, tú no tienes que caminar tanto. Yo conozco un atajo que, si lo tomas, llegarás en cuatro días al lugar donde te diriges"*. Al serle señalado el atajo, el hombre muy contento comenzó a caminar por el, pero no había caminado mucho cuando se acordó del primer consejo: "NUNCA TOMES ATAJOS". Entonces, abandonando el camino corto, volvió a caminar por el camino real. Días después, supo que aquel atajo era solo una emboscada de asesinos y ladrones.

Después de algunos días, cansado al extremo, encontró una pensión a orillas del camino, donde decidió pasar la noche. Pero fue despertado por alguien que emitía fuertes y violentos gritos en horas de la madrugada. Por lo que apresuradamente se levantó y se dirigió hasta la puerta para salir a ver de dónde provenían esos gritos, pero mientras bajaba la escalera, se acordó del segundo consejo: **"NO SEAS CURIOSO DE AQUELLO QUE REPRESENTE EL MAL"**. Así que regresó a su cama y se dispuso dormir nuevamente. Al amanecer, después de tomar café, el dueño de la posada le preguntó, si no había escuchado los gritos y el alboroto durante la madrugada y él contesto que si los había escuchado. *"Y ¿no le dio curiosidad de saber qué pasaba?"* preguntó el propietario. *"No"*, respondió él.

A lo que asombrado, el señor de la posada le respondió: *"Usted es el primer huésped que sale vivo de aquí, pues mi único hijo tiene crisis de locura; grita cada noche y cuando algún huésped sale, lo mata y lo entierra en el quintal"*.

¡Qué bueno es no ser curiosos de aquello que no nos incumbe!

DÍA 232

LOS TRES CONSEJOS III

Luego de esto, el hombre siguió su camino con ansias de llegar a su hogar y después de muchos días y noches de caminata, mientras caía la tarde, finalmente vio entre los árboles humo, saliendo de la chimenea de su pequeña casa. Por lo que aceleró el paso y vio entre arbustos la silueta de su esposa, pero al acercarse un poco más, se dio cuenta que no estaba sola. Tenía sobre su regazo un hombre al que le acariciaba los cabellos y al ver aquella escena, su corazón se llenó de amargura y decidió correr al encuentro de los dos para matarlos sin ninguna piedad. Así que respiró profundo y apresuró aún más sus pasos, pero cuando estaba cerca de la puerta, recordó el tercer consejo: **"NUNCA TOMES DECISIONES EN MOMENTOS DE DOLOR"**.

Entonces se paró, reflexionó y decidió dormir ahí mismo aquella noche, para al día siguiente ir a matarlos. Al amanecer, ya más calmado, dijo para sí mismo: *"No iré a la cárcel por matar a mi esposa y a su amante, mejor volveré con mi patrón a pedirle que me acepte de vuelta. Pero antes de regresar le dejaré saber a esta infiel, que yo siempre le fui fiel"*.

Entonces se dispuso a tocar la puerta de su casa y cuando la esposa abrió la puerta, llena de alegría se le colgó del cuello y lo abrazó afectuosamente. Él trató de quitársela de encima, pero no lo consiguió. Entonces, con lágrimas en los ojos le dijo: *"Yo te fui fiel y tú me traicionaste"*. Al oír eso, la mujer espantada por la seria acusación, le respondió: *"¿Cómo? Yo nunca te traicioné. Te esperé durante veinte años"*. A lo que él indagó, *"¿Entonces quién era ese hombre que acariciabas ayer por la tarde?* Ella le contestó, *"Es nuestro hijo. Cuando te fuiste, descubrí que estaba embarazada y ya tiene veinte años de edad"*.

Entonces al escuchar a su esposa, el marido conoció y abrazó a su hijo y le contó a ambos todo lo que le había acontecido durante esos veinte años. Luego sacó el tercer pan que le había dado el patrón y al cortarlo, se dio cuenta que ahí estaba el dinero equivalente al pago de todos sus años de trabajo.

"Atiendan a mi instrucción, y sean sabios; no la descuiden" .

PROVERBIOS 8:33 (NVI).

DÍA 233

LA CONFIANZA Y EL PERDÓN

Muchas personas no entienden la diferencia entre la confianza y el perdón. El perdón es dejar ir el pasado; mientras que la confianza tiene que ver con el comportamiento futuro que manifieste la persona que perdonamos. El perdón tiene que ser inmediato, aunque no sea pedido por la persona que nos ha agraviado. Pero la confianza tiene que ser reconstruida con el paso del tiempo.

Si luego de haber cometido alguna falta, quieres recuperar la confianza de otros hacia ti, inicia con hablar siempre la verdad. La mayoría de personas no están conscientes de la importancia que tiene decir siempre la verdad, ni de las consecuencias que puede ocasionar una mentira, por más pequeña que ésta sea.

> *"El que quiera amar la vida y gozar de días felices, que refrene su lengua de hablar el mal y sus labios de proferir engaños; que se aparte del mal y haga el bien; que busque la paz y la siga" .*

SALMOS 34:12-14 (NVI).

DÍA 234

AL PASO DE DIOS

Aprender a identificar el tiempo correcto para cada cosa, puede marcar la diferencia entre el éxito y el fracaso. Y es que así como los alimentos que no se les da el debido tiempo de cocción, en vez de alimentarnos nos hacen daño, todo lo que se lleva a cabo de forma prematura trae sus consecuencias.

Por ejemplo, he conocido casos de personas que tienen un gran llamado ministerial de parte de Dios y, basados en el don y el carisma que poseen, emprenden ciertos proyectos antes del debido tiempo, lo cual en vez de ayudarles, les afecta y en vez de promoverles, los estanca. Sin embargo, en ninguna manera me refiero al hecho de volverse inactivo, ni esperar ser un experto para poner en marcha el ministerio que el Señor ha dado, sino más bien a la importancia de ir "al paso de Dios", subiendo con paciencia cada peldaño de la escalera, en vez de querer tomar el elevador.

No trates de forzar la llegada de algo que el Señor ha determinado darte en su debido momento, porque esto no traerá buenos resultados. Como ejemplo, tenemos a José, quien tuvo que pasar por diversos procesos que contribuyeron con su preparación, antes de manejar la grandeza que luego recibiría. Y cuando a modo humano, trató de acelerar el cumplimiento de lo que le había sido marcado, pidiendo al copero que hablara de él ante el Faraón, el copero lo olvidó por completo y no hizo mención del asunto, hasta pasados varios años, sin embargo, cuando se había agotado el tiempo de estar en la cárcel, según los planes del Cielo para José, entonces el Señor dispuso que su nombre se le mencionara a Faraón.

"Y lo sacaron apresuradamente de la cárcel y se afeitó y mudó sus vestidos y vino delante de Faraón".

GÉNESIS 41:14 (RVR 1960).

DÍA 235

NO ADMITAS CO2

Todo lo que se lleva a cabo en forma prematura, trae sus consecuencias. Algunos frutos son arrancados verdes para ser rociados con dióxido de carbono (co2) y hacer que se vean rojos al instante. Lo que hace que a simple vista, parezca que ya están listos para ser comidos, pero el sabor de estos frutos nunca podrá compararse con el de aquellos que se les permitió tener el tiempo suficiente para madurar. Porque más importante que cómo se vea una fruta, es el sabor que debe tener. En otras palabras, **no es lo mismo ser, que parecer.**

El Co2 hace que las frutas y los vegetales parezcan listos, pero es esperar el tiempo indicado para su debida maduración, lo que realmente hace que lo estén. No admitas "Co2" en ninguno de los procesos que Dios ha dispuesto que pases, porque siempre será mejor esperar el tiempo indicado, y no ser hallados con falta de madurez y sabor.

"Así que, amados hermanos míos, estad firmes y constantes, creciendo en la obra del Señor siempre" .

1 CORINTIOS 15:58 (RVA).

DÍA 236

¿CUÁL ES TU NIVEL DE FE?

En cuanto a nuestra confianza en Dios, a través de todo el texto sagrado vemos que existen dos tipos de fe: la que usted deposita en el cumplimiento de las promesas que le ha dado el Señor, y la que se mantiene creyendo a Dios aún en medio de los más fuertes sufrimientos. Ambos tipos de fe son buenos y legítimos pero el segundo, representa un nivel de confianza mucho más profundo y maduro que el primero.

La mayor parte de creyentes en el mundo, tienen el tipo de fe que solo espera ver el cumplimento de las promesas y aunque no hay nada malo en eso (porque Dios nos ha dado muchas y preciosas promesas en las que Él quiere que esperemos) nuestra fe madura, a través de los momentos de crisis y los tiempos de sufrimiento. Una cosa es creer porque recibimos siempre todo lo que pedimos, y otra cosa es continuar creyendo, aunque no recibamos lo que queremos y aunque todo parezca desplomarse.

A muchas personas se les facilita mostrar fe cuando todo les sale de la forma esperada, pero ¿podrían mostrar el mismo nivel de fe si pierden el empleo? ¿Si se les niega el ascenso? ¿Si se les incendia la casa? ¿Si pierden a un ser querido o si le diagnostican alguna enfermedad incurable? Al presentarse en tu vida algún escenario de estos ¿sería tu fe capaz de sobrevivir?

Debemos pedir al Señor cada día, que nos ayude a desarrollar el tipo de fe capaz de soportar desastres, que no se desvanezca ante los sufrimientos, que no se amedrente ante los hornos calentados siete veces más de lo normal, ni ante los gigantes que sean 10 veces mayores que nosotros. Una fe que nos haga cantar estando en la cárcel y que nos lleve a hacer fiesta aun en medio de los más candentes desiertos. Una fe que nos permita decir con toda firmeza ante cualquier situación o pérdida, lo dicho por el patriarca Job:

***"Aunque él me matare, yo seguiré esperando en él"*.**

JOB 13:15 (RVR 1960).

DÍA 237

NO TE IRÁS ANTES

El sueño que el Señor puso en tu corazón, te hace inmortal hasta que se cumple. Por lo que si vives conforme a la voluntad de Dios para tu vida y todavía no has visto lo que Él ha dicho de ti, la enfermedad no podrá matarte, la angustia no podrá limitarte, la oposición no podrá frenarte y ningún espíritu inmundo, por más que lo desee, podrá dañarte.

Te irás de la tierra en el tiempo que Dios determinó que te irás, ten por seguro que no será antes.

No le des a tus circunstancias el poder para detener tu destino. El mismo fuego que derrite la cera, endurece al barro y como ya vimos en capítulos anteriores, no es lo que te pasa, sino tu reacción ante ello, lo que realmente importa.

"El Señor de los Ejércitos Celestiales hizo este juramento: «Sucederá tal como yo lo tengo planeado...".

ISAÍAS 14:24 (NTV).

DÍA 238

TOMANDO BUENAS DECISIONES

A todos nos toca tomar decisiones diariamente. Algunas sencillas, como el tipo de vestuario o peinado que vayamos a usar para un día o evento determinado; y otras de más envergadura, en las que sino decidimos bien, se podrían ver afectados de forma significativa, nuestro presente y nuestro futuro. De hecho, es posible que en los actuales momentos estés a punto de tomar una decisión que impacte en gran manera tu modo de vivir y debido a la importancia de la misma, te preguntes: *¿Qué debo hacer para asegurarme de que la decisión que voy a tomar es la mejor?* Si ese es tu caso, con el fin de ayudarte te recomiendo que hagas lo siguiente:

Considera detenidamente los resultados que puedes llegar a tener: Considera todos los aspectos acerca de la decisión que vas a tomar y verifica si la misma está respaldada por la Palabra de Dios. Porque de no estarlo, tal decisión no es la correcta. Tal como la Biblia lo expresa en el libro de los Salmos 119:105 *"Lámpara es a mis pies tu palabra y lumbrera a mi camino"*.

No te dejes llevar por las emociones: Jamás tomes decisiones sólo basadas en emociones porque dichas decisiones, nunca resultan en bien. *"Más vale ser paciente que valiente, más vale vencerse uno mismo que conquistar ciudades"* .

Proverbios 16:32 (DHH).

Busca el consejo de sabios: Además de lo antes dicho, en algunas ocasiones para tomar buenas decisiones se hará necesario contar con el apoyo de consejeros, que pudieran ser nuestros guías espirituales o personas experimentadas en una determinada rama. A esto hizo referencia el sabio Salomón al escribir: *"No salgas a la guerra sin consejo sabio; porque la victoria depende de que tengas muchos consejeros"* .

PROVERBIOS 24:6 (NTV).

Confía plenamente en Dios para que todas las cosas te salgan bien:

> *"Pon tu vida en sus manos, confía plenamente en Él, y Él actuará en tu favor"* .
>
> SALMOS 37:5 (TLA).

DÍA 239

CÓMO VENCER EL MIEDO I

No es valiente quien no tiene miedo; valiente es quien sabe conquistarlo. Todos en algún momento hemos sentido miedo. De hecho, gracias a esto hemos llegado a sobrevivir en ocasiones en las que hemos sido expuestos ante algún peligro. A este tipo de miedo se le conoce como equilibrante, porque está asociado a la prudencia y nos permite reconocer aquellas situaciones que pueden poner en peligro nuestra seguridad.

Cuando nos encontramos ante una situación de temor, nuestro cuerpo sufre una serie de cambios. El corazón palpita con más velocidad para enviar sangre a las extremidades y al cerebro; las pupilas se dilatan y se producen tres hormonas que son: la adrenalina, la noradrenalina y los corticoides, también llamados hormonas del miedo.

Los corticoides, impiden que se produzca la conexión entre nuestras neuronas y la sinapsis, que es la base de la creatividad. Por tanto, es biológicamente imposible que una persona sea capaz de desarrollar todo su potencial, cuando vive en constante miedo. Pero ¿cómo podemos conquistar el miedo? Con referencia a esto, he aquí la palabra que nos da el Señor:

> *"Esforzaos y cobrad ánimo; no temáis, ni tengáis miedo de ellos porque Jehová tu Dios es el que va contigo; no te dejará, ni te desamparará... No temas ni te intimides".*

DEUTERONOMIO 31:6, 8 (RVR 1960).

DÍA 240

CÓMO VENCER EL MIEDO II

Cuando crece tu confianza en la fidelidad y el poder de Dios, desaparecen tus temores, y aunque en ciertas ocasiones el miedo te quiera visitar, puedes aferrarte a las diversas promesas que Dios nos ha dado al respecto, como son las siguientes:

Si tienes temor al hombre:

"Si yo soy quien te consuela, entonces ¿por qué les temes a simples seres humanos que se marchitan como la hierba y desaparecen?"

ISAÍAS 51:12 (NTV).

Si tienes temor a lo desconocido:

"Yo soy quien te manda que tengas valor y firmeza. No tengas miedo ni te desanimes porque yo, tu Señor y Dios, estaré contigo dondequiera que vayas".

JOSUÉ 1:9 (DHH).

Si tienes temor al fracaso:

"Pues yo te sostengo de tu mano derecha; Yo, el Señor tu Dios. Y te digo: "no tengas miedo, aquí estoy para ayudarte" .

ISAÍAS 41:13 (NTV).

Si tienes temor a la enfermedad y la muerte:

"Aunque pase por caminos oscuros y tenebrosos, no tendré miedo, porque tú estás a mi lado; tu vara y tu bastón me reconfortan" .

SALMOS. 23:4 (PDT).

"El Señor es quien te cuida, el Señor es tu sombra protectora" .

SALMOS 121:5 (NVI).

DÍA 241

NO DEJES QUE TE VISITE

No dejes que el miedo te visite, porque este no es un buen huésped. Rechaza todo temor que quiera paralizarte y recuérdale:

"El Señor es mi luz y mi salvación. ¿A quién podría yo temerle? el Señor es la fortaleza de mi vida, así que no le temo a nadie" .

SALMOS 27:1 (PDT).

"Dios es quien me salva; tengo confianza, no temo. El Señor es mi refugio y mi fuerza, Él es mi salvador" .

ISAÍAS 12:2 (DHH).

"Él está en medio de mí y es guerrero victorioso".

SOFONÍAS 3:17 (RVR 1960).

"Ustedes no recibieron un espíritu que de nuevo los esclavice al miedo, sino el espíritu que los adopta como hijos y les permite clamar: «¡Abba! ¡Padre!"

ROMANOS 8:15 (NVI).

"Pues Dios no nos ha dado un espíritu de temor y timidez sino de poder, amor y autodisciplina".

2 TIMOTEO 1:7 (NTV).

DÍA 242

A TRAVÉS DE SU LUPA

Una de las especialidades de nuestro enemigo, es tomar cosas que son mínimas para hacer que parezcan grandes. Dañando de esta forma la mente y las emociones de aquellos que no conocen sus artimañas. Haciendo que ellos piensen lo que no es, y que vean y escuchen cosas que realmente no existen. En otras palabras, nuestro enemigo es experto tomando simplezas para hacer que las veamos a través de su "lupa".

Por lo que si estás leyendo esto, ya no le permitas a Satanás seguir abusando de ti con sus finas artimañas. No dejes que te desenfoque, somete tus pensamientos y ansiedades a los pies del Señor, porque Él tiene cuidado de nosotros y de todo lo que es nuestro.

Echa fuera de tu mente y saca de tus emociones todo lo que quiera robarte la paz y quitarte el gozo. Si así lo haces, puedes tener la certeza de que cualquier cosa que realmente esté aconteciendo, Dios al ver que has decidido depositar todo en sus manos, se encargará de pelear por ti y de cuidar lo que te pertenece.

"… Echando toda vuestra ansiedad sobre Él, porque Él tiene cuidado de vosotros".

1 PEDRO 5:7 (RVR 1960).

"… Derribando argumentos y toda altivez que se levanta contra el conocimiento de Dios, y llevando cautivo todo pensamiento a la obediencia a Cristo".

2 CORINTIOS 10:5 (RVR 1960).

DÍA 243

EL ACCIONAR DE LOS INDETENIBLES, LAS VERDADERAS VÍCTIMAS

Nuestra verdadera lucha no es carnal, es espiritual. Tu guerra no es con personas. De hecho, la gente que te hace guerra son las verdaderas víctimas de Satanás y no tú, porque como títeres de su propiedad él las utiliza, sin que ellas alcancen a discernir que están siendo utilizadas como su vil juguete.

Así que no te reveles contra las víctimas del adversario, sino contra quien está haciendo uso de ellos para atacarte. Recordando siempre que:

- Mayor es el que está contigo, que el que está en contra de ti.
- Tu verdadero enemigo no tiene nada nuevo, sino que usa las mismas tácticas, a través de diferentes personas.

Dios puso a tu disposición una artillería pesada para enfrentarlo.

"Pues, aunque andamos en la carne, no militamos según la carne; porque las armas de nuestra milicia no son carnales, sino poderosas en Dios para la destrucción de fortalezas".

2 CORINTIOS 10: 3-4 (RVR 1960).

"Para que Satanás no gane ventaja alguna sobre nosotros; pues no ignoramos sus maquinaciones".

2 CORINTIOS 2:11 (RVR 1960).

DÍA 244

SUS DIFERENTES TRAJES

Nuestro adversario, es un estratega y para hacer que su ataque contra nosotros tenga el mayor efecto posible, hace uso de las personas que amamos, de aquellos que tenemos cerca y de los que (directa o indirectamente) tienen alguna influencia sobre nosotros, porque como vimos en el capítulo anterior, él busca que nos revelemos en contra del canal, que son las personas que él utiliza, y no contra la fuente del ataque, que es él. Porque si atacas al canal y no a la fuente, en vez de traer solución, harás que se empeoren las cosas.

Haz uso de las armas espirituales y desecha las armas carnales, porque jamás podrás ganar una batalla espiritual peleando en la carne. Así que, a partir de este día, reenfócate y comienza a pelear tus guerras del modo correcto.

"Porque no tenemos lucha contra sangre y carne, sino contra principados, contra potestades, contra los gobernadores de las tinieblas de este siglo, contra huestes espirituales de maldad en las regiones celestes".

EFESIOS 6:12 (RVR 1960).

DÍA 245

VESTIDOS Y ARMADOS I

Así como los soldados de los ejércitos terrenales, llevan puesta una armadura, nosotros también como ejército de Dios, debemos llevar una. Por lo que tenemos que conocer a cabalidad los elementos que contiene dicha armadura y considerar las directrices que se nos dan, acerca de esos elementos. Entonces iniciemos:

1. Cíñete con el cinturón de la verdad:

El cinturón de la verdad debe ceñir nuestros corazones y nuestras mentes. La verdad nos mantiene seguros en Cristo y hace que todas las demás piezas de la armadura, funcionen de manera eficiente. "Jehová ¿quién habitará en tu tabernáculo? ¿Quién morará en tu monte santo? el que anda en integridad y hace justicia y habla verdad en su corazón" .

SALMOS 15:1-2 (RVR 1960).

2. Ponte la coraza de justicia:

Un soldado que tiene puesta la coraza, se adentra en la batalla confiado y con valentía. El diablo está constantemente atacándonos con diferentes mentiras, acusaciones y dardos, los que, sin la coraza de justicia, traspasarían hasta llegar a nuestro corazón. Pero cuando llevas puesta la coraza, te convences de tu identidad en Cristo y te aferras a la justificación que has recibido a través de Él. *"Justificados pues por la fe, tenemos paz para con Dios por medio de nuestro Señor Jesucristo"*. Romanos 5:1-2 (RVA).

DÍA 246

VESTIDOS Y ARMADOS II

Para dar continuidad a lo antes dicho, proseguiremos explorando nuestra armadura con los siguientes elementos:

3. Cálzate con el calzado de la paz:

El calzado, nos permite pisar con libertad y sin temor mientras nos enfocamos de lleno en la batalla. Además de impulsarnos en la proclamación de la paz verdadera, que sólo existe en el Señor. *"... Y calzados con la disposición de proclamar el evangelio de la paz"*. Efesios 6:15 (NBD).

4. Toma el escudo de la fe:

El escudo de la fe tiene una función específica, sobre la cual la Biblia es muy clara: **apagar todas las flechas encendidas del maligno.** Note que el texto no dice algunas, sino todas. Debemos mover el escudo de nuestra fe, en todas las direcciones en las que el enemigo nos ataque. *"Además de todo esto, tomen el escudo de la fe, con el cual pueden apagar todas las flechas encendidas del maligno"*. Efesios 6:16 (NBD).

5. Ponte el casco de la salvación:

No permitas que tu mente se contamine con malos pensamientos. Recuerda que has sido lavado con la sangre de Cristo. Muchos de los pecados que cometemos, tienen origen en nuestra mente. Porque los malos pensamientos (si no los desechamos) se convierten en malos sentimientos, que finalmente pasan a convertirse en malas acciones.

"Enójense, pero no pequen; reconcíliense antes de que el sol se ponga, y no den lugar al diablo".

EFESIOS 4:26-27 (RVC).

6. Toma la espada:

La espada del Espíritu, representa la palabra de Dios, la cual si no conocemos, no podemos usar, y si no usamos, nos volvemos vulnerables ante los engaños y trampas que nos presenta el enemigo. Por tanto, ármate con la palabra de Dios porque sin importar lo fuerte que sea la guerra, con ella siempre podrás defenderte.

"En mi corazón he guardado tus dichos, para no pecar contra ti" .

SALMOS 119:11 (RVR 1960)

DÍA 247

CONTIGO EN LA BATALLA

Dios nunca te dejará solo en medio de tus batallas. De hecho, a mayor nivel de guerra, mayor nivel de gloria se manifestará a tu favor. Por eso cada vez que estés bajo ataque, recuerda las diferentes promesas que para esos momentos, nos ha hecho el Señor. Entre las cuales están las siguientes:

"Ninguna arma forjada contra ti prosperará, y condenarás toda lengua que se levante contra ti en juicio" .

ISAÍAS 54:17 (RVR 1960).

"Yo iré delante de ti y allanaré los lugares escabrosos; romperé las puertas de bronce y haré pedazos sus barras de hierro" .

ISAÍAS 45:2 (LBA).

"Cuando salgas a pelear contra tus enemigos y veas un ejército superior al tuyo, con muchos caballos y carros de guerra, no les temas, porque el Señor tu Dios, que te sacó de Egipto, estará contigo para librarte" .

DEUTERONOMIO 20:1 (NVI).

"El Señor entrena mis manos para la guerra y da destreza a mis dedos para la batalla" .

SALMOS 144:1 (NTV).

"Cuando se juntaron contra mí los malignos, mis angustiadores y mis enemigos, para comer mis carnes, ellos tropezaron y cayeron. Aunque un ejército acampe contra mí, no temerá mi corazón; aunque contra mí se levante guerra, yo estaré confiado" .

SALMOS 27:2-3 (RVR 1960).

DÍA 248

ACLAREMOS ESTO

Al apóstol Pablo lo acusaban de no ser un genuino apóstol como los doce discípulos que anduvieron con Jesús. Sin embargo, en vez de dejar que tales acusaciones lo detuvieran, hizo la siguiente declaración:

> *"Aunque otros piensen que no soy apóstol, ciertamente para ustedes lo soy. Ustedes mismos son la prueba de que soy apóstol en el Señor".*
>
> 1 CORINTIOS 9:2 (NTV)

Y a esto el apóstol añade:

> *"De aquí en adelante nadie me cause molestias; porque yo traigo en mi cuerpo las marcas del Señor Jesús"*
>
> GÁLATAS 6:17 (RVR 1960).

En aquella época, los esclavos llevaban las marcas de sus amos grabadas en sus cuerpos para revelar a quien pertenecían, y Pablo también tenía las de su Amo que era Jesús. Ver (Hechos. 14:19; 2 Corintios 4:10; 6:4-5; 11:23-28).

Quería que todos le vieran como el esclavo del Señor Jesús, como el embajador en cadenas de su Dueño. Por lo que, al hacer una paráfrasis a esta declaración, obtenemos lo siguiente:

"No tengo necesidad de discutir lo que soy, ustedes son el fruto que pone en evidencia mi llamado. Así que dejando esto en claro, sin importar lo que haya acontecido de ayer hacia atrás, de ahora en adelante no dejaré que nadie, absolutamente nadie (sin excepción alguna) pueda causarme alguna molestia. Porque no permitiré que sus acusaciones tengan en mí, ningún tipo de efecto".

Cuando alguien te insulte, no te rebajes haciendo lo mismo, responde de tal manera que dejes desarmados a tus opresores.

DÍA 249

QUÍTALE EL CONTROL

Cuando lo que te hacía llorar ya no te afecta, te das cuenta de lo mucho que has crecido.

Las cosas que te molestan y te producen dolor, son las que el enemigo siempre usará para atacarte y hasta que no las superes, él se mantendrá haciendo uso de lo mismo.

En ocasiones, algunas personas me preguntan: *"¿Porqué el ataque tiene que venir de la gente que amo y de los que se suponen que tienen que ser mis mejores aliados?"* Ante tal interrogante también, les respondo con una pregunta: *"¿Crees que el efecto del ataque sería el mismo si el enemigo usara a alguien que no sea significativo para ti?"* Entonces ellos responden: *"No"*.

No podemos tener control sobre los ataques que nos hace el adversario, pero si podemos impedir que estos ataques, nos dañen.

Desecha todo lo que tiene potencial para intoxicarte; niégale la entrada a todo lo que pueda dañar tu espíritu.

Quítale el control al enemigo, y has que a partir de este día, aquello que él consideraba ser su mejor arma para herirte, pierda su efecto. Deja las cosas en manos de Dios; no sigas llorando y quejándote por lo mismo. Toma la decisión de revelar con tu actitud que has crecido, que estás en otro nivel y que ya no eres el mismo.

"... Pórtense varonilmente y sean fuertes" .

1 CORINTIOS 16:13 (NBLH).

DÍA 250

NO DEJES QUE LO LOGRE

En una ocasión, una amiga y compañera de ministerio me comunicó que duraría al menos un año sin ministrar, porque consideraba que el nivel de ataque en el que se encontraba, era tan fuerte que la había debilitado y sentía que no tenía fuerzas para seguir. Cuando terminó de expresarse, le pedí que me permitiera presentarla en oración durante algunos días. Porque sabía que el ataque venía por ella ser la amenaza que es, para el reino de las tinieblas. Así que oré fervientemente a Dios para que me diera una palabra que le sirviera de dirección a esta ministra de Él, y mientras oraba el Señor puso en mi espíritu las siguientes palabras: *"Antes de atacarla, el enemigo se trazó como meta, callarla y paralizarla. Pregúntale si va a dejar que lo logre".*

Al recibir esto, la llamé inmediatamente, le dije lo que Dios me había hablado y ella fue fortalecida. Decidió continuar su ministerio y donde quiera que el Señor la enviaba fluía con mucha más fuerza que antes, aun en medio de la intensa batalla que estaba librando en ese tiempo. Esto nos lleva a recordar que nuestro adversario siempre trabaja trazándose metas y objetivos específicos, a través de cada uno de los ataques que arma contra nosotros. Pero es nuestra decisión, si lo dejamos llevarse la victoria o no. Partiendo de esto, te haré la siguiente pregunta:

¿Dejarás que el maligno te paralice a través de sus artimañas y ataques? o ¿seguirás adelante aun en medio de las circunstancias que puedas estar atravesando ahora?

Hazle saber al enemigo que no le cederás lo que es tuyo, que no estás dispuesto a rendirte, y que la guerra no termina hasta que tú te lleves la victoria.

"...Pero nadie ha hecho el arma que pueda destruirte. Dejarás callado a todo el que te acuse. Esto es lo que yo doy a los que me sirven: la victoria.» El Señor es quien lo afirma" .

ISAÍAS 54:17 (DHH)

DÍA 251

REEDIFICA

El término reedificar, implica construir de nuevo algo que ha sido destruido o dañado. En hebreo, es "bana" y se traduce como: poner cimientos, reparar, levantar. Partiendo de esto, resulta interesante ver cómo el llamado de Nehemías, no inició por medio de una aparición de fuego, ángeles, terremotos o nada que se le parezca; sino que su llamado despertó al observar una necesidad, que era la de reedificar los muros de Jerusalén, que habían sido destruidos.

Muchas personas esperan que algo extraordinario les acontezca para ejercer su llamado. Sin embargo, hay ocasiones en las que Dios espera que sean las diversas necesidades que continuamente presenciamos, las que nos muevan a iniciar una determinada labor. El nombre de Nehemías significa: "Jehová trae consolación" y precisamente esto fue lo que él trajo, a través de la reedificación que realizó.

Generalmente, las murallas se construían para proteger una ciudad o un pueblo de los ataques de los enemigos. Toda ciudad sin muralla tenía entrada abierta a sus detractores. Pero además de esto, las murallas de Jerusalén eran símbolo de la prioridad del pueblo en mantenerse puros y apartados como el pueblo escogido de Dios. Sin embargo, toda obra digna, trae oposición; y la acción de Nehemías, no iba a ser la excepción.

"Cuando Sambalat se enteró de que estábamos reconstruyendo la muralla, se enojó muchísimo. Se puso furioso y se burló de los judíos, diciendo ante sus amigos y los oficiales del ejército de Samaria: «¿Qué cree que está haciendo este pobre y debilucho grupo de judíos? ¿Acaso creen que pueden construir la muralla en un día por tan sólo ofrecer unos cuántos sacrificios? ¿Realmente creen que pueden hacer algo con piedras rescatadas de un montón de escombros, y para colmo piedras calcinadas?».

Tobías, el amonita, que estaba a su lado, comentó: «¡Esa muralla se vendría abajo si tan siquiera un zorro caminara sobre ella!"

NEHEMÍAS 4:1-3 (NTV).

Entonces a continuación, observemos lo que pasa...

DÍA 252

YO NO PUEDO DESCENDER

Partiendo de lo antes dicho, notemos que la furia del adversario se enciende al ver a alguien "edificando," en los asuntos de Dios.

"Cuando Sambalat se enteró de que estábamos reconstruyendo la muralla, se enojó muchísimo".

Pero si el enemigo ve que su furia no detiene al que edifica, entonces hará burla de él. *"Y se burló de los judíos. Y dijo: ¿Qué cree que está haciendo este pobre y debilucho grupo de judíos?"*

Y si ve que por encima de su furor y de su burla, el que edifica se mantiene trabajando, buscará que se desenfoque para que no pueda terminar la obra que comenzó. Esto último, fue lo que más adelante trataron de hacer los enemigos de Nehemías.

> *"Sambalat y Guesén me enviaron un mensaje para que me entrevistara con ellos en una de las aldeas de la vega de Onó. Sin duda tramaban hacerme algún daño, por lo que les envié mensajeros con esta respuesta: la obra que tengo entre manos es de gran envergadura y no puedo descender. ¿Por qué he de interrumpir la obra y abandonarla para ir a entrevistarme con ustedes? Cuatro veces me vinieron con este mensaje y siempre respondí lo mismo".*
>
> NEHEMÍAS 6:2-4 (BLPH).

La actitud de Nehemías, es la misma que debemos mostrar nosotros, siempre que el adversario busque hacer que nos desenfoquemos y abandonemos lo que hemos iniciado.

En otras palabras la respuesta ante tal intento debe ser **No bajaré ni saldré a encontrarme contigo...** *"La obra que tengo entre manos es de gran envergadura y no puedo descender".*

DÍA 253

NO ME ESCONDERÉ

Ante la respuesta emitida por Nehemías a la propuesta de sus enemigos, éstos se enfurecieron aún más y como súbditos de Satanás que eran, fueron incitados para que procuraran dar muerte a Nehemías.

Ante tal situación, alguien le aconsejo diciendo: *"Reunámonos dentro del templo de Dios y cerremos las puertas con cerrojos, tus enemigos vienen a matarte esta noche"*. Pero en vez de prestar atención a tales palabras, Nehemías respondió diciendo: *"¿Acaso debería una persona en mi posición huir del peligro? ¿Acaso debería alguien en mi posición entrar al templo para salvar su vida?* ***¡No lo haré!"*** (Ver 6:11).

A través de tal expresión, Nehemías deja en claro lo siguiente:

"Mis enemigos no me harán correr, porque yo tengo un propósito muy marcado. Sé lo que hago, conozco a aquel para quien lo hago y no dejaré que nada ni nadie detenga la obra que he iniciado".

Por tanto, aunque el adversario de muchas maneras trate de intimidarte, aunque el miedo quiera paralizarte y aunque la envidia de otros quiera frenarte, no olvides que una vez que has puesto tus manos en una determinada obra, volver atrás no es una opción.

"He visto asimismo que todo trabajo y toda excelencia de obras, despierta la envidia del hombre contra su prójimo".

ECLESIASTÉS 4:4 (RVR 1960).

DÍA 254

CREYÉNDOLE A ÉL

Nuestro Dios, es especialista obrando en medio del caos, haciendo de lo imposible lo posible y llamando lo que no es, como que es. Es por esto que cuando verdaderamente le conocemos, entendemos que Él es quien nos hace perseguir metas mayores a nosotros mismos, y nos hace caminar por donde otros no se atreven a entrar.

Nos guía a lugares que no conocemos como hizo con Abraham. (Ver Génesis 12:1).

Nos hace creer en algo que nadie ha visto como lo hizo con Noé. (Ver Génesis 6:14).

Nos manda a hacer cosas que no tienen sentido, como lo hizo con Pedro cuando lo envió a pescar y abrir la boca del primer pez que hallara, para que de ahí sacara el dinero de pagar los impuestos. (Ver Mateo 17:27).

Y es que los que son guiados por Dios, no dependen de lo que ven, caminan hacia lo que creen.

"Porque todos los que son guiados por el Espíritu de Dios, los tales son hijos de Dios".

ROMANOS 8:14 (LBA).

DÍA 255

NO SE EXPLICA, SE REVELA

Cuando llegue la hora de dar cumplimiento a lo que Dios se ha propuesto hacer contigo, muchos se asombrarán, algunos no lo entenderán y otros tratarán de sacar conclusiones basadas en lo que ellos creen que saben de ti.

Veamos este ejemplo:

"Y venido a su tierra, les enseñaba en la sinagoga de ellos, de tal manera que se maravillaban, y decían: ¿De dónde tiene éste esta sabiduría y estos milagros? ¿no es éste el hijo del carpintero? ¿no se llama su madre María, y sus hermanos, Jacobo, José, Simón y Judas? ¿no están todas sus hermanas con nosotros? ¿De dónde, pues, tiene éste todas estas cosas?"

MATEO 13:54-56 (RVR 1960).

Pero Jesús no le respondía palabra, sino que seguía caminando cumpliendo con la misión que el Padre le había encomendado. Porque el ministerio no se explica, se revela.

Así que, cuando seas cuestionado por personas que no entienden lo que Dios está haciendo contigo, no trates de explicárselo, solo sigue trabajando en la encomienda que Dios te ha dado. Porque **la autenticidad de tu ministerio no depende de lo que otros creen de ti, sino de lo que el Señor ya dijo acerca de ti.**

"Y hubo una voz de los cielos que decía: Este es mi Hijo amado, en quien tengo complacencia".

MATEO 3:17 (RVR 1960).

DÍA 256

SI NO LO CONSIGUES, CRÉALO

Jeffrey Bezos, abandonó su trabajo en Wall Street para abrir su propio negocio en el garaje de su casa, el cual consistía en vender libros por internet. Hoy día, luego de varios años de duro trabajo y esfuerzo continuo, lo que inició como un sencillo negocio de marquesina, es la compañía más grande del mundo en ventas por internet, la cual conocemos como Amazon.

Este ejemplo, nos deja claro que el estancamiento jamás debería ser una opción para nosotros. Por lo que, si no puedes conseguir un empleo, quizás debas considerar la posibilidad de crear uno tú mismo.

"El alma del perezoso desea y nada alcanza; Mas el alma de los diligentes será prosperada" .

PROVERBIOS 13:4 (NVI).

DÍA 257

NO LO ENTIERRES, LLÉVALO AL QUE TE LO DIO

Cuando el hijo de la Sunamita enfermó, estaba con su padre a quien consideraba ser su fuente, pero el padre al verlo enfermo, pidió a uno de sus criados que lo llevara a la madre porque entendía que de ella el muchacho había salido.

Cuando el niño muere en las rodillas de aquella mujer, ella no lo enterró, sino que llevó esta situación a aquel de donde (según ella) había salido, y fue a encontrarse con el profeta Eliseo. Pero el profeta, consciente de que había sido Dios y no él, quien había provisto de hijo a la sunamita, acudió al Señor en oración para que respondiera por ese milagro del cual, Dios era la verdadera Fuente.

> *"Y venido Eliseo a la casa, he aquí que el niño estaba muerto tendido sobre su cama. Entrando él entonces, cerró la puerta tras ambos, y oró a Jehová. Volviéndose luego, se paseó por la casa a una y otra parte, y después subió, y se tendió sobre él nuevamente, y el niño estornudó siete veces, y abrió sus ojos... Y entrando ella, él le dijo: Toma tu hijo".*
>
> 2 REYES 4:32-33, 35-36 (RVR 1960).

POR TANTO, CUANDO LO QUE DIOS TE DIÓ PAREZCA MUERTO, NO LO ENTIERRES, LLÉVASELO AL QUE TE LO DIÓ.

DÍA 258

EN LAS MANOS CORRECTAS

Lo poco se vuelve mucho y lo que parece inútil, se vuelve útil cuando llega a las manos correctas. Como ejemplo de esto tenemos a:

- Sansón, quien al ser atacado por los filisteos, el Espíritu de Jehová vino sobre él y hallando una quijada de asno fresca, la usó como arma de destrucción masiva, con la que mató a mil hombres del ejército enemigo.
- El puñado de harina y el poco de aceite de la viuda de Sarepta, que milagrosamente se multiplicaba mientras que ella lo usaba para dar de comer al profeta, a su hijo y también comer ella.
- El poco de aceite en el cántaro de la viuda endeudada, que se multiplicó hasta llenar muchos otros cántaros, y dejó de fluir sólo cuando ya no había más vasijas en las que el aceite se pudiera depositar.
- Finalmente, con tan sólo 5 panes y 2 peces fue alimentada una multitud de más de 5.000 personas, sin contar las mujeres y los niños que habían ido tras Jesús, a un lugar desierto.

POR TANTO, NO SUBESTIMES AQUELLO QUE A SIMPLE VISTA PARECE POCO, PORQUE SUELE CONVERTIRSE EN MUCHO CUANDO LLEGA A LAS MANOS CORRECTAS.

DÍA 259

HORA DE DESPERTAR

El deseo de Dios, es que no dejes de avanzar hacia el cumplimento del propósito que Él tiene contigo, independientemente de lo que puedas estar pasando. Por eso, siempre que te debilitas, Él está presto a traer a tu vida un nuevo despertar, tal como el que vemos en el siguiente pasaje:

"Y el Señor despertó el espíritu de Zorobabel hijo de Salatiel, gobernador de Judá, el espíritu del sumo sacerdote Josué, hijo de Josadac y el espíritu de todo el remanente del pueblo. Así que vinieron y comenzaron la obra".

HAGEO 1:14 (NBLH).

La palabra "despertar" utilizada en este pasaje, según el texto original, es "ur" y significa: abrir los ojos, avivar, levantar y mover.

Por lo que en este día declaro que son abiertos tus ojos, que es avivado tu espíritu, que te levantas del piso y que das inicio a la obra que Dios te ha puesto delante.

"Despierta tú que duermes, levántate de entre los muertos y te alumbrará Cristo".

EFESIOS 5:14 (LBA).

DÍA 260

REFUERZA TUS ZAPATOS

El hecho de pasar por las turbulencias de la vida, es inevitable; pero permitir que estas nos estanquen, es inaceptable. No le des a las dificultades que se te presentan, el poder de llevarte a vivir por debajo del nivel para el cual fuiste marcado. Ármate de valentía y dile a tu circunstancia: *"No permitiré que me detengas. Jamás tendrás acceso a tal poder"*.

Si el camino que lleva a tu destino está lleno de afiladas rocas y puntiagudas espinas, refuerza tus zapatos, pero por nada dejes de caminar a traves de él.

> *Porque "estamos atribulados en todo, mas no angustiados; en apuros, mas no desesperados; perseguidos, mas no desamparados; derribados, pero no destruidos; llevando en el cuerpo siempre por todas partes la muerte de Jesús, para que también la vida de Jesús se manifieste en nuestros cuerpos".*

2 CORINTIOS 4:8-10 (RVR 1960).

DÍA 261

Y AUN SAÚL, ASÍ LO SABE

En 1 Samuel 23:16, la Biblia dice: *"Entonces se levantó Jonatán hijo de Saúl y vino a David y fortaleció su mano en Dios. Y le dijo: no temas, pues no te hallará la mano de Saúl mi padre, y tú reinarás sobre Israel...* ***Y aun Saúl mi padre, así lo sabe".***

Gran parte de lo que estas atravesando hoy, se debe a lo glorioso que será el nivel, donde Dios te pondrá más adelante.

Saúl no estaba persiguiendo simplemente al hijo de Isaí, sino al próximo rey de Israel, el cual sería su sucesor. De igual manera, Satanás no sólo persigue lo que eres ahora, sino lo que llegarás a ser más adelante. Así que ¡resiste! porque ciertamente no te quedarás en el nivel donde estás.

Una bendición muy grande se aproxima para tu vida y esto es algo tan cierto, firme y verdadero que aun aquellos que operan en tu contra, bajo el espíritu de "Saúl", **así lo saben.**

DÍA 262

CON LAS COORDENADAS CORRECTAS

Si alguna vez has conducido bajo fuertes tormentas, entonces te has dado cuenta que las mismas, afectan tu visibilidad de modo que se hace difícil ver lo que tienes delante. Muchos por causa de esto, reducen la velocidad y otros incluso, deciden detenerse. Pero a los que andan por fe y no por vista, las tormentas de la vida no les reducen el paso y mucho menos los sacan de circulación, porque conocen y tienen la plena certeza de que por encima de la tormenta, sin importar qué tan fuerte ésta sea, se encuentra el Señor, y Él se encarga de darnos las coordenadas correctas.

"El Señor mira desde el cielo y ve a toda la raza humana. Desde su trono observa a todos los que viven en la tierra" .

SALMOS 33:13-14 (NTV).

DÍA 263

FORASTERO EN TIERRA AJENA

No manejes lo que es temporal como si fuera permanente. Si lo que Dios te prometió, no es lo que estás viviendo ahora, entonces lo que estas atravesando en estos momentos, sólo es temporal.

Tomemos como ejemplo el caso de Moisés, quien estando en tierra de Madián tuvo un hijo, al que puso por nombre Gerson, que se traduce como: "forastero soy en tierra ajena". Recordándose así mismo cada vez que pronunciaba el nombre de su hijo: ***"Yo no pertenezco aquí. Mi estadía en este lugar es solo temporal".***

Así que no hagas de tu condición presente tu morada permanente, porque cuando hayas aprendido todo lo que Dios quiere que aprendas de ésta, Él hará que sigas en movimiento.

"Porque un momento será su ira, pero su favor dura toda la vida" .

SALMOS 30:5 (RVR 1960).

DÍA 264

SOLO HABLANDO

Hablando del cuidado que Dios tiene de sus hijos, la Biblia dice: *"No consintió que nadie los agraviase y por causa de ellos castigó aun a reyes y les dijo: no toquen a mis ungidos; ni hagan daño a mis profetas"*.

SALMOS 105:14-15 (RVR 1960).

Hablando de las conspiraciones en contra de su pueblo, dice: *"Si alguno conspirare contra ti, lo hará sin mí; el que contra ti conspirare, delante de ti caerá"*.

ISAÍAS 54:17 (RVR 1960).

Hablando a Faraón acerca de Israel, le dijo:*"Israel es mi hijo, mi primogénito. Ya te he dicho que dejes ir a mi hijo, para que me sirva, mas tú no has querido dejarlo ir; he aquí yo voy a matar a tu hijo, tu primogénito"*.

ÉXODO 4:22-23 (RVR 1960).

Hablando de las persecuciones hechas a la iglesia, Jesús le dijo a Saulo: *"Saulo, Saulo ¿por qué me persigues?... Yo soy Jesús, a quien tú persigues; dura cosa te es dar coces contra el aguijón"*.

HECHOS 9:5 (RVR 1960).

No inviertas tiempo confrontando a tus opresores. No los dañes ni permitas que tu carne te lleve a tomar venganza por lo que te han hecho. Porque a nosotros, con respecto a esto también **el Señor nos dice:** *"No tomen venganza, dejen el castigo en las manos de Dios, porque está escrito: Mía es la venganza; yo pagaré», dice el Señor"*.

ROMANOS 12:19 (BNHL).

DÍA 265

NO DEJES DE TRABAJAR

Es muy cierto que en algunos aspectos de la vida debemos proceder pausadamente para evitar fracasar. Sin embargo, esto jamás debería ser una excusa para disminuir nuestra productividad. Por lo que debemos seleccionar cuidadosamente aquello a lo que prestamos oído y cuidarnos de no dar cabida, a expresiones como las siguientes:

Lo que sientes ahora, solo es parte del primer amor y se te pasará:

Dios es tan excelso que mientras más lo buscamos, más nos damos cuenta de lo mucho que le necesitamos, y mientras más le conocemos, más hambre tenemos de pasar tiempo con Él. Es por esto que el salmista dijo:

"Una cosa he pedido al Señor, y esa buscaré: que habite yo en la casa del Señor todos los días de mi vida, para contemplar la hermosura del Señor, y para meditar en su templo" .

Salmos 27:4 (RVR 1960).

Ten cuidado porque vas muy rápido:

No contamos con otro tiempo que no sea el presente. Dado que el pasado se ha ido y el futuro aún no ha llegado, debes aprovechar al máximo el fluir que Dios está dando a tu vida, hoy.

> *"Todo lo que te viniere a la mano para hacer, hazlo según tus fuerzas; porque en el Seol, donde vas, no hay obra, ni trabajo, ni ciencia, ni sabiduría.* Eclesiastés 9:10 (RVR 1960).

Así como subiste vas a bajar.

Uno de los ejemplos más notables, de que en el trabajo que hacemos para Dios no necesariamente tiene que haber un descenso, lo vemos reflejado en la vida de Agnes G. Bojaxhiu, mejor conocida por el mundo como "la madre Teresa de Calcuta", quien nunca dejó de trabajar para los más necesitados, porque hasta en sus peores momentos, incluso con un marcapasos y diversos problemas cardiovasculares, ella siempre siguió trabajando en pos de su misión y cuando era cuestionada por esto, ella siempre respondía:

"NO PUEDO PARAR DE TRABAJAR. TENDRÉ TODA LA ETERNIDAD PARA PODER DESCANSAR".

DÍA 266

¡LÁNZALO LEJOS!

Cuando Pedro preguntó al maestro cuántas veces se debe perdonar al que peque en contra nuestra, Jesús le respondió:

"Hasta setenta veces siete". Pero Jesús no hacía referencia a las 490 veces que se obtiene como resultado, al multiplicar setenta por siete. Sino, al hecho de perdonar continuamente todas las veces que sea necesario. El verbo "perdonar" utilizado en este pasaje, proviene de la raíz griega "afiemi" y se traduce como "lanzar lejos".

Así que lo establecido por el Señor, en cuanto a nuestra forma de perdonar, es que tomemos las ofensas que nos hacen los hombres y las "arrojemos lejos continuamente".

Si no tomamos la firme decisión de "lanzar lejos" todo lo tóxico y ofensivo que cada día y a través de diferentes medios, llega a nosotros, nos convertiremos en personas amargadas y heridas y no actuaremos de la manera como el Señor espera que lo hagamos.

Por tanto, aunque lo que te hayan hecho sea doloroso y haya venido de quien menos lo esperabas, deslígate de eso, lánzalo lejos y no lo retengas.

Cuando no dejamos pasar las ofensas, estas se convierten en una pesada carga que nos hace vivir sofocados por el peso de la misma.

No vale la pena dejar que una ofensa por más fuerte y dolorosa que sea, le produzca un aborto a tu destino. Y no hago referencia al hecho de darle la razón o aplaudir a aquellos que te han agraviado, sino al hecho de dejar claro a través del perdón, que tienes demasiado por delante para permitir que las ofensas del pasado te encarcelen y te detengan.

Así que no pierdas ni un solo día más arrastrando amargura y resentimientos. Ni te sientes a esperar que los que te ofendieron vengan a pedirte perdón, porque no le puedes dar a nadie la facultad de poner tu vida en pausa, hasta que tome conciencia del agravio que ha cometido en tu contra.

Que la falta de perdón no te estanque. Decide hoy en el nombre de Jesús, tomar la ofensa y **¡LANZARLA LEJOS!**

DÍA 267

CADA QUIEN DA LO QUE TIENE

Cuenta la historia, que en la guerra librada entre Corea del Norte y Corea del Sur en los años 1950 a 1953, los de la parte Norte, arrojaron en territorio Sur, 50 toneladas de basura y excremento, sobre las que colocaron un letrero gigante que decía: "ESTO ES LO QUE USTEDES SON".

Ante tal ataque, los principales miembros directivos de Corea del Sur, se reunieron para determinar el modo como habían de contraatacar. Algunos entendían que la mejor manera era llevando al territorio enemigo, la cantidad duplicada de basura y el excremento que ellos les habían llevado, con un letrero similar al que les habían puesto a ellos. Pero alguien propuso una idea distinta, algo revolucionario y que constituiría una ofensa aún mayor. La propuesta consistía en reunir 100 toneladas, pero no de basura sino de trigo, fideos, vegetales, viandas y carnes, para colocarla en el territorio enemigo con un letrero que diga: **"CADA QUIEN DA LO QUE TIENE".**

De esta historia aprendemos que es señal de debilidad, permitir que las malas acciones de los demás nos lleven a hacer lo mismo que ellos hacen. De modo, que si alguien te maldice, bendícelo; al que te haga daño, hazle bien y al que te ofenda en palabras, háblale con amor y respeto. Porque ¿qué grandeza hay en tratar bien, solo a los que hacen con nosotros lo mismo?

"Ama a tus enemigos y ora por los que te persiguen, porque de esta manera estarás actuando como un verdadero hijo de tu Padre que está en los cielos" .

MATEO 5:44-45 (RVR 1960).

DÍA 268

LA CORRIENTE LA ARRASTRÓ

Recuerdo que cuando era niña, mi abuelo al junto de mis primos, me llevó a un día de campo, y mientras jugábamos en el río, una de las zapatillas que llevaba puesta (la cual recientemente me había comprado mi madre) fue arrastrada por la corriente y aunque desesperadamente traté de alcanzarla, y aún mis primos hicieron todo lo que pudieron para recuperarla, la corriente de aquel río era tan fuerte que la hizo desaparecer de nuestra vista, en cuestión de segundos.

Y es que, debido a su proceso normal de erosión, los ríos siempre arrastran corriente abajo lo que les cae, haciendo que donde los residuos caen, el suelo se vuelva fértil. Pero debido a la corta edad que para ese entonces tenía, desconocía este fenómeno y aunque el mismo era parte de una manifestación normal de la naturaleza, me llenó de frustración y tristeza, porque el día que mi madre me compró las zapatillas, mientras las ponía en mis pies, me dijo: *"Procura no perderlas"*.

Así que no sabía cómo decirle lo que me había acontecido. Ese día pedí a mi abuelo que por favor no me llevara devuelta a casa y él accedió, pero al anochecer mi madre fue a buscarme y antes de saludarla (a pesar de que tenía todo un día sin verla) con lágrimas en los ojos, sólo le pude decir: *"Mami perdóname, no fue mi culpa. Traté de alcanzarla, pero la corriente la arrastró"*.

Al recordar esto, no puedo dejar de relacionarlo con las palabras dichas por Jesús: *"El que cree en mí, como dice la escritura, de su interior correrán ríos de agua viva"* .

JUAN 7:38 (RVR 1960)

Es decir, que al igual que el río que arrastró mis zapatillas, nosotros tenemos una fuerte corriente de agua que fluye de nuestro interior para echar fuera todos los residuos, basuras y desperdicios que caigan en él.

DÍA 269

¿QUÉ TIPO DE RECIPIENTE ERES?

Un viejo maestro cansado de escuchar las quejas de su discípulo, lo mandó a buscar un poco de sal. Cuando el discípulo regresó, el maestro le pidió que mezclara la sal en un vaso de agua y lo bebiera.

¿A qué sabe? –le preguntó el maestro. ¡Amargo!– le respondió el discípulo.

El maestro sonrió y le pidió al discípulo que tomara el mismo puñado de sal y lo arrojara en el lago. Los dos caminaron en silencio hasta llegar al embalse y cuando el discípulo echó la sal, el maestro le dijo: *"Ahora toma agua del lago".*

Mientras el agua corría por la quijada del joven, el maestro le preguntó, *¿A qué sabe? "Sabe fresca", le dijo el discípulo. ¿Puedes probar la sal? –* le preguntó el maestro.

No, le dijo el joven. Luego de escuchar la respuesta, el maestro se sentó a su lado y tiernamente le explicó:

Los dolores, fracasos y frustraciones que nos trae la vida (en este contexto) son como sal. Sin embargo, la cantidad de amargura que puedas probar por causa de esta "sal", siempre dependerá del tipo de contenedor, al que ésta le llegue.

"... Esa agua se convierte en un manantial que brota con frescura dentro de ellos y les da vida eterna" .

JUAN 4:14 (NTV)

DÍA 270

HAZLO SONREIR

Hace algún tiempo, fui invitada por primera vez a una iglesia donde no conocía a ninguna de las personas congregadas allí. Recuerdo que aquel día celebraban su aniversario y en el programa que habían preparado para el servicio, estaba incluida una danza especial alineada al tema de la actividad. En dicha intervención, las danzarinas tuvieron una participación brillante. De hecho, todas parecían ser maestras.

Pero ese día, además de la maravillosa oportunidad que tuve de conocerlas, también conocí a sus familiares. Porque cada danzarina, tenía dentro del gran auditorio, un público que parecía no tener ojos para ninguna de las demás participantes, y con sus rostros cargados de felicidad tomaban fotos, grababan vídeos y apuntaban a la joven (que como quedó revelado) era parte directa de ellos.

En aquel momento, considerando lo mucho que nos complace a nosotros ver el buen desempeño de las personas que amamos, pensé en lo mucho que también se complace Dios, (quien nos ama más de lo que nuestro entendimiento es capaz de asimilar) cuando nos esforzamos en hacer las cosas del modo correcto.

Nuestros resultados serían muy diferentes si cada vez que hacemos algo, procuráramos con ello hacer sonreír a nuestro Creador.

"Pues si ustedes, siendo malos, saben dar cosas buenas a sus hijos, ¡cuánto más su Padre que está en el cielo".

MATEO 7:11 (DHH).

DÍA 271

RESPETA LOS MUROS

Por diferentes razones, las ciudades en la antigüedad estaban protegidas por murallas. Debido a esto, cuando se iba a la guerra contra algún pueblo, el ejército atacante no debía acercarse demasiado a las murallas de la ciudad enemiga, porque desde ahí se hacía mucho más riesgosa la pelea. Ejemplo de esto, tenemos en el libro de 2 Samuel 11: 20-21 donde dice:

> *"¿Por qué os acercásteis demasiado a la ciudad para combatir? ¿no sabíais lo que suelen arrojar desde el muro? ¿no echó una mujer desde el muro un pedazo de una rueda de molino, sobre Abimelec, hijo de Jerobaal y murió en Tebes? ¿Por qué os acercasteis tanto al muro?"* .

Partiendo de esto, también nosotros en las diferentes batallas que nos toca enfrentar, debemos mantener distancia de aquellos elementos que a modo de "muros", representan un peligro para nosotros. Guardando los límites que han sido establecidos entre lo que podemos, y no podemos hacer y teniendo en claro cuáles son las cosas que al dar entrada en nuestra vida, tienen potencial para destruirnos.

Por lo que si en algún momento, llegas a preguntarte: ***¿Hasta dónde puedo hacer algo determinado sin llegar a caer directamente en pecado?*** La respuesta a esto es: ***Respeta los muros.*** Ya que al acercarte demasiado a los límites que Dios ha establecido, Satanás lanzando sus piedras asesinas de molino, buscará aplastarte. Los engaños y trampas del enemigo, generalmente inician con algo que no parece pecado, y que es cómodo y agradable para la carne.

Pero ***nuestra naturaleza carnal, es atraída por el pecado de la misma forma como el hierro, es atraído por el imán.***

DÍA 272

ZARANDEADOS

"Dijo también el Señor: Simón, Simón, he aquí Satanás os ha pedido para zarandearos como a trigo".

LUCAS 22:31 (RVR 1960).

La palabra "zarandear" utilizada en este pasaje, viene de la raíz griega (siniasai) y significa: sacudir en un cernidor para separar el buen grano, de la paja. El cuadro muestra a Satanás queriendo:

- Zarandear y sacudir a los discípulos.
- Probar su autenticidad.
- Demostrar que no son genuinos.
- Acusarlos delante de Dios diciendo que no eran íntegros.
- Mostrarle a Dios la deslealtad de ellos.

Sin embargo, la palabra "pedido" viene del griego (exeitesato) y significa obtener algo pidiéndolo. Por lo que el Señor, deja en claro que Satanás pidió permiso a Dios para hacer caer a los discípulos. O sea, que este es el mismo cuadro que se nos presenta en Job (ver cap.1) La Biblia es clara en dejarnos saber que Dios es Supremo, todo cuanto pasa en el universo pasa porque Él lo permite, incluso las diversas tentaciones a las que somos expuestos.

Nuestro adversario está sujeto a Dios y no tiene derecho ni poder para tentar a los creyentes, a menos que Dios se lo permita. Pero en cuanto a esto la Biblia nos revela:

"Ustedes no han sufrido ninguna tentación que no sea común al género humano. Pero Dios es fiel, y no permitirá que ustedes sean tentados más allá de lo que puedan aguantar. Mas bien, cuando llegue la tentación, él les dará también una salida a fin de que puedan resistir" .

1 CORINTIOS 10:13 (NVI).

DÍA 273

RESPONDE CON LOS FRUTOS

En su libro "Una Vida con Propósito", el pastor Rick Warren establece lo siguiente:

"Si tu vida no tiene frutos, no importa quién la alabe, y si tiene frutos, no importa quién la critique".

Dejar que Dios y tus frutos presenten defensa por ti, es mucho más sabio que el hecho de presentar defensa por ti mismo. Porque son los frutos que damos, y no los argumentos que pronunciamos, los que dan testimonio de nosotros.

No te afanes por hacer saber a la gente lo que eres; tus frutos se encargarán de revelarlo.

> *"No hay árbol bueno que pueda dar fruto malo, ni árbol malo que pueda dar fruto bueno. Cada árbol se conoce por su fruto: no se cosechan higos de los espinos, ni se recogen uvas de las zarzas. El hombre bueno dice cosas buenas porque el bien está en su corazón, y el hombre malo dice cosas malas porque el mal está en su corazón. Pues de lo que abunda en su corazón habla su boca" .*

MATEO 7: 43-45 (DHH)

DÍA 274

LE SALIÓ AL ENCUENTRO

Cuando llegó el tiempo señalado por Dios para Jacob salir de la casa de Laban, donde había trabajado por muchos años, enojado con Jacob, por haberse llevado a su familia y todo lo que había producido, Laban decidió salirle al encuentro. Pero Dios conociendo su enojo, antes de que saliera, se le apareció en sueños y le dijo: "Ten mucho cuidado en la forma como hablas con Jacob".

Por lo que al hallar a Jacob, el mismo Laban tuvo que confesarle: *"Mi poder es más que suficiente para hacerte daño, pero anoche el Dios de tu padre me habló y me dijo: "¡Cuidado con amenazar a Jacob!" Es por esto que más adelante, Jacob dice a Laban: "Si el Dios de mi padre, Dios de Abraham y temor de Isaac, no estuviera conmigo, de cierto me enviarías ahora con las manos vacías; pero Dios vio mi aflicción y el trabajo de mis manos, y te reprendió anoche".* (Ver Génesis 31:24, 29,42).

El Dios de Israel está contigo y suele salir al encuentro de aquellos que te persiguen. La ira de tus opresores será controlada por las directrices que recibirán de parte Dios.

DÍA 275

NO DEJES QUE TE VENZA

Lo que hemos tardado años en construir, puede desmoronarse en minutos cuando no ejercemos dominio propio. Es la falta de dominio propio, lo que hace que muchos reaccionen de forma inapropiada, que emitan comentarios indebidos y que se dejen vencer por la maldad de otros.

Todo lo que no controlamos, termina controlándonos a nosotros. Dios no quiere que seamos vencidos por lo malo, sino que procediendo con el bien, tengamos victoria sobre el mal.

"Porque no nos ha dado Dios espíritu de cobardía, sino de poder, de amor y de dominio propio".

2 TIMOTEO 1:7 (RVR 1960).

"No dejen que el mal los venza, más bien venzan el mal haciendo el bien".

ROMANOS 12:21 (NTV).

DÍA 276

CUIDADO CON LO QUE DICES

En momentos de presión, enojo o ira, muchas personas le permiten a su boca emitir palabras que luego suelen lamentar. Incluso, el hecho de no sentirse valorados, o entender que no se les ha tratado con la debida consideración, hace que algunos exploten, manifestando conductas y emitiendo palabras de las que se arrepienten más adelante.

Estallar con impulsos e ira ante nuestras frustraciones, no resolverá nada, al contrario, lo empeorará todo. Aun cuando sientas que hay alguna injusticia en tu contra, ten cuidado con lo que dices.

Recuerda que el Señor todo lo ve y que Él conoce perfectamente bien lo que estás pasando. Así que no te impacientes; espera que Dios te haga justicia, porque si en vez de estallar ante los agravios que otros cometen en tu contra, decides esperar en Dios, Él se encargará de presentar defensa a tu favor, sin que tengas que volverte histérico ni hacer uso de métodos carnales, para hacer frente a la situación que puedas estar atravesando.

Las personas heridas tienden a herir a otros, no seas tú uno de ellos.

> *"Hay hombres cuyas palabras son como golpes de espada; mas la lengua de los sabios es medicina"* .

PROVERBIOS 12:18 (RVR 1960).

DÍA 277

CON BOCA DE SABIO

Con la boca podemos matar y podemos dar vida, podemos hacer que alguien se levante o que alguien se caiga, podemos herir y podemos sanar, podemos edificar y podemos destruir, podemos aumentar la fe de alguien o podemos quitarle la fe a alguien, podemos hacer reír o podemos hacer llorar, podemos hacer que alguien sea fortalecido o que sea debilitado, entre muchas otras cosas más.

Por lo que resulta preocupante ver cómo muchas personas, sin ningún tipo de temor, continuamente pronuncian palabras que les acarrean juicio, sin darse cuenta que tales pronunciaciones son las causantes de su continua pobreza espiritual y de la ruina que muchas veces padecen.

A partir de este día, decide tener boca de sabio y cada vez que vayas a emitir cualquier palabra, piensa bien lo que vas a decir. Considera si realmente tiene sentido, si le servirá de edificación a los oyentes, y si algo será mejor de lo que era antes, luego de que lo hayas pronunciado.

"El sabio de corazón habla con prudencia y a sus labios añade sabiduría" .

PROVERBIOS 16:23 (RVR 1960).

DÍA 278

MUCHO MÁS QUE ESO

Por más fuerte que sea la presión sobre ti, procede con sabiduría y entendimiento al enfrentarla, haciendo uso de la altura y el buen manejo que debe caracterizarte.

Las ofensas son un indicador de debilidad y generalmente se utilizan cuando las personas se sienten vencidas y sin argumentos reales para enfrentar una determinada situación.

Sobre esto Jesús también nos dio ejemplo, cuando le tocó enfrentar a Satanás en el desierto, ya que Él no hizo uso de palabras ofensivas como éstas: "Mira diablo sucio, fuiste un traidor, tú no sirves"; ni nada que se asemeje. Sino que nuestro Señor lo enfrentó firmemente con la Palabra que es más cortante que toda espada de doble filo, y como Jesús es nuestro ejemplo, nosotros también debemos hacer lo mismo.

Responder con ofensas, es el modo débil de enfentrar una determinada situación, por eso aunque otros te ofendan, mantén tu posición porque tú no eres un simple flojo, débil, sin carácter, al que cualquier cosa lo mueve, sino que en el nombre de Jesús tu eres... **¡mucho más que eso!**

"¿Quién, entonces, es una persona madura? Sólo quien es capaz de dominar su lengua y de dominarse a sí mismo. Al caballo podemos dominarlo, y hacer que nos obedezca, si le ponemos un freno en la boca. Algo parecido pasa con los barcos. Por grande que sea un barco, y por fuertes que sean los vientos que lo empujan, el navegante puede controlarlo con un timón muy pequeño. Y lo mismo pasa con nuestra lengua. Es una de las partes más pequeñas de nuestro cuerpo, pero es capaz de hacer grandes cosas. ¡Es una llama pequeña que puede incendiar todo un bosque!"

SANTIAGO 3:2-5 (TLA).

DÍA 279

LA ORIENTACIÓN CORRECTA

Nunca dejes de dar una orientación o consejo sabio, a aquellos que lo necesitan, por causa del miedo a que no te escuchen, o por temor a que se sientan ofendidos. A veces no es lo que decimos, sino "cómo lo decimos" lo que realmente daña.

Ayuda a sanar a otros, con la palabra de medicina que Dios ha puesto en tu boca.

No te hagas el indiferente ni apoyes las acciones incorrectas que otros hacen; aun si son personas que amas, no te dejes cegar por los sentimientos. Aunque se enojen contra ti, no dejes de darles la orientación correcta porque si en verdad los amas, debes ayudarlos a salir de su error. Y aunque en el momento de la corrección no te lo agradezcan, ten por seguro que lo harán más adelante. Pero si por el contrario no les das la orientación correcta, cuando reaccionen y de alguna manera se den cuenta del hoyo en el que estaban, te reclamarán el hecho de no haberles ayudado a salir de él.

"El que reprende al hombre, hallará después mayor gracia que el que lisonjea con la lengua" .

PROVERBIOS 28:23 (RVR 1960).

DÍA 280

CUANDO DIOS PREGUNTA I

La Biblia, es la Palabra de Dios y en ella se encuentran todas las respuestas. Sin embargo, en la misma Biblia también encontramos multitud de ocasiones en las que Dios aparte de ofrecer respuestas, basado en algún mandamiento o directriz que previamente haya dado, también plantea diferentes preguntas. Y es que además de dar promesas, Dios también nos pide cuentas. Veamos algunos ejemplos:

> *"Entonces el Señor Dios llamó al hombre y le dijo: — ¿Dónde estás tú? El hombre contestó: —Te oí caminando por el huerto, así que me escondí. Tuve miedo porque estaba desnudo. — ¿Quién te dijo que estabas desnudo? —Le preguntó el Señor Dios—. ¿Acaso has comido del fruto del árbol que te ordené que no comieras?"*
>
> GÉNESIS 3:9-10-11 (NTV).

> *"Entonces el Señor Dios le preguntó a la mujer: — ¿Qué has hecho?"*
>
> GÉNESIS 3:13 (NTV).

PERO SI DIOS SABE TODAS LAS COSAS,
¿POR QUÉ HACE PREGUNTAS?

DÍA 281

CUANDO DIOS PREGUNTA II

Dios hace preguntas por diversas razones entre las cuales están las siguientes:

Para pedirnos cuenta de nuestros deberes:

"Entonces el Señor dijo a Caín: ¿Dónde está tu hermano Abel? Y él respondió: No sé. ¿Soy yo acaso guardián de mi hermano? Y Él le dijo: ¿Qué has hecho? La voz de la sangre de tu hermano clama a mí desde la tierra".

GÉNESIS 4:9-10 (LBLA).

Para que nos examinemos a nosotros mismos:

"¿Acaso Israel es un esclavo o un siervo nacido en casa? ¿Por qué se ha convertido en presa? Contra él rugieron los leoncillos, fuertemente rugieron y han hecho de su tierra una desolación; sus ciudades están quemadas, sin habitantes. incluso los hombres de Menfis y de Tafnes te han afeitado la coronilla. ¿No te ha sucedido esto por haber dejado al Señor tu Dios, cuando Él te guiaba por el camino?"

JEREMÍAS 2:14-17 (NBLH).

Para que examinemos nuestra relación con Él:

"Oh habitantes de Israel, dice el Señor, aclárenme lo siguiente: ¿Por qué me abandonaron sus padres, ¿Qué hallaron torcido en mí que los apartó de la forma de vida que les mostré y los convirtió en necios adoradores de ídolos?"

JEREMÍAS 2:5 (NBD).

Para ver si la visión nuestra, está alineada a la de Él:

"La palabra del Señor vino a mí, y me dijo: «¿Qué es lo que ves, Jeremías?» «Veo una rama de almendro», respondí. «Has visto bien —dijo el Señor — porque yo estoy alerta para que se cumpla mi palabra.»"

JEREMÍAS 1:11-12 (NVI).

Para buscar gente con un corazón dispuesto:

"Entonces oí la voz del Señor que decía: — ¿A quién enviaré? ¿Quién irá por nosotros? Y respondí: Aquí estoy. ¡Envíame a mí!"

ISAÍAS 6:8 (NVI).

Para dejar expuesto nuestro grado de fe:

"Y me dijo: Hijo de hombre ¿vivirán estos huesos? Y dije: Señor Jehová, tú lo sabes. Me dijo entonces: Profetiza sobre estos huesos, y diles: Huesos secos, oíd palabra de Jehová. Así ha dicho Jehová el Señor a estos huesos: He aquí, yo hago entrar espíritu en vosotros, y viviréis".

EZEQUIEL 37:3-5 (RVR 1960).

DÍA 282

ASUNTOS DE PROFETAS

Un profeta, es alguien llamado por Dios para ser su representante en la tierra. Cuando un profeta habla en nombre de Dios, es como si Dios mismo estuviera hablando a través de él. El verdadero profeta de Dios no habla por presunciones, y lo que dice se cumple porque en Dios no hay confusiones. Ejemplo de esto tenemos en la Biblia, con el profeta Samuel, del cual dice que era hombre insigne y que todo lo que él decía, acontecía sin falta. (Ver 1 Samuel 9:6).

Por otro lado, cuando por la rebeldía del rey Jeroboam, le provino una enfermedad a su hijo Abias, el rey envió a su mujer disfrazada a ver al profeta Ahias para que este no le reconociera, (porque el rey estaba consciente de que no había andado bien delante de Dios, pero quería saber si el niño viviría o no). Sin embargo, cuando el profeta escuchó los pasos de la mujer acercándose a la casa, alzando la voz le dijo: "Entra, mujer de Jeroboam. ¿Por qué finges ser otra?".

1 REYES 14:1-6 (RVR 1960).

Finalmente, el rey Sedequías, dijo que no creía en la palabra de los profetas porque había una supuesta contradicción entre Jeremías y Ezequiel, los cuales eran contemporáneos. Ya que el primero decía que el rey, sería llevado a Babilonia y el otro decía que él no vería a Babilonia. Sin embargo, más adelante fue comprobado que no hubo contradicción alguna y que ambos profetas decían la verdad, ya que efectivamente el rey Sedequías fue llevado a Babilonia, como dijo el profeta Jeremías, pero antes de llegar allá, le fueron sacados los ojos, como lo había profetizado Ezequiel.

"Y si dijeres en tu corazón: ¿Cómo conoceremos la palabra que Jehová no ha hablado?; si el profeta hablare en nombre de Jehová, y no se cumpliere lo que dijo, ni aconteciere, es palabra que Jehová no ha hablado; con presunción la habló el tal profeta; no tengas temor de él" .

DEUTERONOMIO 18:21-22 (RVR 1960).

DÍA 283

AUN LOS CUERVOS LA RESPETAN

"Vino a él palabra de Jehová, diciendo: Apártate de aquí, y vuélvete al oriente, y escóndete en el arroyo de Querit, que está frente al Jordán. Beberás del arroyo; y yo he mandado a los cuervos que te den allí de comer. Y él fue e hizo conforme a la palabra de Jehová; pues se fue y vivió junto al arroyo de Querit, que está frente al Jordán. Y los cuervos le traían pan y carne por la mañana, y pan y carne por la tarde; y bebía del arroyo". 1 Reyes 17:2-6 (RVR 1960).

Al leer este pasaje, podemos observar el peso que tiene lo que ordena Dios, aun sobre criaturas como los cuervos. Porque estos comen carne, pero no pudieron comerse la carne que fueron enviados a llevarle a Elías el profeta, ya que esta no era cualquier carne, era comida de profeta y la comida de profeta, aún los cuervos la respetan.

LO QUE DIOS HA MARCADO PARA TI,
NO HAY "CUERVO" QUE PUEDA ARREBATÁRTELO.

DÍA 284

EL RUIDO DE LA CARRETA

En cierta reunión, un hombre hizo el siguiente relato:

-Caminaba con mi padre cuando él se detuvo en una curva y después de un pequeño silencio me preguntó:

-Además del cantar de los pájaros ¿escuchas alguna cosa más? -Agudicé mis oídos y algunos segundos después le respondí: -Estoy escuchando el ruido de una carreta. -

-Así es hijo, se acerca una carreta y está vacía -dijo mi padre.

Al oírlo decir eso, le pregunté: -¿Cómo sabes que es una carreta vacía, si no podemos verla aún?- Entonces mi padre respondió: -Es muy fácil saber cuándo una carreta está vacía, solo tienes que prestar atención al ruido que hace. Mientras más vacía está, mucho más ruido hará la carreta-.

Me convertí en adulto y hasta el día de hoy, cuando veo a una persona hablando demasiado, interrumpiendo la conversación de todos, siendo inoportuna o violenta, presumiendo de lo que tiene, sintiéndose prepotente y restando valor a la gente, tengo la impresión de oír la voz de mi padre diciendo: ***"Mientras más vacía está la carreta, mayor es el ruido que hace"***

La humildad consiste en callar nuestras virtudes y permitirle a los demás descubrirlas.

"Deja que sean otros los que te alaben; porque no está bien que te alabes tú mismo" .

PROVERBIOS 27:2 (DHH).

DÍA 285

POR UN SIMPLE DÓLAR

Hace algunos años, un predicador se mudó a Houston, Texas y poco después, se montó en un autobús para ir al centro de la ciudad y al sentarse, descubrió que el chofer le había dado un dólar de más en el cambio, y mientras consideraba qué hacer, pensó para sí mismo, *"Ah, quizás no tenga tanta importancia, es sólo un dólar ¿quién se va a preocupar por tan poca cantidad? Las compañías de autobuses reciben mucho y no echarán de menos un simple dólar".*

Pero cuando llegó a su parada, se detuvo y pensándolo de nuevo, decidió darle el dólar al conductor diciéndole: *"Tome, usted me dio este dólar de más".*

El conductor, con una sonrisa le respondió: *"Sé que usted es el nuevo predicador del pueblo. He pensado regresar a la iglesia y quería saber si usted es un cristiano genuino, así que decidí probarlo viendo qué haría si yo le daba una cantidad mayor al cambio correspondiente".*

Cuando el predicador bajó del autobús, asombrado con lo ocurrido dijo: *"¡Oh Dios, por poco arruino lo que viniste hacer conmigo a esta ciudad a cambio de un simple dólar!"*

Nuestras vidas serán la única Biblia que muchos leerán, así que no olvides servir de ejemplo a otros en todo lo que haces.

"Ninguno tenga en poco tu juventud; pero sé ejemplo de los fieles en palabra, en conversación, en caridad, en espíritu, en fe, en limpieza" .

1 TIMOTEO 4:12 (RVR 1960).

"Porque ejemplo os he dado, para que como yo os he hecho, vosotros también hagáis" .

JUAN 13:15 (RVR 1960).

DÍA 286

LA IMPORTACIA DE LA SABIDURÍA

La búsqueda del conocimiento requiere de esfuerzo. La diligencia en conocer la palabra y actuar bajo los preceptos que en ésta se establecen, nos hace sabios. Por eso el sabio Salomón escribió al respecto:

"Hijo mío, si haces tuyas mis palabras y atesoras mis mandamientos; si tu oído inclinas hacia la sabiduría y de corazón te entregas a la inteligencia; si llamas a la inteligencia y pides discernimiento; si la buscas como a la plata, como a un tesoro escondido, entonces comprenderás el temor del Señor y hallarás el conocimiento de Dios" .

PROVERBIOS 2:1-5 (RVR 1960).

Y más adelante, añade:

"Con sabiduría se construye la casa; con la inteligencia se echan los cimientos. Con buen juicio se llenan sus cuartos de bellos y extraordinarios tesoros. El que es sabio tiene gran poder, y el que es entendido aumenta su fuerza. La guerra se hace con buena estrategia; la victoria se alcanza con muchos consejeros" .

PROVERBIOS 24:3-6 (RVR 1960).

El conocimiento siempre debe preceder al sentimiento, o de lo contrario estarás malgastando tiempo y esfuerzo en acciones desviadas, cuyo fin traerán improductividad y muerte.

"Aplica tu corazón a la instrucción y tus oídos a las palabras del conocimiento" .

PROVERBIOS 23:12 (LBA).

DÍA 287

AL MÁXIMO NIVEL

Sin importar qué tan grande sea lo que posees, si no dedicas el tiempo y el esfuerzo suficiente para desarrollarlo, nunca podrás apreciar los resultados de ello, porque todo lo que no se cultiva muere.

No descuides lo que te ha sido dado, dale valor a lo que posees porque sólo cuando te esfuerzas continuamente para desarrollar lo que tienes, puedes llevar tu vida al máximo nivel de expresión. A esto hace referencia el proverbista al decir:

> *"Pasé junto al campo del hombre perezoso y junto a la viña del hombre falto de entendimiento; y he aquí que por toda ella habían crecido los espinos. Ortigas habían ya cubierto su faz y su cerca de piedra estaba ya destruida. Miré, y lo puse en mi corazón; lo vi y tomé consejo. Un poco de sueño, cabeceando otro poco, poniendo mano sobre mano otro poco para dormir; así vendrá como caminante tu necesidad y tu pobreza como hombre armado"* .

PROVERBIOS 24:30-34 (RVR 1960).

DÍA 288

REALMENTE ES UNA DEMANDA

Todas las cosas que valen la pena llevar a cabo, requieren de paciencia y perseverancia. Ningún pianista toca perfectamente en sus inicios, y los atletas generalmente no ganan la primera vez que compiten. Existen muchos momentos desalentadores entre la experiencia inicial, y el perfeccionamiento de una habilidad.

Lamentablemente, mucho potencial es sacrificado en el altar del desaliento. A través de la práctica y la disciplina será como se perfeccionará el pianista y el atleta ganará la competencia. Los concertistas de piano y los atletas olímpicos no nacen, sino que se mueven más allá de sus momentos de desaliento para perfeccionar sus capacidades innatas.

La misma actitud se necesita para llevar al nivel máximo, aquello que llevas dentro. Dios nunca te dará un sueño, a menos que sepa que tienes los talentos, las habilidades y la personalidad para realizarlo. Las órdenes que te ha dado, están haciendo una demanda a lo que Él puso dentro de ti desde antes de nacer.

Decide no detenerte ante nada, y sofoca el desaliento con una doble dosis de enfoque, persistencia y esfuerzo.

"Mira, Jehová tu Dios te ha entregado la tierra; sube y toma posesión de ella, como Jehová el Dios de tus padres te ha dicho. No temas ni desmayes" .

DEUTERONOMIO 1:21 (RVR 1960).

DÍA 289

DESECHA LO TÓXICO

Además del esfuerzo y la sabiduría que necesitamos, debemos añadir a nuestro potencial el fertilizante apropiado y en cantidad suficiente para sustentar y conservar (aun en medio de los ambientes más hostiles) la esencia de lo que llevamos dentro.

"Somos lo que comemos," es una frase muy conocida por la mayoría de nosotros, pero ésta no sólo debería ser aplicada a la comida del cuerpo, sino también a la del alma y del espíritu. Aquello de lo que nos llenamos, determina lo que damos. Por tanto, identifica y deslígate de los lugares, personas y hábitos que son tóxicos para tu vida, y llénate de los que contienen los nutrientes necesarios para tu crecimiento.

> *"Quiten de su vida todo lo malo y lo sucio, y acepten con humildad la palabra que Dios les ha sembrado en el corazón, porque tiene el poder para salvar su alma"* .

SANTIAGO 1:21 (NVT)

DÍA 290

DÉJALOS IR

Cuando por alguna causa alguien quiera alejarse de ti, sencillamente: déjalo ir. No intentes convencer a los demás de que se queden contigo, ni trates de mantenerlos atados a ti.

Tu destino no depende de los que se han ido ni de los que están planeando abandonarte porque aquellos que Dios destinó a permanecer contigo no podrán apartarse de ti, y si lo hacen, en algún momento de la vida, tendrán que volver a ti.

La gente que se aparta de nosotros, lo hace porque no está unida a nosotros, y si no está unida a nosotros, por más que lo deseemos, no podremos retenerla. Algo que no necesariamente hace que estas personas sean malas, sino que pone en evidencia que su parte en la historia de nuestra vida, se les terminó.

Saber cuándo se termina la parte de algunos en nuestras vidas, es de vital importancia, ya que nos evita malgastar tiempo, esfuerzos y recursos tratando de resucitar muertos que no están destinados a levantarse. Dejemos de rogarle a la gente que se quede con nosotros; aprendamos a dejarlos ir.

"Salieron de nosotros, pero no eran de nosotros; porque si hubiesen sido de nosotros, habrían permanecido con nosotros; pero salieron para que se manifestase que no todos son de nosotros".

1 JUAN 2:19 (RVR 1960).

DÍA 291

QUÉ IMPLICA SER SOLTERO I

"Yo preferiría que estuvieran libres de preocupaciones. El soltero se preocupa de las cosas del Señor y de cómo agradarlo. Pero el casado se preocupa de las cosas de este mundo y de cómo agradar a su esposa; sus intereses están divididos. La mujer no casada, lo mismo que la joven soltera, se preocupa de las cosas del Señor; se afana por consagrarse al Señor tanto en cuerpo como en espíritu. Pero la casada se preocupa de las cosas de este mundo y de cómo agradar a su esposo. Les digo esto por su propio bien, no para ponerles restricciones sino para que vivan con decoro y plenamente dedicados al Señor".

I CORINTIOS 7:32-35 (RVR 1960).

Entendemos como soltería el estado en que se encuentran las personas antes de casarse. Sin embargo, en muchas ocasiones se confunde el término soltería con el término soledad.

La definición de soltero viene del término inglés "single" que significa: singular, individual, único y completo. Por lo que, más que un estado civil, la soltería debería ser la condición interna en la que se debe considerar cada individuo. Ya que hasta que no te veas a ti mismo como una persona con valor propio y que no depende de otro mortal para existir, no estarás verdaderamente listo para casarte. Entonces según esto, en vez de querer dejar de ser soltero, lo cual equivale a ser: singular, individual, único y completo; deberías de correr hacia este estado.

Es por esto que la Biblia no dice: *"No es bueno que el hombre esté soltero"*, sino que dice: *"No es bueno que el hombre esté solo"* (Ver Génesis 2:18).

La razón de la creación de Eva fue acompañar a Adán y no completarlo porque él ya estaba completo. *"De la costilla que le había quitado al hombre, Dios el Señor hizo una mujer y se la presentó al hombre"*.Génesis 2:22 (NVI).

Note que el texto dice que el Señor le presentó a Adán, alguien semejante a él que le hiciera compañía para que no estuviera sólo. Así que para no estar solo, lo único que necesitas es tener personas semejantes a ti, y tienes más de 5 billones de éstas, por todo tu alrededor.

DÍA 292

QUÉ IMPLICA SER SOLTERO II

Algunos se sienten más solos luego de casarse, que lo que se sentían antes de hacerlo. Y es que el problema de la soledad, no depende de estar casado o no, como consideran muchos.

Note que Adán no sabía que necesitaba a Eva porque estaba completo, y al estar completo, Dios (al no haber nadie de su especie) determinó que no era bueno que estuviera sólo. La soledad incrementa cuando te casas, sin primero haber entendido que eres un individuo completo.

No te vuelvas ansioso a causa de lo que no puedes hacer ahora; aprovecha esta etapa de tu vida. Porque hay cosas que puedes hacer en esta temporada, que en otro tiempo no podrás hacer con la misma facilidad. Por eso el apóstol Pablo aconseja: *"El soltero dedíquese a Dios"* .

1 CORINTIOS 7:32-33 (RVR 1960).

Si eres de los que aún está soltero, te invito a considerar lo siguiente:

- La persona indicada para ti, se encuentra reservada por Dios en algún lugar.
- El deseo de Dios es bendecirte, y Él sabe quién será de bendición para ti.
- Si el momento para tu matrimonio aún no ha llegado, es porque algo Dios quiere que aprendas o que hagas antes de llegar ahí.

Entonces quizás te preguntes *¿pero hasta cuándo estaré soltero? He aquí la respuesta: "Busquen el reino de Dios por encima de todo lo demás y lleven una vida justa, y él les dará todo lo que necesiten"* .

MATEO 6:33 (NTV).

DÍA 293

ALGUNOS NO LO ENTIENDEN

¿Recuerdas la última vez que compraste un regalo para alguien que amas? Mucho del placer de dar el regalo está en elegir algo que deleite a la persona que se lo vas a dar. El significado del regalo radica en el amor que hay entre el dador y el receptor del mismo. Una mascota no puede apreciar un anillo de diamantes, pero tu esposa o novia, si lo hará. ¿Por qué? porque ella entiende los pensamientos y el sentimiento que te motivó a dárselo.

Aquel que recibe un regalo debe comprender y apreciar al dador, para que el regalo pueda tener significado. A esto hizo referencia Jesús al decir:

"No den lo sagrado a los perros, no sea que se vuelvan contra ustedes y los despedacen; ni echen sus perlas a los cerdos, no sea que las pisoteen" .

MATEO 7:6 (NVI).

DÍA 294

DECIDIÓ QUEBRARLO

"Y estando Él en Betania, sentado a la mesa en casa de Simón el leproso, vino una mujer con un frasco de alabastro de perfume muy costoso de nardo puro; y rompió el frasco y lo derramó sobre la cabeza de Jesús".

MARCOS 14:3 (RVR 1960).

La mujer que nos presenta el texto fue donde Jesús, quien había cambiado su vida, dispuesta a derramar sobre Él lo que con tanto esmero le había llevado. Decidiendo vencer los obstáculos, la burla y el rechazo, con tal de cumplir con lo que se había propuesto: derramar el costoso perfume que contenía el frasco de alabastro.

El alabastro, era elaborado con una resina muy dura y resistente, además de ser un contenedor muy fino. Pero esto no le importó a aquella mujer, y en vez de abrir el frasco, decidió quebrarlo para esparcir sobre Jesús, todo lo que éste contenía. En cuanto a esto, nos llama a la atención el hecho de que todo lo que se abre puede volver a cerrarse, pero lo que se quiebra no.

Entonces, consideremos lo diferente que nuestra vida fuera si nosotros, al igual que esta mujer, en vez de sólo abrir nuestras vidas a Dios, cuando tenemos el deseo de hacerlo, decidiéramos quebrarnos delante de Él, de modo que no tengamos la posibilidad de dar a nuestras vidas ningún otro uso que no sea vivir continuamente quebrados ante Él.

"Yo le he dicho al Señor: Mi Señor eres tú. Fuera de ti, no poseo bien alguno".

SALMOS 16:2 (NVI).

"Alma mía, en Dios solamente reposa".

SALMOS 62: (RVR 1960)

DÍA 295

NECESITAMOS SU VOZ

Uno de los principios que personalmente considero ser "no negociable" es conocer la Palabra de Dios y practicarla. Sin embargo, tan importante como conocer su Palabra, es que conozcamos su voz. Esa voz que nos dice qué hacer y cómo hacerlo, que nos da a entender cuando algo viene, o no de parte de Dios.

Voz del Señor, que te orienta para que sepas cuándo hablar y cuándo callar, cuándo moverte y cuándo detenerte. Voz de Dios, que puede venir a ti a través de diferentes fuentes, ya sean externas, como la simple mirada de un niño, o internas, como el sentir persistente de llevar a cabo algo.

A lo largo de mi vida, he podido sobrevivir a muchas vicisitudes, peligros y momentos muy amargos, gracias al sólo hecho de haber aprendido a escuchar la voz de Dios. Una de esas veces, aconteció en medio de uno de los más feroces ataques que he tenido que enfrentar, cuando sentía como si el dolor de lo que me estaba pasando me hubiera paralizado, tanto interna como externamente.

Por causa de eso, literalmente veía todo gris, sentía que ya nada volvería a ser igual y ciertamente así fue; nada jamás fue igual sino muchísimo mejor de lo que era antes, pero esto sólo se produjo cuando escuché y me dejé guiar por esa infalible voz que en medio de aquel valle de sombra de muerte, me dijo: "*Yesenia, levántate y usa las armas que te he dado. No permitas que el dolor de éste acontecimiento te despoje.*"

Aquella voz hizo que aun sintiéndome débil, echara mano de esas poderosas armas, las cuales ya conocía muy bien porque las había usado en otro tiempo y habían producido en mi vida grandes resultados. (Ver 2 Corintios 10:4-6). Pero para tener el coraje de usarlas esta vez, tuve primero que ser sensible al sonido de esta, tan oportuna voz, que para producir tal efecto, solo podía venir del Señor.

Si tú al igual que yo en aquella ocasión, necesitas de manera urgente ser guiado por esa voz, te invito a que hagas la siguiente oración:

"Dios, por favor enséñame a oír tu voz en medio de lo que estoy atravesando. Hazme entender tu dirección, aconséjame para no desviarme, líbrame de hacer todo lo que tú no apruebas. No permitas que por causa de cómo me siento, yo dañe lo que estás haciendo. Quiero tu voz, para que no me engañe el adversario haciéndome caer en su trampa. Necesito tu voz para que me guíe a partir de este, y en cada uno de mis días sobre la Tierra.

Dios hoy te pido que, en ninguna situación de mi vida, falte tu incomparable, cálida, sublime e infalible voz".

"Hazme saber el camino por donde ande, porque a ti he elevado mi alma" .

SALMOS 143:8 (RVR 1960).

DÍA 296

MUCHO TIEMPO EN EL HORNO

En una ocasión, aprovechando el retraso que tuvo el vuelo que debía tomar para llegar a donde estaría ministrando durante ese fin de semana, mi esposo y yo decidimos ir a una panadería que quedaba cerca, donde al entrar dije: "Aquí verdaderamente huele a pan recién salido del horno". Él entonces, señalando toda la variedad que allí había, me preguntó: "¿Cuál de todos quieres?". Y según mi percepción le pedí que comprara el que más se relacionaba con el agradable olor que allí había, y así lo hizo. De hecho, pidió dos, uno para él y otro para mí.

Cuando comenzamos a comer los panes, nos dimos cuenta de que ciertamente estaban frescos, incluso aún estaban un poco calientes, pero muy duros. Así que dije a mi esposo: *"Amor, el pan está bueno, pero está muy duro"*. El entonces me contestó, con una seguridad parecida a la de un panadero experto: *"Si, lo que pasa es que lo dejaron mucho tiempo en el horno"*.

La forma como me lo dijo, me hizo reír y al mismo tiempo agradecer y bendecir a Dios, por no dejar que nosotros como sus hijos, pasemos más tiempo del que verdaderamente necesitamos pasar dentro del *"horno"*.

"... Si lloramos por la noche, por la mañana tendremos alegría" .

SALMOS 30:5 (DHH)

DÍA 297

¿CÓMO LO SABE?

Un grupo de mujeres reunidas para estudiar la Biblia fueron intrigadas al hallar en ella lo siguiente: *"Y Él se sentará como fundidor y purificador de plata"*. (Malaquías 3:3). Al leer esto, se preguntaron qué podría significar esta afirmación con respecto al carácter y la naturaleza de Dios. Por lo que una de las mujeres se ofreció a investigar el proceso de purificación de la plata.

Esa misma semana, la dama llamó a un orfebre e hizo una cita para ver como éste, llevaba a cabo su trabajo. Aunque no le mencionó detalles acerca de la verdadera razón de su visita. Cuando llegó al lugar observó cómo éste, sostenía la pieza de plata sobre el fuego dejándolo calentar intensamente en la parte más candente del horno para sacarle así, las impurezas.

En ese momento ella recordó una vez más el versículo que la había llevado hasta allí: ***"Él se sentará como fundidor y purificador de plata"***. Y preguntó al orfebre si era cierto que debía permanecer sentado frente al fuego durante todo el tiempo que la plata estaba siendo refinada. A lo que el orfebre respondió: *"Si, pero no sólo debo estar aquí sentado sosteniendo la plata, también debo mantener mis ojos fijamente en ella durante el tiempo que está en el fuego, porque si la dejo un minuto más de lo necesario, el fuego la destruye"*.

La mujer se mantuvo en silencio por un momento y luego preguntó: *¿Cómo sabe cuándo ya está completamente refinada?* Y él, sonriendo le dijo: ***"Muy simple, cuando puedo ver mi imagen reflejada en ella".***

> *"Por tanto, nosotros todos, mirando a cara descubierta como en un espejo la gloria del Señor, somos transformados de gloria en gloria en la misma imagen, como por el Espíritu del Señor".*

2 CORINTIOS 3:18 (RVR 1960).

DÍA 298

TRES SUGERENCIAS PARA LOS SIERVOS DE DIOS

1. Condúcete como un hombre o una mujer de Dios siempre, no solo a veces:

No permitas que tu deseo de pasar un "buen rato", corrompa la pureza que Dios espera de ti, ni permitas que los chistes y las bromas de otros remuevan la atmósfera santa, que debe prevalecer a tu alrededor.

2. Nunca cuentes chistes fuera de lugar ni te rías con aquellos que lo hacen:

En una ocasión tuve la oportunidad de compartir con un muy conocido ministro del Señor y dos de sus acompañantes. Y mientras compartíamos, alguien pidió que se me contara un chiste específico y el ministro respondió: *"No creo que a Yesenia le guste esa clase de chistes"*. Al escuchar esto, todas las demás personas en la mesa me miraron, esperando oir mi respuesta, y sin vacilaciones, luego la expresión del ministro, simplemente dije: ***"Yo siempre quiero escuchar todo lo que edifique mi espíritu".***

A causa de esto, las personas en la mesa dieron otro giro a la conversación y ya no se habló mas sobre ese tema.

3. Alimenta la naturaleza correcta:

Todos tenemos dos naturalezas: la carnal y la espiritual e inevitablemente, la que decidas alimentar crecerá más fuerte. El tiempo de tu recreación no debe ser usado para alimentar tus debilidades, ni para animar el pecado ni para que el santo vivir que Dios quiere que practiques, sea olvidado.

> *"Pues ¿qué asociación tienen la justicia y la iniquidad? ¿O qué comunión la luz con las tinieblas?".*

2 CORINTIOS 6:14 (LBLA)

DÍA 299

PRESIÓN PARA LA EXPOSICIÓN

Cada vez que Dios te va a subir de nivel, te expone a situaciones que ponen al descubierto tu nivel de madurez.

Porque como lo hace el Alfarero con el barro, Dios te está dando forma para que no actúes por impulsos, para que controles la ira, para que no te escudes tras las mentiras; entre muchas otras cosas que deben ser trabajadas en torno a tu carácter, antes de pasar del nivel donde te encuentras, al nivel donde Dios quiere llevarte. Y es a través de la exposición a situaciones incómodas, que será expuesto tu nivel de avance en el proceso. Así que **cuando vuelvas a estar bajo presión, recuerda que ese es el escenario preparado por el Señor, para dar lugar a tu exhibición.**

"Palabra de Jehová que vino a Jeremías, diciendo: Levántate y vete a casa del alfarero, y allí te haré oír mis palabras. Y descendí a casa del alfarero, y he aquí que él trabajaba sobre la rueda. Y la vasija de barro que él hacía se echó a perder en su mano; y volvió y la hizo otra vasija, según le pareció mejor hacerla".

JEREMÍAS 18: 1-4 (RVR 1960).

DÍA 300

OBRARÁ PARA TU BIEN

Antes de ver cumplido lo que Dios ha dicho que va a hacer con nosotros, todo parece ser contrario a lo que Él nos dijo que ha de hacer. Es por esto que debemos enfocarnos en lo que sabemos, (que Dios es infalible y no deja de cumplir sus promesas) y no en lo que vemos. Nuestras adversidades son permitidas por el Señor para que conozcamos aspectos de Él, que de otro modo no llegaríamos a conocer.

Todo lo que ocurre en la Tierra, debe ser aprobado por Dios en los cielos. O sea, que el que otorga los permisos para todo lo que te acontece, es aquel que te ama como tu entendimiento no llega a alcanzar. Por tanto, aunque no te guste, ni lo entiendas; aunque hubieses preferido que nunca te hubiera acontecido, puedes tener la plena certeza de que todo lo que has vivido hasta ahora, obrara para tu bien.

"Ahora bien, sabemos que Dios dispone todas las cosas para el bien de quienes lo aman...".

ROMANOS 8:28 (NVI).

El término "disponer" se define como: colocar o poner personas y cosas de una manera determinada, para alcanzar un fin señalado. De manera que, sin importar cuál sea la situación que estés atravesando, nunca el Señor la hubiese permitido sino fuera para encaminarte al destino que ya está establecido para ti.

"Yo sé los planes que tengo para ustedes, planes para su bienestar y no para su mal, a fin de darles un futuro lleno de esperanza. Yo, el Señor, lo afirmo".

JEREMÍAS 29:11 (DHH).

DÍA 301

DALE LA MERECIDA RESPUESTA

Según la traducción original, el nombre de Elías significa: "Jehová es Dios". Por lo que la esencia misma de este hombre, lo llevaba a revelarse ante la idolatría del pueblo, o cualquier intento de parte de este, de suplantar al Dios verdadero.

Es por esto que, ante el mal proceder del rey Acab, la voz denunciante de este profeta, emitió lo siguiente:

> *"Vive Jehová Dios de Israel, en cuya presencia estoy, que no habrá lluvia ni rocío en estos años, sino por mi palabra".* 1 Reyes 17:1 (RVR 1960).

Luego de haber dicho esto, la sequía se manifestó afectando a toda la nación, mientras que Elías era sostenido por Dios de forma milagrosa.

Pasado un largo tiempo, mientras el hambre era grave en Samaria, el Señor ordenó a Elías presentarse ante Acab y este, al verle dijo:

> *"¿Eres tú el que turbas a Israel? Y él respondió: Yo no he turbado a Israel, sino tú y la casa de tu padre, dejando los mandamientos de Jehová, y siguiendo a los baales".*

1 REYES 18:17 (RVR 1960).

Por lo que queda revelado que Elías, aun siendo Acab el rey de la nación denunció el mal proceder que este había tenido, haciendo desviar al pueblo a la idolatría.

De igual modo, frente a los diversos intentos de intimidarnos que nos hace el adversario, debemos revestirnos de autoridad y dar la merecida respuesta a sus artimañas. Repuesta que, en ocasiones (de acuerdo a la dirección que recibamos de parte de Dios), podría ir desde responder basados en los principios bíblicos, hasta el hacer silencio y sólo esperar la defensa del Señor, ante una determinada situación.

"Cuando los entreguen a las autoridades y los lleven a juicio, no se preocupen por lo que habrán de decir para defenderse. Porque en ese momento, Dios les indicará lo que deben decir. Ustedes no son los que van a hablar, sino que el Espíritu Santo hablará por ustedes".

MARCOS 13:11 (TLA).

DÍA 302

VERDADEROS PACIFICADORES

"Bienaventurados los pacificadores porque ellos serán llamados hijos de Dios".

MATEO 5:9 (RVR 1960).

Este pasaje de las escrituras, deja en claro que los pacificadores son bienaventurados porque realizan una obra característica de Dios, que es hacer la paz. Sin embargo, la paz que la Biblia llama bendita, no viene de evadir las situaciones conflictivas, sino de tratarlas y conquistarlas.

Por lo que esta bienaventuranza, no demanda una aceptación pasiva de las cosas, por miedo a los contratiempos que pueda traer el hecho de confrontarlas, sino que implica el hecho de enfrentarnos activamente con éstas y hacer que terminen en paz.

"La paz les dejo; mi paz les doy. Yo no se la doy a ustedes como la da el mundo. No se angustien ni se acobarden" .

Juan 14:29 (NVI).

DÍA 303

POSICIÓN CORTANTE

Con el fin de despojarte de lo que el Señor te ha dado, Satanás te hará cientos de atractivas ofertas; y si no sabes responder de modo cortante ante éstas, las mismas podrían ser causa de desvío y descarrilamiento para ti. Como ejemplo de esto, observemos los siguientes pasajes:

"Y Acab habló a Nabot, diciendo: Dame tu viña para un huerto de legumbres, porque está cercana a mi casa, y yo te daré por ella otra viña mejor que ésta; o si mejor te pareciere, te pagaré su valor en dinero. Y Nabot respondió a Acab: Guárdeme Jehová de que yo te dé a ti la heredad de mis padres".

1 REYES 21:2-3 (RVR 1960).

"Cuando vio Simón que por la imposición de las manos de los apóstoles se daba el Espíritu Santo, les ofreció dinero, diciendo: Dadme también a mí este poder, para que cualquiera a quien yo impusiere las manos reciba el Espíritu Santo. Entonces Pedro le dijo: Tu dinero perezca contigo, porque has pensado que el don de Dios se obtiene con dinero".

HECHOS 8:20-21 (RVR 1960).

Que Dios siempre permita que haya en tu boca una respuesta firme, sólida y cortante frente a cada una de las ofertas que te hace el enemigo.

DÍA 304

DIOS SABE LO QUE VA HACER

Es imposible que Dios sea sorprendido por algo; Él conoce absolutamente todas las cosas y nada está fuera de su control.

Lo que para nosotros es un problema, para el Señor es el escenario perfecto donde Él ha de manifestarse. A Dios nada lo turba y esto es algo que queda expuesto en el siguiente pasaje de la Biblia:

"Pero esto decía para probarle porque ***Él sabía muy bien lo que había de hacer****"* .

JUAN 6:6 (RVR 1960).

De igual manera, a través de las diversas necesidades que enfrentamos solo estamos siendo probados, porque mucho antes de que estas carencias se manifestaran ya Dios sabía perfectamente cómo, cuándo y dónde las había de resolver.

"Mi Dios les proveerá de todo lo que necesiten, conforme a las gloriosas riquezas que tiene en Cristo Jesús" .

FILIPENSES 4:19 (NVI)

DÍA 305

CON LOS QUE NO ESTÁN EN LA LISTA

"Cuando alzó Jesús los ojos, y vio que había venido a Él gran multitud, dijo a Felipe: ¿De dónde compraremos pan para que coman éstos? Pero esto decía para probarle; porque Él sabía lo que había de hacer. Felipe le respondió: Doscientos denarios de pan no bastarían para que cada uno de ellos tomase un poco. Uno de sus discípulos, Andrés, hermano de Simón Pedro, le dijo: Aquí está un muchacho, que tiene cinco panes de cebada y dos pececillos; mas ¿qué es esto para tantos?

Entonces Jesús dijo: Haced recostar la gente. Y había mucha hierba en aquel lugar; y se recostaron como en número de cinco mil varones. Y tomó Jesús aquellos panes, y habiendo dado gracias, los repartió entre los discípulos, y los discípulos entre los que estaban recostados; asimismo de los peces, cuanto querían".

JUAN 6:5- 11 (RVR 1960).

"Y comieron todos y se saciaron; y recogieron lo que sobró de los pedazos, doce cestas llenas. Y los que comieron fueron como cinco mil hombres, sin contar las mujeres y los niños".

MATEO 14:20-21 (RVR 1960).

Resulta interesante ver cómo Jesús, usó los cinco panes y los dos peces que tenía un muchacho que no había sido contado, para dar de comer a una multitud de más de cinco mil, en número. O sea, que la materia prima para hacer el milagro que alimentaría a todos los que habían sido contados, estaba en las manos de un muchacho que no había sido tomado en cuenta.

De igual modo, a veces Dios utiliza aquello que no pensaste y a gente que no tienen referencias de ti, para hacer que se produzca el milagro que quiere traer a tu vida.

> *"He aquí, llamarás a gente que no conociste, y gentes que no te conocieron correrán a ti, por causa de Jehová tu Dios, y del Santo de Israel, que te ha honrado".*
>
> ISAÍAS 55:5 (RVR 1960).

DÍA 306

SU MANO NO SE HA CORTADO PARA BENDECIR

Dios tiene distintas formas de suplir nuestras necesidades, entre ellas, maneras que no imaginas que podrían ser usadas por Él. Ejemplo de esto tenemos en el libro de Números capítulo 11, cuando a causa de las quejas del pueblo, el Señor le dijo a Moisés que les daría a comer carne hasta que fuesen saciados. Pero Moisés dudando de esto, a causa de las condiciones del lugar en que se encontraban, dijo a Dios:

> *"Seiscientos mil de a pie es el pueblo en medio del cual yo estoy; ¡y tú dices: les daré carne y comerán un mes entero! ¿Se degollarán para ellos ovejas y bueyes que les basten? ¿O se juntarán para ellos todos los peces del mar para que tengan abasto? entonces Jehová respondió a Moisés: ¿Acaso se ha acortado la mano de Jehová? Ahora verás si se cumple mi palabra o no.... Y vino un viento de Jehová y trajo codornices del mar y las dejó sobre el campamento, un día de camino a un lado y un día de camino al otro lado, alrededor del campamento y casi dos codos sobre la faz de la tierra".*
>
> NÚMEROS 11:21-31 (RVR, 1960).

De modo que si estás pasando por algún momento de necesidad y no ves la forma de cómo podrían llegar los recursos, en vez de permitir que esa situación te turbe, recuerda que Dios es la Fuente de todo lo que existe, y que Él puede hacer lo que quiere, cuando quiere y a través de los medios que quiere.

"Y poderoso es Dios para hacer que abunde en vosotros toda gracia, a fin de que, teniendo siempre en todas las cosas todo lo que basta, abundéis para toda buena obra; como está escrito: Derramó, dio a los pobres, su justicia permanece para siempre".

2 CORINTIOS 9:8-9 (RVR 1960).

DÍA 307

ACCIONA A FAVOR DE OTROS

La tan usada expresión: "Debemos ponernos en el lugar de otros", hace referencia al hecho de sensibilizarnos con la condición de los demás, para tratar de comprender cómo ellos se sienten, frente a una determinada situación.

Ponernos en el lugar de los demás y ser misericordiosos con ellos, nos lleva a ser conmovidos ante sus circunstancias y en la medida de nuestra posibilidad, actuar en favor de ellos. Pero no hago referencia al hecho de tomarles pena, porque la pena es un sentimiento que normalmente no está acompañado de acción, solo de lamentación. De modo, que el mejor ejemplo para ilustrar la misericordia a la que estamos haciendo referencia, es el de Jesús, quien a lo largo de su estancia en la Tierra, fue siempre movido a misericordia por los que estaban a su alrededor, pero observemos la forma como lo hizo:

"Y Jesús, llamando a sus discípulos, dijo: Tengo compasión de la gente, porque ya hace tres días que están conmigo, y no tienen qué comer; y enviarlos en ayunas no quiero, no sea que desmayen en el camino .

MATEO 15: 32 (RVR 1960).

"... Cuando ya se acercaba a las puertas del pueblo, vio que sacaban de allí a un muerto, hijo único de su madre, la cual era viuda. La acompañaba un grupo grande de la población. Al verla, el Señor se compadeció de ella y le dijo: no llores. Entonces se acercó y tocó el féretro. Los que lo llevaban se detuvieron, y Jesús dijo: Joven, ¡te ordeno que te levantes! el muerto se incorporó y comenzó a hablar, y Jesús se lo entregó a su madre".

LUCAS 7:12-15 (NVI).

Luego de observar estos ejemplos, procuremos aprender de Jesús y en vez de sentir lástima por otros, accionemos a su favor.

> *"Porque tuve hambre, y me disteis de comer; tuve sed, y me disteis de beber; fui forastero, y me recogisteis; estuve desnudo, y me cubristeis; enfermo, y me visitasteis; en la cárcel, y vinisteis a mí. Entonces los justos le responderán diciendo: Señor ¿cuándo te vimos hambriento, y te sustentamos, o sediento, y te dimos de beber? ¿Y cuándo te vimos forastero, y te recogimos, o desnudo, y te cubrimos? ¿O cuándo te vimos enfermo, o en la cárcel, y vinimos a ti? Y respondiendo el Rey, les dirá: De cierto os digo que en cuanto lo hicisteis a uno de estos mis hermanos más pequeños, a mí lo hicisteis"* .
>
> MATEO 25: 35-40 (RVR 1960).

DÍA 308

AUMENTO POR IMPARTICIÓN

Una de las mayores bendiciones que podemos llegar a experimentar en la vida, es la de compartir lo que tenemos con otros sin dejar que el egoísmo impere en nosotros, procurando ser para los demás lo que queremos que los demás sean para nosotros.

La razón por la que muchos reciben escasamente, es porque no están dispuestos a compartir lo que ellos tienen con otros, ignorando que su siembra siempre determinará la magnitud de la cosecha que Dios ha de darles.

Por tanto, comparte lo que tienes e imparte en otros lo que sabes. Tu nivel de impartición, determina tu nivel de multiplicación.

"Den, y Él les dará: se les echará en el regazo, una medida llena, apretada, sacudida y desbordante. Porque con la medida que midan a otros se les medirá a ustedes".

LUCAS 6:38 (RVR1960).

"Querido hermano, pido a Dios que, así como te va bien espiritualmente, te vaya bien en todo y tengas buena salud".

3 JUAN 1:2 (DHH).

DÍA 309

¿QUÉ MÁS PODRÍAS ALCANZAR?

Lo que has logrado hasta ahora, no debe limitar lo que aún puedes conquistar. No te conformes con solo el alcance de un logro determinado, porque irónicamente esta es la causa por la que muchos se detienen, paralizando de esta manera todo el potencial que aun poseen.

A través de la historia, vemos cómo todos los que han dejado huellas, fueron personas conocidas por una pasión más grande, que su deseo de comodidad personal. Veamos algunos ejemplos:

Esther: quien entendiendo su asignación, decidió entrar a ver al rey, aunque eso le hubiera podido causar la muerte.

Abraham: quien abandonó su tierra, su parentela y la casa de su padre para obedecer a Dios, moviéndose a un lugar que desconocía.

David: siendo apenas un joven, tuvo la valentía de hacer frente al filisteo incircunciso que desafiaba a Israel. Y ese enfrentamiento fue usado como puente, para llevar a David al nivel que Dios se había propuesto llevarle.

Y a ti, **¿Qué puente te ha provisto el Señor, para pasar de donde estás ahora, hacia donde él quiere llevarte?**

"Ustedes darán honra a mi Padre, dando mucho fruto y así demostrarán que son mis seguidores" .

JUAN 15:8 (PDT).

DÍA 310

MAXIMIZA LO QUE TIENES

El término "máximo" se define como: límite superior o extremo al que puede llegar una persona o cosa.

Es sinónimo de conceptos tales como: pináculo, preeminencia, culminación, pico y cúspide. Por lo que, al considerar el peso de estos términos, nos damos cuenta de las diversas oportunidades que hemos desaprovechado, los recursos que hemos malgastado y el tiempo que hemos desperdiciado, rehusando a ir más allá de donde llegan las personas promedio.

No procures solo ser... trabaja y esfuérzate continuamente para ser todo lo que Dios espera que seas.

"Levántate, resplandece, porque ha llegado tu luz y la gloria del Señor ha amanecido sobre ti" .

ISAÍAS 60:1 (LBA).

DÍA 311

QUÉ BUENO QUE NO LO TENÍA

Un hombre que había perdido su empleo, luego de haber buscado trabajo por varios meses, concurrió a un clasificado de Microsoft que buscaba barrenderos. Al ser entrevistado, le preguntaron sus datos, lo hicieron barrer y fue felicitado por el auxiliar de Recursos Humanos que lo entrevistó, quien finalmente le dijo: *"El puesto es suyo, sólo deme su email y por ese medio le haremos llegar toda la información acerca del día y la hora que tiene que presentarse"*.

Al oír esto, el hombre desconsolado contestó: *"Yo no tengo email"*. Entonces el entrevistador muy apenado le dijo: *"Lo siento mucho, pero si no tiene email, virtualmente no existe y está en contra de las políticas de la empresa dar empleo a alguien así"*.

El hombre salió de aquel lugar, desesperado por su falta de empleo y con los únicos $2.50 que llevaba en su bolsillo, fue al mercado y compró 1 cajón de tomates de 10 Kg. que vendió yendo casa por casa, y en menos de dos horas, duplicó la inversión inicial que había hecho en los tomates.

Al día siguiente, repitió la operación y más adelante, debido a la inmensa demanda de cada día, decidió poner un puestito, que alquiló por 5 dólares diarios y terminaba cada día llevando 15 dólares a su casa. En poco tiempo, vio que las ganancias se duplicaban y hasta se triplican en un solo día. Por lo que decidió comprarse una camionetica, que al año cambió por un camión y a los tres años sustituyó por una pequeña flota.

Luego de 5 años, el laborioso hombre era dueño de una de las principales distribuidoras alimenticias del país y para ese tiempo, recibió a un vendedor de seguros en su despacho, quien al terminar la charla sobre la oferta de su producto, le dijo: *"Finalmente señor ¿me puede dar su email para enviarle todo lo referente a su póliza por esa vía?"*, a lo que el hombre le contestó: *"No tengo email, señor"*. Entonces, asombrado el asegurador le dijo: *"Si usted sin tener email llegó a construir este imperio, no quiero imaginarme lo que hubiese alcanzado para esta hora, si lo tuviera"*.

A lo que el hombre contestó: *"De haberlo tenido, hubiese alcanzado un puesto de barrendero en Microsoft. Eso es, lo que para esta hora, yo hubiera alcanzado"*.

DÍA 312

EXTIÉNDELO

La historia está hecha por individuos que se atrevieron a responder a los desafíos. Por lo que cada día, debemos considerar el hacernos las siguientes preguntas:

¿He hecho lo mejor que podía hacer con las oportunidades que tengo?

¿He usado mis dones, talentos y habilidades hasta llevarlos al máximo?

Todo lo que eres y todo lo que tienes, te fue dado, no solo para tu provecho personal, sino también para que lo dejes como legado a las generaciones venideras.

El Señor espera que dejes lo que eres, impregnado en tu descendencia, para que a su vez, ellos (siguiendo tu ejemplo) puedan hacer lo mismo.

Lo que tenemos se maximiza, cuando logramos extenderlo a las generaciones venideras.

> *"Y a aquel que es poderoso para hacer todo mucho más abundantemente de lo que pedimos o entendemos, según el poder que obra en nosotros, a Él sea la gloria en la iglesia y en Cristo Jesús por todas las generaciones,* ***por los siglos de los siglos. Amén"*****.**
>
> EFESIOS 3:20 (RVR 1960).

DÍA 313

ELÉVATE Y NO DESCIENDAS

Con cientos de horas de experiencia en vuelo, un piloto que volaba sobre el océano fue expuesto a un gran desafío, al ser sorprendido por un ruido extraño dentro de la aeronave. Y antes que pasara mucho tiempo supo de dónde aquel ruido venía, sintiendo una enorme rata correteando por sus pies.

Aquellos fueron los minutos más aterradores de toda su carrera como piloto. Un sudor frio corrió por su espalda mientras buscaba con desesperación, dónde llevar a cabo un aterrizaje de emergencia. Algo bastante difícil, si tenemos en cuenta que volaba sobre el mar.

Pero, al no tener forma de descender, se le ocurrió un plan alternativo: remontarse a una altura mucho mayor a la que ya estaba, para aumentar así, el nivel de presurización. Es decir, el bombeo de aire comprimido en la avioneta, lo que al producirse hizo que la rata explotara por causa de la presión que produjo la presurización.

De igual modo, cuando sientas ratas en tu "avioneta", en vez de descender, elévate mucho más alto. Porque las ratas suelen explotar por causa de tu ascenso.

> *"No tienes que temer al terror de la noche, ni asustarte por los peligros del día, ni atemorizarte por las plagas que se ocultan en las tinieblas ni por los desastres del medio día" .*

SALMOS 91:5-6 (NBD).

DÍA 314

IMPORTANCIA DE LA SABIDURÍA

El temor a Dios es el principio de la sabiduría.

La sabiduría, es la llave que te abrirá las puertas de los tesoros de la Tierra y de los tesoros del Cielo.

La sabiduría, es más poderosa que las armas de guerra.

Las relaciones correctas, aumentan tu sabiduría.

Las personas sabias, siempre están abiertas a recibir corrección.

La sabiduría desarma a todos los que quieren hallar herramientas para destruirte.

La sabiduría tiene el poder de dar vida a sus poseedores.

"Porque escudo es la ciencia, y escudo es el dinero; mas la sabiduría excede, en que da vida a sus poseedores".

ECLESIASTÉS 7:12 (RVR 1960)

DÍA 315

ACCIÓN DE SABIOS

- Las personas sabias, viven basadas en el temor y la reverencia a Dios.
- Son prudentes y saben a quiénes les cuentan sus cosas.
- Saben esperar su tiempo y no tratan de ocupar lugares ajenos ni posiciones que no le corresponden.
- Dan lo mejor de ellos mismos, aunque no sean valorados por otros.
- No permiten que las malas acciones de otros los lleve a hacer lo mismo que ellos hacen.
- Marcan la diferencia modelando siempre una conducta ejemplar.
- Cuando son tentadas, responden del modo que Dios espera que respondan ante las ofertas del tentador, sin dejarse arrastrar por lo que su carne les dicte.
- Son leales e íntegros en su relación con Dios y con los demás, y no solo actúan correctamente cuando pueden ser observados.
- El accionar correcto es parte habitual del estilo de vida de las personas sabias.

"El principio de la sabiduría es el temor de Jehová; y el conocimiento del Santo es la inteligencia" .

PROVERBIOS 9:10 (RVG).

DÍA 316

ÉL LO RECOMPENSARÁ

En ocasiones, las personas sufren desmedidamente por no recibir de otros, lo mismo que ellos se esfuerzan en darles. Es decir, se sienten disconformes porque entienden que, según los esfuerzos y sacrificios que hacen, no son debidamente correspondidos. Pero Dios nos entiende y sabe perfectamente cómo nos sentimos, porque Él no sólo está con nosotros, sino que mora dentro de nosotros.

Él sabe todas las cosas y tiene el poder para retribuirnos por todo lo que muchas veces, sentimos que la vida nos ha robado. Veamos sólo estos ejemplos:

Sobre Mefiboset, el hijo lisiado de Jonatán, la Biblia dice:

"David le dijo: no tengas temor, porque yo a la verdad haré contigo misericordia por amor de Jonatán tu padre, y te devolveré todas las tierras de Saúl tu padre; y tú comerás siempre a mi mesa".

2 SAMUEL 9:7 (RVR 1960).

En cuanto a las hijas de Zelofehad, las que según la ley no les tocaba herencia, dice:

"Y Jehová respondió a Moisés, diciendo: Bien dicen las hijas de Zelofehad; les darás la posesión de una heredad entre los hermanos de su padre, y traspasarás la heredad de su padre a ellas. Y a los hijos de Israel hablarás, diciendo: Cuando alguno muriere sin hijos, traspasaréis su herencia a su hija. Si no tuviere hija, daréis su herencia a sus hermanos; y si no tuviere hermanos, daréis su herencia a los hermanos de su padre".

NÚMEROS 27:1-10 (RVR 1960).

Por tanto, si sientes que ciertas cosas no han sido justas para contigo, acuérdate que Dios es tu Justicia y Él se encargará de recompensarte por todo lo que te corresponde, pero que aún no has recibido todavía.

DÍA 317

DIOS TE HARÁ JUSTICIA

"Y vio Jehová que Lea era menospreciada, y le dio hijos; pero Raquel era estéril".

GÉNESIS 29:31 (RVR 1960).

El nombre de Lea viene de la raíz hebrea (Laá) y significa cansada, usada, gastada, exhausta, fatigada. Fue la primera esposa de Jacob y éste no la amaba, porque su corazón le pertenecía a Raquel, la hermana de Lea.

Sin embargo, Dios vio la aflicción de Lea y le concedió tener hijos. Algo que constituía no sólo una gran bendición para cualquier mujer, sino también un acto de justicia de parte de Dios para ella, ya que la carencia de hijos en aquella época era considerada como una gran desgracia, e incluso como un castigo divino para los que la padecían.

Mientras que, cuando la mujer concebía se consideraba que había dado al marido, el regalo más precioso que se le podía otorgar. Así que al ver el menosprecio hacia Lea, Dios decidió bendecirla, como recompensa por su aflicción: "Y vio Jehová que Lea era menospreciada".

El término hebreo traducido como "vio", en este pasaje es "raa" e implica: observar, reconocer, atender, considerar y examinar.

O sea, que el Señor contempló el menosprecio de Lea y por causa de este, la recompensó. Porque los juicios de Dios son perfectos y todas las cosas están desnudas y abiertas delante de Él.

"Encomienda al Señor tu camino; confía en él, y él actuará. Hará que tu justicia resplandezca como el alba; tu justa causa, como el sol de mediodía" .

SALMOS 37:6 (NVI).

DÍA 318

EL VALOR DE LA ACLARACIÓN

Como cada uno de nosotros es diferente y tiene un modo distinto de interpretar las cosas, el sentido de lo que decimos, puede variar dependiendo de cuál sea la apreciación de nuestro receptor.

Por eso es importante estar dispuestos a aclarar siempre que sea necesario, algo que al salir de nosotros haya podido ser mal interpretado por otros.

Las aclaraciones fortalecen los lazos, salvan relaciones y nos mantienen unidos.

Cuida lo que dices y siempre que se amerite dar una explicación para traer sanidad a otros, hazlo con toda humildad. Nunca dejes que el orgullo te robe lo que más importa, la bendición de mantenerte en armonía con la gente.

> *"Sobre todo, tened entre vosotros un ferviente amor, porque el amor cubre una multitud de pecados".*

1 PEDRO 4:8 (RVR 1960).

DÍA 319

NI AUN EN LOS PALACIOS

Acerca de Juan el Bautista, Jesús dijo a la gente: "¿A qué clase de hombre fueron a ver al desierto? ¿Acaso era una caña débil sacudida con la más leve brisa? ¿O esperaban ver a un hombre vestido con ropa costosa? No, la gente que usa ropa costosa vive en los palacios. ¿Buscaban a un profeta? Así es, y Él es más que un profeta".

MATEO 11:7-9 (NTV).

De ninguna otra persona, Jesús hizo un elogio tan extraordinario como este. El cual tuvo su base en la pregunta: ***"¿A qué clase de hombre fueron a ver al desierto? ¿Acaso era una caña débil sacudida con la más leve brisa?"*** (Ver. 7).

Al considerar la expresión "caña débil sacudida con la más leve brisa", Jesús pudo haberse referido a una de dos cosas:

1. A las cañas que crecían en la orilla del Jordán, y que eran usadas como una especie de proverbio para referirse a algo común.

2. A una persona débil e inestable, que no podía mantenerse firme frente al embate de los vientos que le azotaban.

Pero a esto Jesús añade: **"¿O esperaban ver a un hombre vestido con ropa costosa? No, la gente que usa ropa costosa vive en los palacios. ¿Buscaban a un profeta? Así es, y él es más que un profeta"** (Vers. 8-9).

Cualquier cosa que la gente haya salido a ver al desierto, seguro que no era a una persona común y corriente ni tampoco vacilante y débil, porque nadie andaría por camino de desierto, para ver a alguien que no tuviera algo extraordinario y distinto, a lo que tenía el resto de las demás personas.

En otras palabras, Jesús testifica acerca de Juan, que él no era movido por cualquier viento, y que sus vestiduras no eran costosas, frágiles ni delicadas. Por el contrario, Juan estaba vestido de cuero de camello, que era algo común. Pero ese material común, vestía a un hombre extraordinario.

La gente iba detrás de Juan, por lo que él les impartía. Por eso caminaban largas horas para llegar al desierto (lugar candente, árido y seco), pero este hombre tenía un mensaje que producía efecto en la gente. Por tanto, ellos por encima de lo que tuvieran que vencer para llegar a él, procuraban escucharlo.

De igual modo, nosotros debemos pedir a Dios que nos permita poder impartir en la gente, lo que ellos no puedan hallar **ni aun en los palacios.**

DÍA 320

QUE NO SE TE OLVIDE

No dejes que la presión del momento te haga dudar aquello de lo que estabas convencido cuando las cosas iban bien, como le ocurrió a Juan el Bautista, quien hablando acerca de Jesús, en un momento determinado dijo:

"Viene tras mí el que es más poderoso que yo, a quien no soy digno de desatar encorvado la correa de su calzado".

MARCOS 1:7 (RVR 1960).

Algo que cobra aún más sentido, al considerar que en la antigüedad, el desatar el calzado de los pies era una tarea designada sólo a los esclavos. Así que la declaración de Juan expresa lo siguiente:

"El que viene detrás de mí es tan grande que yo no me considero digno ni aun de ser su esclavo".

Por otra parte, al ver a Jesús en el Jordán, Juan dice: *"He aquí el Cordero de Dios, que quita el pecado del mundo"* .

Juan 1:29 (RVR 1960). Certificando frente a todos, la confianza que tenía en la persona de Jesús como el enviado de Dios para rescatar al mundo.

Sin embargo, esta confianza fue probada cuando, al ser puesto en la cárcel, Juan envió a dos de sus discípulos a preguntar a Jesús, si era Él el que había de venir o si tendrían que esperar a otro. (Ver Mateo 11).

Fue así, como Juan permitió a las circunstancias que estaba atravesando en un determinado momento, hacerle dudar lo que él en otro tiempo, había testificado.

Pero las circunstancias de Juan, no alteraron las verdades que él había expresado antes acerca de Jesús, y ante tales interrogantes Jesús respondió: "Vayan y díganle a Juan lo que están viendo y oyendo. Cuéntenle que los ciegos ven, los cojos andan, los leprosos quedan limpios de su enfermedad, los sordos oyen, los muertos vuelven a la vida y a los pobres se les anuncia la buena noticia. ¡Y dichoso aquel que no encuentre en mí motivo de tropiezo!"

MATEO 11:4-6 (DHH).

No dejes que la presión del momento, te haga dudar lo que en otro tiempo pudiste testificar.

Tú sabes que Dios sana, porque te ha sanado, sabes que restaura porque te ha restaurado y conoces que Él liberta porque te ha libertado. El poder de Dios no caduca; Él es, y seguirá siendo siempre el mismo.

"He aquí que no se ha acortado la mano de Jehová para salvar, ni se ha agravado su oído para oír".

ISAÍAS 59:1 (RVG).

DÍA 321

¿QUÉ USO LE DARÁS A LA PIEDRA?

El distraído tropezó con ella.

El violento hizo de ella un proyectil.

El emprendedor construyó con ella.

El campesino cansado, la utilizó como asiento.

David, mató con ella a Goliat.

El escultor Miguel Ángel, sacó de ella una escultura.

Por lo que, resulta interesante ver cómo en todos estos casos, la diferencia no estuvo en la piedra sino en la mentalidad de aquel que la poseía.

Y tú ¿qué uso darás a tu piedra?

"Por tanto, Jehová el Señor dice así: He aquí que yo he puesto en Sion por fundamento una piedra, piedra probada, angular, preciosa, de cimiento estable; el que creyere, no se apresure" .

ISAÍAS 28:16 (RVR 1960)

DÍA 322

NO CAMBIES TU NATURALEZA

Un joven que vio a un alacrán que se estaba ahogando, decidió sacarlo del agua, pero al hacerlo el alacrán lo picó.

Por la reacción al dolor, el joven lo soltó y el animal cayó al agua. No mucho tiempo después, vio que de nuevo el alacrán se ahogaba y se dispuso sacarlo otra vez. Pero otra vez el alacrán lo picó y así sucedía cada vez que el joven lo intentaba sacar del agua.

Pero alguien que había observado todo, se acercó y le dijo: *"Perdone joven, pero usted sí que es terco. ¿No entiende que cada vez que intente sacarlo del agua, el alacrán lo picará?"*

El joven respondió: *"Sí lo entiendo, pero la naturaleza del alacrán es picar y eso no va a cambiar mi naturaleza, que es ayudar"*. Así que, ayudándose con una hoja, sacó al animalito del agua y finalmente le salvó la vida.

No dejes que las "mordeduras de alacrán" cambien tu naturaleza. Simplemente toma precauciones al exponerte a éstas.

"No seas vencido por lo malo; vence con el bien el mal".

ROMANOS 12:21 (RVR 1960).

DÍA 323

A LOS QUE QUIEREN VERTE MUERTO, DALES DE COMER

Cuando Benhadad rey de Siria, procuraba darle muerte a Eliseo, el profeta clamó a Dios para que hiciera caer ceguera sobre el rey y todo su ejército, para así conducirlos a Samaria, y Dios lo escuchó. Llegando allá, Eliseo pidió a Joram (rey de Samaria) que les perdonara la vida y que además se les diera de comer y de beber a todos, hasta que fueran saciados. (Ver 2 Reyes 6).

Por lo que, si al igual que Eliseo, el Señor te ha librado de los que se han levantado en tu contra y los ha entregado en tus manos, no procures vengarte de ellos. Haz bien a los que te han hecho mal y procura bendecir con todo lo que puedas, a los que en algún momento han tratado de "quitarte la vida".

> *"No tomen venganza, hermanos míos, sino dejen el castigo en las manos de Dios, porque está escrito: "Mía es la venganza; yo pagaré, dice el Señor". Antes bien, Si tu enemigo tiene hambre, dale de comer; si tiene sed, dale de beber. Porque actuando así, harás que se avergüence de su conducta".*
>
> ROMANOS 12:19 (NVI).

DÍA 324

UNA ARMA LLAMADA "EL SILENCIO"

Hay momentos en los que, aunque tengas la razón, es preferible callar. Incluso si entiendes que se ha cometido alguna injusticia en tu contra. Recuerda que esta no es tu guerra sino la de Dios y que si mantienes tu paz, tu victoria llegará sin necesidad de que te vuelvas histérico y sin que tengas que operar según las directrices de tu carne.

Así que no dejes que tu carne te controle, ni aceptes sus sugerencias. Has silencio y deja que sea Dios quien te defienda. Porque a veces, el arma más poderosa de nuestro arsenal, es una a la que todos tenemos acceso y que lleva por nombre **"EL SILENCIO".**

En ocasiones, es perdiendo como se gana y es dejando pasar muchas cosas, como se obtiene la victoria.

"Pero ustedes no tendrán que intervenir en esta batalla. Simplemente, quédense quietos en sus puestos, para que vean la salvación que el Señor les dará" .

2 CRÓNICAS 20:17 (NBD).

DÍA 325

¿QUÉ TE VAN A DAR?

Identifica cuidadosamente cuáles son las batallas, luchas y guerras verdaderamente dignas de ser peleadas. Ya que en algunas ocasiones es preferible dejar pasar situaciones y responder con ignorancia a lo que podría hacerte perder velocidad, y hasta desviarte de lo que te has propuesto alcanzar.

No todas las cosas merecen ser escuchadas, no todo se investiga, no a todo se le presta atención. Hay momentos en los que resulta mucho más provechoso ir delante de la presencia de Dios a exponer nuestra causa, que tratar de probar nuestro punto para que nos entiendan y sepan por qué hemos actuado de una forma determinada.

No permitas que todo te afecte, considera a fondo cuál será el provecho que tendrás en cada uno de los enfrentamientos a los que te expones.

Como ejemplo de esto, vemos cómo antes de enfrentarse a Goliat, David hizo la siguiente pregunta:

> *"¿Qué le van a dar al hombre que venciere a este filisteo y quitare el oprobio de Israel?"*
>
> 1 SAMUEL 17:26 (RVR 1960).

Al hacer tal interrogante, David revela su interés en saber cuál sería el beneficio real, de tener tal enfrentamiento con aquel opositor, ya que entendía que semejante batalla había de tener alguna recompensa importante.

No desperdicies tiempo, esfuerzos y recursos peleando por cosas que no valen la pena, porque si agotas lo que tienes haciendo frente a las pequeñeces, cuando lleguen las verdaderas batallas; aquellas que ciertamente tendrás que librar, te sentirás agotado y sin fuerzas para hacerlo. Por tanto, la próxima vez que tengas que hacer frente a algo, toma un tiempo y considera lo siguiente:

> *¿Cuál será el resultado de enfrentar esta situación? Realmente ¿vale la pena, que la enfrente o será mejor ignorarla?*
>
> *"Mientras tanto, mis enemigos procuran matarme. Traman mi ruina y se pasan el día planeando traiciones, pero soy sordo a todas sus amenazas; callo ante ellos como quien no sabe hablar, hago como que no oigo y no respondo. Yo Señor, espero en ti; Tu Señor, Dios mío serás quién responda"*
>
> SALMOS 38:12:15 (NDB 1960).

DÍA 326

LA FIRMEZA DE CARÁCTER

El término carácter, proviene de una palabra latina que significa "marca o cualidad distintiva". Nuestro carácter es lo que nos define y nos identifica.

El carácter genuino es firme, predecible y estable. La mayoría de personas están familiarizadas con la frase: *"Todo el mundo tiene un precio"*, refiriéndose a que cada persona tiene un punto, en el que actuará fuera del marco de su sistema de valores y principios, para obtener algo que represente una prioridad más alta para ellos. Lo que en ocasiones puede ser dinero, fama o poder; pero a los que así proceden, no les irá bien.

Si queremos que nuestros resultados sean buenos y permanentes, tenemos que renunciar para siempre a esta idea. Los hombres y mujeres de Dios, no pueden tener otro precio, que el que ya el Señor pagó por ellos, estando en la cruz del Calvario.

La firmeza de nuestro carácter debe hacer que cada vez que alguien nos haga una oferta opuesta a nuestras convicciones, la respuesta siempre sea esta: *"Eso, no es coherente con mis principios ni está alineado a mi sistema de valores, por tanto, no incurriré en ello"*.

La parte predecible de nuestro carácter debería ser tal, que hable por nosotros, aun cuando no estamos presentes.

La parte estable de nuestro carácter, debería llevarnos a considerar que a todos les resulta difícil confiar, en una persona que no deja de claudicar.

Ya que como lo expresa la palabra del Señor: "Su lealtad está dividida entre Dios y el mundo, y son inestables en todo lo que hacen".

SANTIAGO 1:8 (NTV).

Por lo que si una persona tiene un defecto de carácter en cierta área, inevitablemente tendrá también defectos de carácter en todas las otras.

Finalmente, te invito a que pienses en esto: ¿Eres conocido por ser una persona firme, predecible y estable? O ¿por ser de aquellos que sacrifican los valores y principios, a cambio de obtener placeres temporales?

La respuesta que puedas dar a esto, será determinante para los resultados que esperas obtener en el trayecto de vida, que tienes por delante.

> *"Por lo demás, hermanos, todo lo que es verdadero, todo lo honesto, todo lo justo, todo lo puro, todo lo amable, todo lo que es de buen nombre; si hay virtud alguna, si algo digno de alabanza, en esto pensad" .*
>
> FILIPENSES 4:8. (RVR 1960)..

DÍA 327

LA ÚNICA HERRAMIENTA CAPAZ

Uno de los hábitos más difíciles que puedes llegar a formar, es la lectura diaria de la Palabra de Dios. Sin embargo, esta es la única herramienta capaz de producir los cambios que tu corazón anhela. He aquí solo algunos de los muchos beneficios que obtienes, cuando la lees:

La palabra de Dios resuelve tus problemas emocionales:

"Mucha paz tienen los que aman tu ley"

SALMOS 119:165 (RVR 1960)

La palabra de Dios limpia tu conciencia:

"Ya vosotros estáis limpios por la palabra que os he hablado" .

JUAN 15:3 (RVR 1960)

La palabra de Dios te corrige:

"Toda la escritura es inspirada por Dios, y útil para enseñar, para corregir, para redargüir, para instruir en justicia, a fin de que el hombre de Dios sea perfecto, enteramente preparado para toda buena obra".

2 TIMOTEO 3:16 (RVR 1960)

La palabra de Dios es la Fuente de la sabiduría que necesita tu vida.

"Porqué Jehová da la sabiduría, y de su boca viene el conocimiento y la inteligencia" .

PROVERBIOS 2:6 (RVR 1960)

DÍA 328

¿ESTÁS VERDADERAMENTE LISTO?

El nivel al que eres promovido, siempre estará relacionado con tu capacidad de soporte. Aquello que eres capaz de soportar sin desintegrarte, habla de qué tan listo estás para que te sean confiadas cosas mayores, de las que ya estás manejando.

Si eres frágil para soportar las dificultades que se te presentan, también serás considerado como frágil para ser promovido a un nivel más alto del que te encuentras ahora.

Antes de dedicarme por completo al ministerio, el Señor me dio la oportunidad de obtener una maestría en alta gerencia, en la que aprendí que las personas mejores pagadas dentro de las empresas, son aquellas que demuestran tener el mayor nivel de capacidad para manejar presión, resolver conflictos y solucionar problemas.

En otras palabras, no puedes ser gerente de una compañía sino no puedes manejar estrés, no puedes ser un supervisor, si en vez de ejercer dominio sobre tus emociones dejas que estas te manejen a ti, no puedes ser parte de la junta directiva de una organización importante, si no sabes responder debidamente a los diferentes problemas que en ellas se presentan.

Mientras menos tienes la responsabilidad de manejar, menor será la compensación que recibirás. Mientras más presión tienes a tu cargo, mayor será tu recompensa.

Tu nivel de soporte, exhibe tu nivel de preparación para ser promovido, porque al ser promovido, inminentemente serás expuesto a nuevos retos y mayores demandas que las que has enfrentado hasta ahora.

O sea, que cuando dices: *"Estoy listo para mi promoción"* lo que realmente estás diciendo es: *"No importa lo que tenga que enfrentar ni lo que pueda venir en mi contra; me encuentro listo para superar cualquier obstáculo que se levante".*

Partiendo de esto, con toda sinceridad, considera lo siguiente: **¿Estás tú realmente listo para ser promovido?**

> *"Porque a quien mucho se le da, también se le pedirá mucho y a quien mucho se le confía, se le exigirá mucho más".*
>
> LUCAS 12:48 (DHH).

DÍA 329

RECONOCE TUS FALLAS

Bueno es tener la debida actitud para reconocer nuestras fallas y admitir nuestros errores. Poder expresar palabras como: "Lo siento, estaba equivocado, no debí hablar así, reaccioné de forma exagerada, reconozco que fallé", entre otras expresiones similares, deja revelado nuestro verdadero nivel de madurez.

Si por haberte dejado llevar por la presión de un momento determinado, reconoces que has producido una herida en la vida de alguien, decide enmendar; haz todo lo que esté a tu alcance para reparar el daño causado y en caso de ser necesario, explícale al agraviado, que te dejaste arrastrar por el enojo y que no era tu intención herirle.

En los años que tengo en el ministerio, he podido ver cómo relaciones que habían estado rotas durante mucho tiempo, se han salvado gracias a la disposición de alguien, a ofrecer una sincera disculpa.

No permitas que el orgullo dañe tus relaciones. De hecho, considera que cada vez que Dios envía a alguien para ser de bendición a tu vida, el enemigo trabajará a través de diferentes medios, para hacer que lo pierdas. Así que ¡no lo permitas!

Practica la humildad, acepta tu error y reconoce tus fallas, porque no en vano dice la Biblia:

"El orgullo del hombre lo humillará, pero el de espíritu humilde obtendrá honores".

PROVERBIOS 23:29 (LBA).

DÍA 330

LA VERDADERA BENDICIÓN

Una de las formas más efectivas de identificar si algo es realmente una bendición, es observando el efecto que produce en nuestra vida espiritual. En otras palabras, debemos considerar si lo que hemos recibido, nos acerca más o si por el contrario, nos hace alejar de Dios.

Con el fin de hacernos tropezar, Satanás utiliza diversas trampas, entre las cuales está, el hecho de ofrecernos cosas que parecen buenas y atractivas, pero que realmente son destructivas.

Por ejemplo, si el empleo que tanto necesitas te lo ofrecen, pero el mismo tiene elementos que podrían afectar tu comunión con Dios, aunque tenga buenos beneficios y el salario sea atractivo, esa oferta no puede venir de Dios. Porque al respecto, la Biblia establece:

> *"¿Qué provecho obtendrá un hombre si gana el mundo entero, pero pierde su alma?".*
>
> MATEO 16:26 (LBLA).

Por otro lado, si se te presenta la oportunidad de tener o alcanzar algo que has anhelado durante mucho tiempo, pero para conseguirlo debes incurrir en falsedades y mentiras, tal cosa no procede de Dios, porque:

> *"Los labios mentirosos son abominación al Señor, pero los que obran fielmente son Su deleite".*
>
> PROVERBIOS 12:22 (NBLH).

Finalmente, si te has comenzado a relacionar con alguien y notas que tu vida espiritual en vez de fortalecerse, se ha debilitado, esta persona (sin importar lo mucho que te agrade) no ha sido enviada por Dios a tu vida, porque lo que procede del Señor, en vez de alejarte de Él, contribuirá siempre a que te sientas mucho más cerca de Él.

Ten cuidado, porque en ocasiones lo que a simple vista puede parecer una "gran bendición", se trata solo de una trampa puesta por el adversario para traer a tu vida, una enorme destrucción.

"La bendición de Jehová es la que enriquece y no añade tristeza con ella" .

PROVERBIOS 10:22 (RVR 1960).

DÍA 331

SU PRIORIDAD NO ES ACOMODARTE, ES POSICIONARTE

Contrario a lo que muchos piensan, el hecho de dar cumplimiento al propósito que Dios tiene contigo, no garantiza que no tendrás problemas, ni que las cosas serán siempre cómodas, ni que todo lo que te pasa terminará del modo que esperas. Veamos algunos ejemplos:

Para que se cumpliera el propósito que el Cielo tenía con José, Dios permitió que sus hermanos lo vendieran. Y años más tarde, al ver cómo todo fue encaminado, refiriéndose al proceso más doloroso de toda su vida, José, hablando a sus hermanos, le dijo: "Ustedes se propusieron hacerme mal, pero Dios dispuso todo para bien. Él me puso en este cargo para que yo pudiera salvar la vida de muchas personas".

GÉNESIS 50:20 (NTV)

Como parte del propósito que el Señor tenía con Pablo, este en una ocasión expresó: "Ahora, he aquí, ligado yo en espíritu, voy a Jerusalén, sin saber lo que allá me ha de acontecer; salvo que el Espíritu Santo por todas las ciudades me da testimonio, diciendo que me esperan prisiones y tribulaciones. Pero de ninguna cosa hago caso, ni estimo preciosa mi vida para mí mismo, con tal que acabe mi carrera con gozo, y el ministerio que recibí del Señor Jesús, para dar testimonio del evangelio de la gracia de Dios".

HECHOS 20:22-24 (RVR 1960)

En cuanto a la traición de Judas, Jesús hablando a sus discípulos, les dijo: "Yo los elegí a ustedes doce, pero hay uno de ustedes que es un diablo. Refiriéndose a Judas, hijo de Simón Iscariote, uno de los doce, quien más tarde lo traicionaría" .

JUAN 6:70-71(NTV)

"Habiendo dicho Jesús esto, se conmovió en espíritu, y declaró y dijo: De cierto, de cierto os digo, que uno de vosotros me va a entregar. ... A quien yo diere el pan mojado, aquel es. Y mojando el pan, lo dio a Judas Iscariote hijo de Simón. Y después del bocado, Satanás entró en él. Entonces Jesús le dijo: Lo que vas a hacer, hazlo más pronto" .

JUAN 13:21, 26-27 (RVR 1960)

Por tanto, el propósito de Dios no tiene como prioridad acomodarte, sino conectarte con personas, ubicarte en lugares y ponerte en posiciones que te permitan cumplir con el destino que Él trazó para ti.

"Por Jehová son ordenados los pasos del hombre, y él aprueba su camino" .

SALMOS 37:23 (RVR 1960)

DÍA 332

VALORA LA GENTE

¿Alguna vez te has detenido a preguntar a alguien, cómo llegar a algún lugar de la ciudad? Si tu respuesta es afirmativa, quizás has notado que casi siempre la gente deja de hacer lo que está haciendo para ayudarte, aunque esto signifique cruzar la calle o detener el tráfico. ¿Por qué? Porque cuando pueden servir de ayuda a otros, la gente se siente útil, y se les desarrolla el sentido de realización al ver que alguien les necesita.

Cuando las personas se sienten necesitadas, su nivel de productividad y creatividad aumenta. Por lo que este, puede ser un buen día para que te preguntes: *¿Cuáles de las personas que tengo a mi alrededor pudieran ayudarme a realizar un trabajo mejor del que yo hago solo?*

Deja que los demás puedan ser parte de lo que emprendes y verás cómo lo que haces, al insertarlos a ellos, se convertirá en algo mayor y más completo, de lo que ya es.

> *"Por eso les dije: Ustedes son testigos de nuestra desgracia. Jerusalén está en ruinas, y sus puertas han sido consumidas por el fuego. ¡Vamos, anímense! ¡Reconstruyamos la muralla de Jerusalén para que ya nadie se burle de nosotros! Entonces les conté cómo la bondadosa mano de Dios había estado conmigo y les relaté lo que el rey me había dicho. Al oír esto, exclamaron: ¡Manos a la obra! Y unieron la acción a la palabra".*

NEHEMÍAS 2:17- 18 (NVI).

DÍA 333

EL PODER DEL ACUERDO

Tú no podrás tener éxito estando sólo. Las relaciones son un mandato y son también un privilegio. Ya que tal como la Biblia lo expresa:

"Mejores son dos que uno, porque tienen mejor paga de su trabajo. Porque si cayeren, el uno levantará a su compañero; pero ¡ay del solo! Que cuando cayere, no habrá segundo que lo levante".

ECLESIASTÉS 4:9-10 (RVR 1960)

No hay nada más efectivo en la Tierra para la conquista de grandes cosas, que el poder del acuerdo. Es por esto que en una ocasión, hablando a sus discípulos, Jesús dijo:

"Otra vez os digo, que si dos de vosotros se pusieren de acuerdo en la tierra acerca de cualquiera cosa que pidieren, les será hecho por mi Padre que está en los cielos. Porque donde están dos o tres congregados en mi nombre, allí estoy yo en medio de ellos" .

MATEO 18:19-20 (RVR 1960)

"Y dijo el SEÑOR: He aquí, son un solo pueblo y todos ellos tienen la misma lengua. Y esto es lo que han comenzado a hacer, y ahora nada de lo que se propongan hacer les será imposible".

GÉNESIS 11:6 (LBLA)

DÍA 334

¿CUÁNDO TE VIMOS?

Cada día que vivimos, Dios nos pone a prueba ubicándonos en situaciones donde más que solo dar opiniones y actuar como simples espectadores, podamos poner en exhibición la esencia de lo que Él ha puesto en nosotros.

La razón por la que el Señor nos provee y nos ubica en posiciones privilegiadas, es para que podamos ser un canal de bendición a la vida de los demás, y cuando lo hacemos, Dios lo considera como si lo hiciéramos para Él mismo.

Veamos este ejemplo:

> *"Entonces el Rey dirá a los de su derecha: Venid, benditos de mi Padre, heredad el reino preparado para vosotros desde la fundación del mundo.*
>
> *Porque tuve hambre, y me disteis de comer; tuve sed, y me disteis de beber; fui forastero, y me recogisteis; estuve desnudo, y me cubristeis; enfermo, y me visitasteis; estuve en la cárcel, y vinisteis a mí. Entonces los justos le responderán, diciendo: Señor, ¿cuándo te vimos hambriento y te sustentamos? ¿o sediento y te dimos de beber? ¿Y cuándo te vimos forastero y te recogimos? ¿o desnudo y te cubrimos? ¿O cuándo te vimos enfermo o en la cárcel, y fuimos a verte? Y respondiendo el Rey, les dirá: De cierto os digo que en cuanto lo hicisteis a uno de éstos, mis hermanos más pequeños, a mí lo hicisteis"*
>
> MATEO 25: 34-40 (RVR 1960).

Así que la próxima vez que veas algún necesitado y tengas la posibilidad de ayudarle, no te rehúses a hacerlo. Porque es Dios quien te está dando la oportunidad de ayudarles, a través de lo que Él te ha otorgado a ti.

DÍA 335

COMO EL ALFARERO QUISO

El capítulo 18 del libro de Jeremías, es uno de los pasajes bíblicos más predicados de todo el Antiguo Testamento. Es mucho lo que podemos aprender al considerar la experiencia que tuvo este profeta cuando fue enviado por Dios, a la casa del alfarero.

Sin embargo, en esta ocasión quiero hacer énfasis solo en la siguiente parte, de este conocido capítulo:

*"Y la vasija de barro que él hacía se echó a perder en su mano; y volvió y la hizo otra vasija, **según le pareció mejor hacerla".*** (Ver. 4).

La expresión *"Según le pareció mejor hacerla"* deja en claro, que para dar forma al barro, el Alfarero no buscó opiniones de nadie ni consultó con el barro, a ver si estaba de acuerdo con que se le diera tal forma. Sino que hizo la vasija, de la forma como Él en su soberanía, consideró mejor hacerla.

Este pasaje revela que tanto nuestras características internas, como externas, llevan la forma que el Señor quiso darnos.

Así que nunca dejemos de ser lo que el "Alfarero" quiso que fuéramos para complacernos, a nosotros mismos o para ganar la complacencia de otras "vasijas de barro" como nosotros, porque ***¿de qué sirve agradar a otras "vasijas" cuando no estamos agradando al Alfarero, que a todos nos hizo?***

DÍA 336

ASÍ ES LA MUJER QUE TRANSCIENDE

Muchas son las cualidades de una mujer que marca la diferencia, pero de todas te invito a que consideremos las siguientes:

- Es temerosa de Dios y busca agradarle en todo lo que hace.
- Clama a Dios y decide levantarse cuando cae.
- Le estorba el camino a Satanás cuando la ataca, con el fin de herir su vida y destruir su casa.
- No se deja arrastrar por sus emociones, sino que ejerce dominio sobre ellas.
- No actúa por sentimientos, sino por principios.
- Entiende la grandeza del sometimiento y lo ejerce.
- Deja huellas y pone una marca en todo lo que hace, que la distingue de las demás.
- Da lo mejor de sí, aunque los demás no hagan con ella lo mismo.
- Procura ser ejemplo de otros, y trabaja para abrir camino a quienes vienen detrás.
- Sabe que cuando terminen sus días en la Tierra, no termina el plan que Dios tiene con su casa, por eso procura continuamente, dejarle un buen legado.

"Mujer ejemplar ¿dónde se hallará? ¡Es más valiosa que las piedras preciosas!" .

PROVERBIOS 31:10 (NVI).

DÍA 337

CARACTERÍSTICAS DE UN HOMBRE DE VALOR

Así como en la reflexión anterior, consideramos algunas de las cualidades de las mujeres que trascienden, en esta veremos algunas de las características que tiene un hombre de valor:

- Un hombre de valor es uno que ama a Dios con todas sus fuerzas y lo enseña a su familia.
- Procura ser el líder espiritual de su hogar.
- Ama a su familia y está dispuesto a vencer el egoísmo y el orgullo para convertirse en servidor de los que la conforman.
- Atiende las necesidades de su casa.
- Da prioridad a las necesidades de su familia antes que a las suyas propias.
- Reconoce sus errores y se dispone a pedir perdón a quien haya lastimado, comenzando con su esposa e hijos.
- Enseña y modela a sus hijos, principios de vida bíblicos.
- Se esfuerza para proveer a su familia.
- Protege a su familia espiritual y físicamente.
- Da a su familia la seguridad que necesitan.

"...Que gobierne bien su casa, que tenga a sus hijos en sujeción con toda honestidad, (pues el que no sabe gobernar su propia casa, ¿cómo cuidará de la iglesia de Dios?)"

1 TIMOTEO 3:4-5. (RVR 1960).

"Maridos, amen a sus mujeres y no sean ásperos con ellas".

COLOSENSES 3:19 (LNBH).

DÍA 338

EN ESTO CONSISTE

Cuando optas por ser una persona leal, además de atraer la bendición de Dios a tu vida, tendrás la confianza y el respeto de todos los que te rodean.

La lealtad es y será siempre un elemento indispensable para la duración y estabilidad de todas las relaciones que puedas llegar a establecer en todo el trayecto de tu vida. Sin embargo, ser leal va más allá de una simple expresión. Cuando una persona es leal, considerará a los demás como se considera a sí misma.

Una de las implicaciones de la lealtad, consiste en tener a las personas que están ausentes, la misma consideración que les muestras cuando se encuentran presentes. En otras palabras, **nunca digas a espalda de nadie, lo que no eres capaz de decirle, cuando le tienes de frente.**

Nuestro objetivo real al referirnos a las fallas de alguien, debe ser siempre ayudarle a mejorar, y para poder lograrlo, debemos tener valentía y el amor de Dios, activo dentro de nosotros.

Recuerdo que en una ocasión, tuvimos a alguien de visita en nuestra casa y mientras compartíamos la cena, esta persona comenzó a hablar cosas muy desagradables acerca de alguien que conocíamos en común. Aquello, resultó ser doblemente incómodo para mí, debido a que era la primera vez que teníamos a esta persona de visita en nuestro hogar y no quería que se sintiera ofendida. Sin embargo, bajo ningún concepto sería desleal con la persona que se encontraba ausente. Por lo que sin pensarlo dos veces, le interrumpí y dije:

"Discúlpeme hermano, pero la persona a la que usted se refiere es conocido nuestro y no quiero que se hable mal de él ni de nadie en esta casa. Así que le agradeceré que cambiemos el tema y si tiene algo más que hablar de él, llámelo y dígaselo personalmente".

Aquel hombre jamás volvió a nuestra casa, pero si llegara a repetirse el cuadro nuevamente, sin titubeos y con toda firmeza, yo volvería hacer lo mismo.

Procura ser leal en tus relaciones y mantén con los ausentes, la misma consideración que esperas que te tengan a ti, cuando no te encuentres presente.

"Por eso, todo cuanto quieran que los hombres les hagan, así también hagan ustedes con ellos" .

MATEO 7:12 (NBLH).

DÍA 339

APAGA LOS DARDOS

En el libro de Efesios 6:10-18, el apóstol Pablo nos da instrucciones, acerca de cómo debemos librar nuestra lucha espiritual, y entre otras cosas nos dice:

"Sobre todo, tomad el escudo de la fe, con que podáis apagar todos los dardos de fuego del maligno". (Vers. 16).

Esta parte del texto, hace referencia a una táctica de guerra que se practicaba durante la época del Imperio Romano, la cual consistía en arrojar al agua por varios días los escudos de madera, antes de ser usados en el campo de batalla; lo que hacía que éstos absorbieran agua, y al recibir los dardos de fuego enviados por el ejército enemigo, fueran apagados instantáneamente, a causa de la humedad de la madera.

De igual manera, nosotros debemos procurar cada día sumergirnos en la presencia del Señor para empaparnos de su gloria, de modo que los dardos que continuamente nos envía el maligno, puedan ser apagados, tan pronto como nos sean lanzados.

"... Para que Satanás no tome ventaja alguna sobre nosotros, pues no ignoramos sus maquinaciones".

2 CORINTIOS 2:11 (DHH).

DÍA 340

NO DEJES TU LUGAR

Es muy natural, que a causa de diferentes tipos de factores, las relaciones entre padres e hijos, esposos y esposas, jefes y empleados, maestros y estudiantes, pastores y miembros de congregaciones, líderes y seguidores, así como muchas otras más, atraviesen por diversos tipos de presiones. De hecho, hay momentos en los que puede parecer que la parte más débil, está siendo directamente atacada por la parte más fuerte.

Pero en cuanto a esto, la Biblia dice:

"Si el espíritu del príncipe se exaltare contra ti, no dejes tu lugar, porque la mansedumbre hará cesar grandes ofensas".

ECLESIASTÉS 10:4 (RVR 1960).

Por tanto, no dejes que las presiones que puedas estar enfrentando con tus superiores, te hagan abandonar el lugar donde Dios te ha puesto. No te alteres ni actúes a la defensiva por causa de esto. Mantente humilde y aprende a resistir, porque es la mansedumbre, la que hace menguar las diversas ofensas.

"Las personas sensatas no pierden los estribos; se ganan el respeto pasando por alto las ofensas".

PROVERBIOS 19:11 (NTV).

DÍA 341

ÉL CUIDA DE NOSOTROS

No te agobies tratando de controlar aquello que no puedes. Si ya has depositado algún asunto en las manos del Señor, demuestra con tu actitud que verdaderamente confías en que su poder, su amor y su gracia están a tu favor y descansa. Porque aún en términos de nuestra confianza en Dios, lo que somos capaces de demostrar, siempre tendrá mucho más peso, que lo que nuestra boca pueda llegar a pronunciar.

"...Echando toda vuestra ansiedad sobre Él, porque Él tiene cuidado de vosotros".

1 PEDRO 5:7 (RVR 1960).

DÍA 342

HARÁN LO MISMO POR TI

¿Te imaginas todo lo que pudiera suceder si hoy decides expresarle a alguien lo mucho que significa para ti? ¿Si en vez de quejarte por lo que no tienes, agradeces por lo que Dios te ha dado? ¿Si en vez de crear un problema, resuelves uno que ya está creado? Y ¿Si en vez de esperar recibir, decides dar?

Solamente porque este día es único y no se repetirá jamás ¿por qué no te propones hacer feliz a alguien? ¿Hacer que alguien sonría, sin importar si se trata de alguien que mendiga en la calle o de alguna persona a la que no conoces?

Si decides hacerlo, verás lo bien que te sentirás al final del día, y si persistes en hacer esto cada día, muy pronto notarás que otros también, harán lo mismo por ti.

"Practiquen la hospitalidad entre ustedes sin quejarse".

1 PEDRO 4:9 (NVI).

DÍA 343

EL BIEN QUE HAS HECHO, TE SERÁ DEVUELTO

Ciertamente, todo lo que el hombre sembrare eso también segará, por eso, ten mucho cuidado con lo que siembras. Si estás haciendo la siembra correcta, aunque no estés recibiendo lo mismo de la persona a la cual le estás haciendo tal siembra, no te preocupes porque de alguna manera, en algún momento de la vida, todo lo que sembraste volverá a ti a modo de cosecha. Aunque venga a través de alguien diferente y no de la persona que favoreciste, ten por seguro que de algún modo, el bien que has hecho, te será devuelto.

"No nos cansemos, pues, de hacer bien; porque a su tiempo segaremos, si no desmayamos".

GÁLATAS 6:9 (RVR 1960).

"... Siempre se cosecha lo que se siembra".

GÁLATAS 6:7 (NTV)..

DÍA 344

POR ENCIMA DE LO QUE SEA

- Tenemos que ser vencedores, aunque tengamos la valla en contra. Es decir, aunque tengamos oposición por todos lados, aunque no contemos con el apoyo de otros, y aunque muchos apuesten a nuestro fracaso.

Porque teniendo a Dios de nuestro lado, la victoria está asegurada por encima de cualquier pronóstico que se haya emitido en nuestra contra. A esto hizo referencia el salmista, al decir:

"El Señor es mi luz y mi salvació, ¿a quién temeré? el Señor es el baluarte de mi vida ¿quién podrá amedrentarme? Cuando los malvados avanzan contra mí para devorar mis carnes, cuando mis enemigos y adversarios me atacan, son ellos los que tropiezan y caen. Aun cuando un ejército me asedie, no temerá mi corazón" .

SALMOS 27:1-3 (NVI).

ASÍ QUE, POR ENCIMA DE LO QUE SEA,
NO DEJES DE ECHAR LA PELEA.

DÍA 345

ESTA ES LA RAZÓN

La razón por la que algunos no aceptan lo que ven como algo definitivo, es porque ya Dios les mostró hacia dónde los lleva, y ellos creen a lo que el Señor les dijo.

Por tanto, aunque lo que ves ahora no se parezca a lo que Dios te prometió, sigue creyendo. El Señor no necesita que lo que Él habló, se parezca a lo que estás viviendo porque cuando Él da una orden, todo tiene que ser transformado y alineado a lo que Él ya estableció.

"El Señor de los ejércitos Celestiales hizo este juramento: «Sucederá tal como yo lo tengo planeado. Será tal como yo lo he determinado" .

ISAÍAS 14:24 (NTV).

DÍA 346

TIEMPOS DE RESTAURACIÓN

Dios no sólo restaura, sino que hace nuevas todas las cosas, cuando las pones en sus manos.

Prepárate porque el Señor traerá restauración a tu vida y su restauración es tan perfecta, que hará las cosas muchísimo mejor de lo que eran antes.

"Y os restituiré los años que comió la oruga, la langosta, el pulgón, y el revoltón... Y comeréis hasta saciaros, y alabaréis el nombre de Jehová vuestro Dios, el cual hizo maravillas con vosotros: y nunca jamás será mi pueblo avergonzado".

JOEL 2:25-26 (RVR 1960).

EN EL GLORIOSO NOMBRE DE JESÚS, HOY DECLARAMOS QUE PARA TU VIDA Y LA DE LOS TUYOS, DIOS TRAE TIEMPOS DE RESTAURACIÓN.

DÍA 347

¡AGARREN EL BULTITO!

En una ocasión, mientras esperaba mi turno en un centro de servicios, escuche a una mujer (un tanto avanzada de edad), referirse a la manera cómo se manejaba el proceso de alumbramiento, décadas atrás. Y al respecto, ella decía: *"Recuerdo que en el campo donde vivía, las mujeres embarazadas cuando entraban en las últimas semanas de su proceso de embarazo, arreglaban un bultito con todo lo que iban a necesitar en el momento de dar a luz, incluyendo la ropa del bebé. Así cuando los dolores le comenzaban, sólo decían a la persona que le acompañaba: "Estoy para dar a luz, corran y busquen el bultito".*

Aludiendo a esto, estoy convencida de que ha llegado la hora de alumbrar lo que Dios ha puesto en muchos de los que leen esto, y que a los que tienes a tu lado, en vez de contarles tus penas y frustraciones, causadas por el fuerte dolor que en este momento puedas estar atravesando, deberías simplemente decirles: ***"Corran, agarren el bultito porque estos dolores de parto indican que dentro de muy poco, yo estaré dando a luz".***

"Cuando la mujer está para dar a luz, tiene aflicción, porque ha llegado su hora; pero cuando da a luz al niño, ya no se acuerda de la angustia, por la alegría de que un niño haya nacido en el mundo" .

JUAN 16:21 (LBLA).

DÍA 348

ESPERA EN SU AYUDA

"Cuando salgas a combatir contra tus enemigos y te encuentres un ejército con caballos y carros de combate superior al tuyo, no te amedrentes, porque está contigo el Señor, tu Dios, que te sacó de Egipto" .

DEUTERONOMIO 20:1 (BLPH).

"¡Bendito sea el Señor, mi protector! Él es quien me entrena y me prepara para combatir en la batalla; Él es mi amigo fiel, mi lugar de protección, mi más alto escondite, mi libertador; Él es mi escudo, y con Él me protejo; Él es quien pone a los pueblos bajo mi poder".

SALMO 144:1-2 (DHH).

No te aflijas ni creas que estás huérfano ante los ataques del enemigo, porque no lo estás. Dios te defenderá; Él no te abandonará. Espera en su ayuda porque ciertamente, la recibirás.

DÍA 349

MUCHO PARA AGRADARLE

No podemos hacer nada para pagar a Dios lo que hace por nosotros, pero sí podemos hacer todo para agradar al Señor, por lo que hace por nosotros. Por tanto, vive de tal manera que hagas sonreír a Dios con cada una de tus acciones.

"Yo le he dicho al Señor: «Mi Señor eres tú. Fuera de ti, no poseo bien alguno.» Tú, Señor, eres mi porción y mi copa; eres tú quien ha afirmado mi suerte".

"Bendeciré al Señor, que me aconseja; aun de noche me reprende mi conciencia".

"Siempre tengo presente al Señor; con Él a mi derecha, nada me hará caer".

SALMOS 16: 2, 5, 7,8 (NVI).

DÍA 350

NO ACEPTES DESVÍOS

Muchos se mantienen fuertes y firmes hasta que llegan otros y los desvían. A esto hace referencia el apóstol Pablo al decir:

"Vosotros corríais bien ¿quién os estorbó para no obedecer a la verdad? esta persuasión no procede de aquel que os llama"

GÁLATAS 5:7-8 (RVR 1960).

"¡No se dejen engañar! Bien dice el dicho, que «las malas amistades echan a perder las buenas costumbres.»" .

1 CORINTIOS 15:33 (TLA).

Cuídate de aquellos que buscan persuadirte para apartarte del carril correcto. No permitas que los que no tienen rumbo, te lleven a tomar su mismo destino.

DÍA 351

PALABRAS DE VIDA

"Podemos saber quién es hijo de Dios, y quién es hijo del diablo: los hijos del diablo son los que no quieren hacer lo bueno ni se aman unos a otros.

Desde el principio se les ha enseñado a ustedes que nosotros debemos amarnos unos a otros. no debemos ser como Caín, que era como un hijo del diablo, y por eso mató a su hermano. ¿Y por qué lo mató? Porque lo que Caín hacía era malo, y lo que hacía su hermano era bueno.

Mis queridos amigos, no se extrañen si los pecadores de este mundo los odian. El amor que nos tenemos demuestra que ya no estamos muertos, sino que ahora vivimos. Pero si ustedes no se aman los unos a los otros, es porque todavía están bajo el poder de la muerte. Si ustedes se odian unos a otros, son asesinos, y ya saben que ningún asesino puede tener la vida eterna".

1 JUAN 3:10-15 (TLA).

DÍA 352

NO PUEDES SER AMENAZADO

Cuando has pasado por todo, no puedes ser amenazado con nada. A esto hace referencia el apóstol Pablo, al decir:

"Yo sé cómo vivir en pobreza o en abundancia. Conozco el secreto de estar feliz en todos los momentos y circunstancias: pasando hambre o estando satisfecho; teniendo mucho o teniendo poco. Puedo enfrentar cualquier situación porque Cristo me da el poder para hacerlo" .

FILIPENSES 4:12-13 (PDT).

"Yo, por mi parte, ya estoy a punto de ser ofrecido como un sacrificio, y el tiempo de mi partida ha llegado. He peleado la buena batalla, he terminado la carrera, me he mantenido en la fe. Por lo demás me espera la corona de justicia que el Señor, el juez justo, me otorgará en aquel día; y no sólo a mí, sino también a todos los que con amor hayan esperado su venida".

2 TIMOTEO 4:6-8 (NVI).

DÍA 353

NO ABSORBAS LA OFENSA

Cuando Mahatma Gandhi cursaba la carrera de Derecho en Londres, un profesor de apellido Peters, le maltrataba continuamente a través de insultos y ofensas, pero el alumno Gandhi nunca bajó la cabeza ante él, a pesar de que sus encuentros eran bastante continuos.

Un día Peters estaba almorzando en el comedor de la Universidad y Gandhi se sentó a su lado. Al verlo, el altanero profesor le dijo: *"Estudiante Gandhi ¿usted no entiende que un puerco y un pájaro, no se sientan a comer juntos?"*. A lo que Gandhi contesto: *"Quédese tranquilo profesor, yo me voy volando"*. Y se cambió de mesa.

El profesor Peters, verde de rabia porque entendió que el estudiante le había llamado puerco, decidió vengarse con el próximo examen, pero el alumno respondió con brillantez todas las preguntas del mismo, entonces el profesor le hizo la siguiente interpelación: *"Gandhi, si usted va caminando por la calle y se encuentra con una bolsa que lleva dentro la sabiduría y mucho dinero ¿cuál de los dos se lleva usted?"* A lo que Gandhi respondió sin titubear: *"Me llevo el dinero, profesor."*

El profesor sonriendo, le dijo: *"Yo en su lugar, hubiera tomado la sabiduría ¿no le parece?"*. Gandhi respondió: *"Cada uno toma lo que no tiene profesor"*. El profesor Peters, ya histérico, escribió en la hoja del exámen: "IDIOTA" y se la devolvió al joven Gandhi, quien tomó la hoja y se sentó, pero al cabo de unos minutos, se dirigió al profesor y le dijo: *"Profesor Peters, usted me firmó la hoja, pero no me puso la nota"*

A veces la gente intenta dañarnos con ofensas, pero si no lo permitimos, estas ofensas volverán a su fuente de origen; al lugar exacto de donde salieron. La opinión que debe interesarte es la que Dios y tú mismo tienes de ti. Por tanto, sigue adelante por encima de las malas opiniones que otros tengan acerca de ti y trabaja continuamente, para ver cumplido el propósito que el Señor tiene contigo.

DÍA 354

NO VUELVAS A HACER LO MISMO

"Andando Jesús junto al mar de Galilea, vio a dos hermanos, Simón, llamado Pedro, y Andrés su hermano, que echaban la red en el mar; porque eran pescadores. Y les dijo: Venid en pos de mí, y os haré pescadores de hombres. Ellos entonces, dejando al instante las redes, le siguieron".

MATEO 4:18-20 (RVR 1960).

Las diferentes crisis y desafíos que nos trae la vida, generalmente nos llevan a tener diferentes manifestaciones. Entre ellas, el deseo de querer retroceder al estado anterior en que estábamos, en vez de hacer frente a los nuevos retos que nos han sido puestos delante. Como ejemplo de esto tenemos el caso de Pedro, a quien el Señor le había llamado a ser pescador de hombres, pero luego de la crucifixión de Cristo, ante el golpe emocional que sufrieron los discípulos por la "pérdida de su maestro", volvió al mar y tomó el oficio que antes tenía.

"Estaban juntos Simón Pedro, Tomás llamado el Dídimo, Natanael el de Caná de Galilea, los hijos de Zebedeo, y otros dos de sus discípulos. Simón Pedro les dijo: Voy a pescar. Ellos le dijeron: Vamos nosotros también contigo. Fueron, y entraron en una barca; y aquella noche no pescaron nada".

JUAN 21:2-3 (RVR 1960).

En este relato, podemos notar al menos tres puntos interesantes, que son:

- Cuando Dios te saca de algo, no intentes volver a hacer lo mismo otra vez.
- Ciertas cosas que fueron de bendición para ti en un tiempo, cuando llegan a su culminación, sin importar cuánto te afanes por traerlas a tu vida otra vez, ya no te serán de bendición, sino de tropiezo.
- Cuando eres marcado por Dios para algo, no importa qué tan experto seas en el área de tu oficio secular, no tendrás éxito verdadero, a menos que lleves a cabo, la misión para la cual Dios te designó.

"El Señor dirige los pasos del hombre y lo pone en el camino que a Él le agrada" .

SALMOS 37:23 (DHH).

DÍA 355

A LA MANERA DE DIOS

"¡Ay de los que llaman al mal bien y al bien mal, que tienen las tinieblas por luz y la luz por tinieblas, que tienen lo amargo por dulce y lo dulce por amargo!

¡Ay de los sabios a sus propios ojos e inteligentes ante sí mismos!

¡Ay de los héroes para beber vino y valientes para mezclar bebidas, que justifican al impío por soborno y quitan al justo su derecho!"

ISAÍAS 5:20-23 (LBLA).

Lo correcto es correcto, aunque todos estén en contra, y lo errado es errado, aunque todos estén a favor. Por eso asegúrate de que haces las cosas, sólo a la manera de Dios.

DÍA 356

EL VERDADERO VENENO

Un hijo fue a la casa de su Padre y le dijo: "*¡Papá, no aguanto más a mi esposa quiero matarla, pero tengo miedo que me descubran! ¿Me puedes ayudar?" A lo que el padre respondió: "Claro que sí hijo, pero tendrás que reconciliarte con ella para que nadie desconfíe de ti cuando ella muera.*

Debes cuidar de ella muy bien, ser gentil, agradecido, paciente, cariñoso, menos egoísta, retribuir siempre y escuchar más. Entonces ¿ves este frasco? todos los días colocaras un poco de este polvo en su comida. Así ella irá muriendo poco a poco".

Pasados 30 días, el hijo volvió y le dijo a su Padre: "*¡Papá ya no quiero que mi esposa muera! porque ahora siento que la amo más que nunca. ¿Qué puedo hacer para cortar el efecto del veneno?"* El Padre, entonces le respondió: "*¡No te preocupes hijo! Lo que te di fue solo polvo de arroz. Ella no va a morir, pues el verdadero veneno estaba en ti".*

"Traten de vivir en paz con todos, y de obedecer a Dios; porque si no lo hacen, jamás lo verán cara a cara" .

HEBREOS 12:14 (TLA).

DÍA 357

RESÉRVATE EL JUICIO

Resulta muy triste ver cómo a veces muchas personas suelen juzgar a otros, sin la más mínima consideración. Resaltando de forma alarmante cada una de sus fallas y minimizando sus virtudes. Sintiéndose los amos del mundo, con facultad de señalar las faltas de todos, pero sin capacidad para soportar que otros les señalen las faltas de ellos. Olvidando que el juicio, es algo que solo le compete hacer al Señor.

Observemos lo que nos dice la Biblia, al respecto:

"El que come, no menosprecie al que no come, y el que no come, no juzgue al que come; porque Dios le ha recibido. ¿Tú quién eres, que juzgas al criado ajeno? Para su propio señor está en pie, o cae; pero estará firme, porque poderoso es el Señor para hacerle estar firme. Uno hace diferencia entre día y día; otro juzga iguales todos los días. Cada uno esté plenamente convencido en su propia mente. El que hace caso del día, lo hace para el Señor; y el que no hace caso del día, para el Señor no lo hace. El que come, para el Señor come, porque da gracias a Dios; y el que no come, para el Señor no come, y da gracias a Dios.

Porque ninguno de nosotros vive para sí, y ninguno muere para sí. Pues si vivimos, para el Señor vivimos; y si morimos, para el Señor morimos. Así pues, sea que vivamos, o que muramos, del Señor somos. Porque Cristo para esto murió y resucitó, y volvió a vivir, para ser Señor así de los muertos como de los que viven. Pero tú ¿por qué juzgas a tu hermano? O tú también ¿por qué menosprecias a tu hermano? Porque todos compareceremos ante el tribunal de Cristo".

ROMANOS 14:3-10 (RVR 1960).

DÍA 358

¿A QUIÉN REPRESENTAS?

En todas las sociedades, organizaciones, familias e iglesias hay personas que son centros de tempestades, de problemas, de amarguras y de luchas. Siempre están metidas en peleas, y si no lo están las provocan. Son conflictivas, se irritan fácilmente; en fin este tipo de personas realmente están haciéndole al diablo, su trabajo. Mientras que (gracias a Dios), por otra parte están aquellos en cuya presencia no puede sobrevivir la contienda, que cierran brechas, reparan grietas, son pacificadores y endulzan las amarguras.

Tales personas, hacen un trabajo semejante al de Dios, porque el deseo del Señor es hacer que haya paz y no destrucción y guerra entre nosotros.

El que divide a las personas está haciendo la obra del diablo; el que las une, está haciendo la obra de Dios.

"El que practica el pecado es del diablo, porque el diablo ha pecado desde el principio. El Hijo de Dios se manifestó con este propósito: para destruir las obras del diablo".

1 JUAN 3:8 (LBLA).

DÍA 359

SI NO EDIFICA, NO LO RECIBAS

En la antigua Grecia, Sócrates tenía una gran reputación de sabiduría, algo que quedó revelado cuando vino alguien a encontrar al gran filósofo, y le dijo:

- ¿Sabes lo que acabo de oír sobre tu amigo? - Un momento - respondió Sócrates. Antes de que me lo cuentes, me gustaría hacerte un test. Se llama "el test de los tres tamices". - ¿El test de los tres tamices? – preguntó el informante.

-Sí, te lo explicaré. Un tamiz es la selección que se efectúa entre varias cosas o personas para separar las buenas, de aquellas que no lo son.

Así que antes de escuchar lo que vienen a contarme acerca de otros, tomo tiempo para filtrar lo que me quieren decir. A esto le llamo el "test de los tres tamices".

El primer tamiz es la verdad: ¿Has comprobado si lo que quieres decirme es verdad? -No. Solo tengo lo que he oído hablar-. Respondió el hombre. *-Muy bien. Así que no sabes si es la verdad.*

Continuamos con el segundo tamiz, el de la bondad: *Lo que quieres decir sobre mi amigo, ¿es algo bueno? - Ah no! Por el contrario.* - Dijo el hombre.

Entonces Sócrates le respondió. - *O sea que quieres contarme cosas malas acerca de él y ni siquiera estás seguro si son verdaderas. Pero veamos si aún puedes pasar esta prueba.*

El tercer tamiz, es el de la utilidad:

¿Es útil que yo sepa lo que me vas a contar? -No, realmente no lo es.- Dijo el informante.

Entonces Sócrates concluyó: - Lo que querías contarme no es ni cierto, ni bueno, ni útil; entonces ¿Por qué querías decírmelo?

"El hombre perverso promueve contienda, y el chismoso separa a los mejores amigos".

PROVERBIOS 16:28 (RVR 1995).

DÍA 360

NO LE HAGAS CASO

Cada uno de nosotros tiene un área específica en la que el adversario, continuamente nos ataca para hacer que nos detengamos. A Pablo también le pasaba lo mismo, pero ante la continua ola de ataques que enfrentaba, sus respuestas fueron cortantes. Veamos este ejemplo:

"Mas yo de ninguna cosa hago caso, ni estimo mi vida preciosa para mí mismo; solamente que acabé mi carrera con gozo y el ministerio que recibí del Señor Jesús".

HECHOS 20:24 (RVA).

En otras palabras, Pablo expresa:

"No me dejo desenfocar por nada. Cuando no puedo hacer lo que quiero, hago lo que puedo. Si no puedo correr, camino; si no puedo caminar, me arrastro. Mi ministerio es la enseñanza y la predicación, así que predico a los que aceptan mi mensaje y a los que no lo aceptan. Porque por encima de todo lo que se levante daré cumplimiento al llamado que he recibido de parte del Señor".

DÍA 361

NO LES RESPONDAS

Aprende a tolerar críticas injustas por causa de tus logros, porque todos los que alcanzan grandes cosas, reciben grandes críticas.

Soportar las críticas; no te dejes detener por causa de estas. Jamás detengas tu paso para responder a aquellos cuya intención es solo dañarte.

No inviertas tiempo en un crítico; invierte tiempo en un amigo. Al respecto Edward Guibbon dijo lo siguiente:

"Nunca cometo el error de discutir con personas, cuya opinión no respeto".

Es mil veces más fácil criticar, que crear. Es por eso que los críticos, nunca resuelven ningún problema. Las personas que dicen que algo no se puede hacer, no deberían interrumpir a aquellas que lo están haciendo.

Un crítico es semejante a aquel que no sabe bailar y dice que la orquesta no sabe tocar.

No pierdas tiempo respondiéndoles a tus críticos. No desciendas, elévate y procura nunca ser tú, uno de esos críticos.

"Pero Jesús no respondió ni a una sola acusación, por lo que el gobernador se llenó de asombro".

MATEO 27:14 (NBD).

DÍA 362

PODADOS PARA CRECER

"En cuanto a la pasada manera de vivir, despojaos del viejo hombre, que está viciado conforme a los deseos engañosos, y renovaos en el espíritu de vuestra mente, y vestíos del nuevo hombre, creado según Dios en la justicia y santidad de la verdad". Efesios 4:22-24 (RVR 1960).

El cambio, siempre tiene que ver con deshacer algo dentro de uno mismo.

Defender tus errores y tus fallas solo prueba que no tienes la intención de abandonarlos. Pero nunca olvides que es mejor ser "podados" para crecer, que "cortados" para quemar.

Confronta tus debilidades y véncelas con el poder que te ha dado el Señor, usa las herramientas con las que Él te ha dotado y dale paso a la "Vida Abundante" que Él ha prometido darte.

"Porque el anhelo profundo de la creación es aguardar ansiosamente la revelación de los hijos de Dios".

ROMANOS 8:19 (LBLA)

DÍA 363

MANTÉN EL ENFOQUE

El término enfoque, se define como: concentración intensa en el resultado que se quiere obtener por medio de una acción.

Las personas enfocadas tienen diversas características, entre ellas:

- Son resueltos.
- No vacilan cuando persiguen una meta.
- Tienen una pasión que no conoce límites.
- Tienen un sentido definido de destino.
- Tienen una visión ilimitada.
- Tienen una dedicación continua a la excelencia.

"Así que no os rebeléis contra el Señor ni tengáis miedo de la gente que habita en esa tierra. ¡Ya son pan comido! No tienen quién los proteja, porque el Señor está de parte nuestra. Así que, ¡no les tengáis miedo!".

NÚMEROS 14:9 (NBD).

DÍA 364

CONCÉNTRATE

Todas las personas que alcanzan su destino, tienen una característica en común: un alto nivel de concentración en lo que se han propuesto.

Hay dos formas rápidas de llegar al desastre: no recibir consejo de nadie y recibir consejos de todo el mundo.

En ocasiones será necesario decir "no" a lo bueno para que puedas decir "sí" a lo mejor.

Así que para llegar donde Dios te quiere llevar, procura identificar estas tres cosas:

1. Qué eliminar
2. Qué guardar
3. Cuándo decir no

"Yo estimo como pérdida todas las cosas en vista del incomparable valor de conocer a Cristo Jesús, mi Señor, por quien lo he perdido todo, y lo considero como basura a fin de ganar a Cristo".

FILIPENSES 3:8 (LBLA).

DÍA 365

DIOS TRAERÁ RESTITUCIÓN

El término "restituir", según el idioma hebreo es, "shalam" y se traduce como: devolver, pagar el daño, recompensar y hacer enmiendas.

Pero la restitución de Dios, será recibida por aquellos que primero fueron despojados de algo, dañados injustamente y sometidos a una angustia interna por causa de alguna pérdida. Y es a este tipo de retribución, que haciendo referencia al patriarca Job, el texto sagrado nos dice:

> *"Entonces todos sus hermanos, hermanas y anteriores amigos vinieron y festejaron con él en su casa. Lo consolaron y lo alentaron por todas las pruebas que el Señor había enviado en su contra; y cada uno de ellos le regaló dinero y un anillo de oro. Así que el Señor bendijo a Job en la segunda mitad de su vida aún más que al principio. Pues ahora tenía catorce mil ovejas, seis mil camellos, mil yuntas de bueyes y mil burras. Además, dio a Job otros siete hijos y tres hijas. Llamó a su primera hija Jemima, a la segunda Cesia y a la tercera Keren-hapuc. En toda la tierra no había mujeres tan bellas como las hijas de Job, y su padre les dejó una herencia en su testamento junto con sus hermanos. Después de esto, Job vivió ciento cuarenta años y pudo ver a cuatro generaciones de sus hijos y nietos. Luego murió siendo muy anciano, después de vivir una vida larga y plena".*

JOB 42:11-17 (NTV)

Made in United States
Orlando, FL
02 April 2025

60093248R00256